GENEALOGÍA DE LA MODERNIDAD

BIBLIOTECA FILOSÓFICA

fundada por
FRANCISCO ROMERO

VINCENZO VITIELLO

GENEALOGÍA DE LA MODERNIDAD

Introducción de
Oscar del Barco

Edición al cuidado de
Franco Avicolli

Editorial Losada
Buenos Aires

1ª edición: mayo 1998

© Editorial Losada S. A.
Moreno 3362
Buenos Aires, 1998

Edición patrocinada por el
Instituto Italiano de Cultura de Córdoba

Tapa: Pablo Barragán

ISBN: 950-03-8054-4
Queda hecho el depósito que marca la ley 11.723
Marca y características gráficas registradas en la
Oficina de Patentes y Marcas de la Nación
Impreso en Argentina
Printed in Argentina

Presentación

Este libro reúne textos ya publicados, entre 1993 y 1996, como ensayos autónomos, exceptuando solamente el capítulo II de la parte I, que es más antiguo, cuya redacción se remonta a diez años atrás.[1] El criterio que me ha guiado en la selección ha sido el de ofrecer a los lectores argentinos una síntesis, lo más completa posible, de los resultados de mi trabajo en el campo de la hermenéutica. He privilegiado aquellos textos

[1] El primer capítulo de la Parte I apareció en los *Cuadernos sobre Vico*, núms. 5-6, Sevilla, 1995-1996, traducción de José M. Sevilla; el sucesivo sobre Hegel, Nietzsche y Heidegger, en el volumen colectivo *Los confines de la modernidad*, cuidado por Félix Duque, Barcelona, Granica, 1988, traducción de Joaquín Espinosa; el tercero sobre Ernst Jünger y Thomas Mann en el volumen colectivo *Junto a Jünger*, cuidado por Ignacio Castro, Madrid, Cruce, 1996, traducción de María García Lozano. De la parte II, el primer capítulo, sobre Benjamin, fue publicado en *Er, Revista de Filosofía*, núm. 15, Sevilla, 1993, traducción de Jorge Casanova; el segundo sobre los *Requiem* de Rilke en *Sileno*, núm. 1, Madrid, 1996, traducción de Juan Barca; el último sobre Celan también en *Er*, núms. 17-18, de 1994-1995, traducción de Félix Duque.

que tratan de temas concretos, relacionados con la historia de nuestra época, respecto de otros de carácter, no digo más teórico, sino más técnico y abstracto, por dos motivos: en primer lugar para mostrar cómo, en el seno mismo de la reflexión sobre la historia, aflora la necesidad de su superación en la topología;[2] y en segundo lugar para responder a aquella exigencia que para Hegel constituye el deber primario de la filosofía: "comprender su época con pensamientos". Y esto explica el título del libro: *Genealogía de la modernidad*.

Una última aclaración: las dos partes del libro, la primera "Naturaleza e historia" y la segunda "Lenguaje y poesía" se integran recíprocamente. La reflexión de la poesía es esencial para la comprensión filosófica, no menos de cuanto lo sea la meditación filosófica, para la inteligencia de los poetas.[3]

---

[2] Para quien estuviera interesado en profundizar la elaboración teórica de la *topología trascendental*, puede consultar mis obras en idioma italiano, *Topologia del moderno* (Génova, Marietti, 1992); *Elogio dello spazio. Ermeneutica e topologia* (Milán, Bompiani, 1994); y el muy reciente: *La favola di Cadmo. La storia tra scienza e mito da Blumenberg a Vico* (Roma-Bari, Laterza, 1998). Y en alemán el texto *Hermeneutik: von der Geschichte zur Topologie*, en el volumen colectivo: *Beiträge zur Hermeneutik aus Italien*, Friburgo-Munich, Alber, 1993.

[3] Sobre el tema remito a dos libros míos: el primero en lengua española, *La palabra hendida*, Barcelona, del Serbal, 1990; el segundo en lengua italiana, *Non dividere il sì dal no. Tra filosofia e letteratura*, Roma-Bari, Laterza, 1996.

* * *

En 1996 dicté en el Istituto Italiano di Cultura de Córdoba, por invitación de su Director, el doctor Franco Avicolli, un ciclo de conferencias sobre temas afines a los que trato en este libro. El proyecto inicial era el de juntar en un volumen las cinco conferencias, así como habían sido expuestas; posteriormente maduró en mí la idea de un libro más orgánico. No escondo mi perplejidad, ni las constantes indecisiones respecto de la elección de los textos y también del plano general de la obra, superadas sólo gracias a la voluntad decidida del amigo Avicolli, a quien, en primer lugar, dirijo el más cálido agradecimiento por este libro, y luego por haberme hecho conocer esta espléndida tierra que es Argentina, y finalmente, pero es lo más importante, por el magnífico trabajo que ha desarrollado y desarrolla para la promoción de la cultura italiana en el exterior.

Dedico este libro, en lengua castellana, al filósofo y amigo Félix Duque.

VINCENZO VITIELLO

Notas de presentación

1. Vincenzo Vitiello llama a su pensamiento filosófico "topología" (*Topologia del moderno*, cit.). Pero antes de la topología sitúa, en vía de aclaración de significados, a la hermenéutica. *Hermenéutica*: teoría y arte de la interpretación. La hermenéutica como interpretación del decir, de lo hablado-escrito, de lo dicho, sabiendo, por lo demás, que "... En el lenguaje y sólo en el lenguaje se encuentra propiamente el *mundo* [cursivas mías]. El mundo de las cosas y de los hombres..." (*idem*, p. 98). Lo que se interpreta es el lenguaje como *texto*, como escrito-hablado, una gramatología. *El texto es todo* dice en "Ethos e natura" (revista *Paradosso*, núm. 2, 1992, p. 46), y agrega: "Texto obviamente no es sólo el documento escrito o la obra de arte figurativa. Texto es incluso un relato oral. La tradición oral no es menos 'objetiva' que la escrita. Texto es, por lo tanto, el 'mito'. Y junto con el mito las instituciones sociales, las normas 'no escritas' que regulan las relaciones

de parentesco, los códigos de honor, las instituciones en un sentido jurídico amplio…". Además el texto implica, esencialmente, el contexto, por lo que "Aislarlo, para indagar sólo la estructura interna lógico-formal, como hace el estructuralismo tomando como modelo a la lingüística, significa mutilarlo, vaciarlo de realidad y de vida, volverlo cosa muerta". Ese lenguaje, o ese texto, carecen, a su vez de apropiación subjetiva: no es mío ni del otro; "Ni obra mía ni del otro" dice (*Ethos e natura*, p. 10). En sus referencias a la hermenéutica Vitiello señala derivas, analiza textos, que van desde Platón, Aristóteles y Kant, hasta Ricœur y Lévi-Strauss, y, ante todo Schleiermacher, Dilthey y Gadamer, los verdaderos "padres" de la filosofía de la interpretación. Lo que se diseña así someramente es un amplio y complejo espectro de elementos constitutivos, o de "conexiones" de los distintos *topoi*. Según Ricœur, y éste será un punto adquirido, se pasa, en el ámbito de la interpretación, "de la conciencia psicológica o lógica a lo *abierto del mundo*" [cursivas mías] *idem*, p. 48. Desde esta perspectiva, la del mundo en cuanto abertura, no sólo no existe mundo sustancial, detenido en su pura presencia, ni, en consecuencia, mundo original, "primer mañana del mundo": "Un mundo está ya realizado —está ya en acto— cuando nace la reflexión, y el estupor que origina la reflexión" (*idem*, p. 40). Al desplazar la psicología, el "pre" o el "a priori" que pertenecerían al intérprete, que es sólo en cuanto sujeto vaciado, éste pasa a pertenecer a la situación, ante todo a la del lenguaje. Lo que llamo situación implica que al invertirse el esquema apropiativo se destituya al sujeto, y, en la misma línea argumentativa, al creador, al autor y, también, al intérprete en cuanto se lo ha considerado como pura conciencia en sí, translúcida y poseedora del *sentido*. Incluso el propio *texto* se encuentra "en la base de la estructura apriorística del juicio", y a su vez "El 'juicio' es el *topos* que está en el origen de todos los *topos*: el lugar sin lugar de la separación, de la decisión del múltiple al Uno" (*idem*, p. 54). Es a partir de la elisión del sujeto-autor del texto y de su ultrasignificación que Vitiello —ubicándose en una amplia tradición filosófica (a la que dedica su meditación sobre el *Cratilo*: véase *La voce riflessa*, Lanfranchi, 1994, p. 203 y ss.)— puede decir que "el lenguaje es al mismo tiempo lo que transmite y lo transmitido" (*Topologia del moderno*, p. 99). El lenguaje, y esencialmente también el tiempo, en una línea interpretativa explícitamente gadameriana, no como cualidad, atributo o incluso dimensión de una realidad previa, sino realidad misma, realidad hecha "de tiempo y lenguaje"; la tradición se "transmite a sí misma", el "lenguaje se habla —habla/se—, el tiempo se temporaliza —temporaliza/se—" (sea esto dicho en la línea del *dictum* heideggeriano de "el habla habla"). Extrañamente la topología se explicita en el tiempo, en un "tiempo espacial" (*idem*, p. 104) que es propiamente "el tiempo de la topología". Se trata de un tiempo que no cambia, y "donde no sólo todo se conserva, en un cierto sentido, sino que incluso *ya desde siempre es*". "El tiempo de la *pre*historia es este tiempo topológico que explica el retorno, el reaparecer de la conciencia, por ejemplo en los sueños, pero no sólo en los sueños, sino también en las pulsiones y sentimientos, creencias y pensamientos, que se consideraban perdidos para siempre y que en cambio el inconsciente ha conservado". La topología –agrega– aproxima la historia a la naturaleza, en ese hundimiento donde todo convive con todo, donde el pensamiento se vuelve hylético y donde la materia accede a la imagen. Y en ese convivir, en ese *caos* o en esa suerte de *khôra*, es donde habita el pensamiento-topológico; como el espectro de todo sistema, o como el nómade kantiano que se dedica a demoler "lentamente las fortalezas" (*Crítica de la razón pura*, vol. I, Losada, p. 120).

2. Los *topos* deben verse como una absoluta igualación-diferenciación y no como sucesos separados en una temporalidad lineal: se trata de reservas o zócalos, "matrices" platónicas plurales, que son propias de una trans-temporalidad en parentesco con el "sistema del tiempo" de Schelling o con el *horizonte* de temporali-

dad heideggeriano. "La topología sustrae el tiempo a la historia", su objeto es el *eidos* de "la figura eterna del pensar"; del pensar como una *estructura* cuyos elementos serían "identidad, diferencia, participación, contradicción, dialéctica, juicio, silogismo..."; elementos a-históricos (que no cambian) y donde lo que interesa son los "nexos", las "relaciones" que con esos elementos juegan a desconstruir y reconstruir las "formas" que la filosofía adquiere, ahora sí, en el tiempo. Es en esta estructura (filosófica) donde el nombrado "autor", como cualquier elemento en toda estructura por otra parte, es "sólo un nombre"; agreguemos: el nombre de una función. A su vez esta des-subjetivación del sujeto-sustancial facilita, y a la vez impone, el desplazamiento de sentido. En otras palabras, el sentido no se funda en la transparencia fantástica de un sujeto filosófico, de un sujeto que sujeta el hacer filosófico, sino en una hermenéutica, en un trabajo con lo que hay: los *textos* en una acepción amplia. No el sujeto Platón, Aristóteles, Kant, y aquí pueden, deben, incluirse todos los nombres de la tradición, sino una trama de escritos siempre actuales, que por más antiguos que sean insisten en cada instante como presentes, y en este sentido como trans-temporales: "conjunto de textos –y sólo esto"; "interpretaciones y sólo esto", diría Nietzsche, para quien cada texto es esencialmente interpretación. Sin "verdad" del sujeto creador por inexistencia de autor, a lo Macedonio Fernández, el topológo, el nuevo hermeneuta, abre un y a un inédito, por más viejo que sea, espacio de significación, libre de las constricciones historiográficas y filológicas habituales, a un espacio des-subjetivado y descentrado, sin *un* sentido dado de una vez y para siempre, como si el sentido fuera una sustancia fija en una historia también sustancial, de dirección única, que se expresara como cronología. En tal espacio la *modernidad* (esto: lo actual) debe considerarse en otro espacio significativo, ya no como si se tratara de la punta de un tiempo-río sino como un complejo sistema trans-histórico o de una temporalidad extática y paradójica. En ella, en esa contemporaneidad (y la palabra *contemporáneo* se vuelve contradictoria, ya que estrictamente no se trata de contemporaneidad o historicidad, sino de otra cosa: de lo previo a toda determinación), coexisten todas las figuras del tiempo, y en esto radica la paradoja, como en acto, poniéndose en presencia, en validez. El topólogo no se enfrenta a sujetos ni a discontinuidades históricas, a recortes *en* la historia, sino que su lugar es (y el *es* ya es excesivo) a-tópico: sus "problemáticas" o los temas no pueden medirse de acuerdo a *cronos* ya que esencialmente pertenecen a la apertura estática de un tiempo sagrado (en su *Filosofía de la Revelación*, Schelling se refiere al "*aión*, que designa tanto un tiempo como el mundo", p. 308). Vitiello afirma que las "ruinas son todo lo que tenemos" y que con ellas "operamos" (*Topologia del moderno*, p. 106). Ya Schelling y posteriormente Nietzche deconstruyeron la idea vulgar del tiempo en cuanto linealidad coagulada en los sucesivos éxtasis del pasado, del presente y del futuro. También ambos criticaron la idea del *sujeto* y así accedieron al planteo de un *estado* en el que era posible pensar ex-estáticamente separándose de la metafísica de la sustancia. Como resultado de esa des-subjetivación Nietzsche pudo decir que él era "Prado" y todos los hombres de la historia, en la medida en que todos, *ya*, habían dejado de ser "hombres". La figura de este *estado* es el trans-hombre. A partir de esta *herencia loca* (cuya multiplicidad de fuentes no puede reducirse a un nombre), Vitiello deriva, en el sentido de sub-sunción, su concepto de filosofía topológica, o "filosofía policéntrica", como la llama.

3. La lectura de Vitiello es un auténtico aprendizaje, no únicamente de lectura sino, ante todo, de comprensión. Hay que penetrar en el *corpus* de la filosofía, moviéndose fuera de la temporalidad clásica de la historia filosófica, co-existiendo con la(s) filosofía(s) y con las lenguas originarias de la filosofía, lo que constituye una provocación fuerte para el lector habituado a no desconfiar del texto traducido. Y este es un signo que tiene su propio alcance. La topología, entonces,

como constante intervención en un texto que nos toca como naciente en uno mismo, un texto único en la inmensa multiplicidad, en el que se establecen nuevos cortes y marcas, al que se reinterpreta desde puntos inéditos que abren nuevas derivas, relacionándolos como si se tratara de pensamientos sueltos, o de fragmentos, transgrediéndolos en cuanto se presentan como *sistemas* completos y Verdaderos, pero respetándolos hasta la manía en la letra. Pensamientos y fragmentos que se hilvanan con un hilo frágil que al cortarse (el corte constituye su esencia) se desperdigan en otras figuras también frágiles, en el espacio nuevo, en el *lugar* nuevo, de su reconstrucción. Pero esta reconstrucción puede, a su vez, perder su vigencia considerada desde otra transversalidad que rearma todo en otra figura que también es sometida al investimiento de otra errancia, a la fuerza de otro "polo" interpretativo. La dificultad, debemos reconocerlo, es extrema, ya que tienta poderosamente lo aleatorio que es propio del nuevo tipo de racionalidad sin sostén sustancial. Racionalidad injustificable ontológicamente, pues ¿cómo *fundar* un pensamiento que se mueve entre pensamientos, y que extrae de ese extraño desplazamiento una coherencia invisible, como una "figura en el tapiz", como un texto en otro texto, marcado por solas insistencias, como ocurre con los paragramas alucinados por Saussure en los textos latinos? ¿El principio-de-coherencia dependerá de una *experiencia* originaria del filósofo a partir y desde la cual rastrea en el mundo de los textos filosóficos y poéticos su propio fundamento, como si con esos fragmentos de "obras" construyese un nuevo monumento, otra "ruina", destinada desde el inicio a la deconstrucción y reconstrucción de otra perspectiva topológica? En este sentido la "filosofía topológica" de Vitiello no sería una nueva filosofía sino una nueva lectura (insistimos: no sometida a la ideología del autor, ni de la obra, ni del sistema, ni de la historia, ni del sujeto) del cuerpo filosófico, del conjunto (en la medida de lo posible) de las obras filosóficas, lo que constituye una hiper-lectura, que se transforma en una nueva experiencia original desde la que se siguen los determinados *senderos* topológicos para tener, nuevamente, en un círculo no-vicioso, una nueva experiencia filosófica que es, en su esencia, experiencia (de) vida.

4. El tema de las posibles conexiones en la suma de textos tanto sistemáticos (pero siempre leídos como fragmentos) como fragmentarios, es prácticamente *inagotable*. Los senderos (las perspectivas) son (pueden ser) infinitos. Pero en tal caso ¿cuál es la legalidad, incluso relativa, perecedera, o como se la quiera llamar, de la elección? No se trata de inquirir por un fundamento objetivo, real como fundamento, sino de girar hacia la motivación que hace a la pregunta, girar desde

lo subjetivo a lo ontológico: ¿por qué se pregunta? ¿por qué la pregunta *del* ser? ¿Por qué el *ser* pregunta en ese *topos* que *es* la pregunta *del* ser: del *ser* mismo y respecto al *ser*? La pregunta del ser, que el ser-se-hace: ¿por qué hay ser y no nada?, o, en términos kantianos, la pregunta que Dios se hace a sí mismo: ¿qué soy? ¿de dónde soy? (cit., t. II, p. 262). A esa pregunta sólo puede responderse en teología, pero lo que aquí se plantea es la pregunta por la pregunta, la pregunta sin respuesta "ontológica" que sostenga la pregunta, y donde la respuesta adquiere un estatuto, dicho sea con el peso de la palabra kantiana, *abismal*. No hay una legalidad sustantiva sino que la legalidad (o lo que llamamos la respuesta) está imbricada en, o es, la *experiencia*, la propia experiencia, la que sin nombre o con el nombre de cualquiera, establece los nexos: de ese "cualquiera" que a su vez *debe* suprimirse para que la pregunta se enuncie en ese *lugar* sin nadie, y sin nombre. Es como si entráramos en un nuevo *Libro*, constituido por la filosofía como suma ideal de todos los libros de filosofía, para en ese *topos* hacer el trabajo de la interpretación, pues, en última instancia, cada hombre reinicia una lectura sin término, donde cada letra, cada párrafo, adquieren en ese nuevo lector un nuevo sentido, donde todo se juega en los matices, en los tonos, en los ritmos, nunca en algo dado de una vez para siempre. Si tomamos en serio la lectura talmúdica la topología, homólogamente, propondría la desmesura, la desmesurada desmesura de una lectura "bíblica" de la filosofía. Pero en medio de esa entrega al otro lector, de esa entrega de alguna manera a-crítica al nuevo enrejillado, fascinados por la capacidad de vincular lo en apariencia discontinuo e incluso extraño, pero sin pretender ya ningún tipo de objetividad, sabiendo que todo el texto puede cambiar con un leve movimiento del caleidoscopio hermenéutico, la pregunta continúa: ¿para qué? ¿desde dónde? ¿se interpreta acaso desde una experiencia buscando otra experiencia? ¿Qué experiencia? ¿La experiencia sin experiencia de Dios –en el doble genitivo–? ¿La topología es una prueba de la existencia de Dios? ¿En lugar de la prueba ontológica se podría hablar de una "prueba" des-ontologizada o topológica de Dios? En tal caso, y siguiendo a Anselmo, la "prueba" presupondría lo que he llamado experiencia-originaria, la que sólo puede ser la experiencia de *eso* que *llamamos* Dios, considerándolo como la síntesis viva de la experiencia universal de *eso* sin nombre e innombrable, de eso que no podemos conocer, pero que si lo conociéramos no lo podríamos decir, y si lo dijéramos nadie lo entendería, y a lo que no obstante intentamos señalar uniendo letras sin sentido (d-i-o-s) hasta formar un término sin sentido: dios. ¿Dios sería así el sostén o la posibilidad y al mismo tiempo el fin, la finalidad tachada de la topología? ¿Esta es la respuesta o no hay respuesta? Si no hay respuesta el "no hay" implica un *no* ontológico, absoluto, y no sólo la imposibilidad de decir la respuesta. Sólo se podría tejer un laberinto a cuyo término el "lector" no encontraría nada. ¿La topología como un símil ampliado de la teología apofática?

5. Dios, ¿un presupuesto? ¿Un presupuesto que es un resultado? Si no hay teoría sin presupuesto, y esta es la aguda crítica de Schelling a Hegel en su "contribución a la historia de la filosofía moderna": dice que "Si lo Absoluto, en nuestro sistema, es una presuposición, se podría decir lo mismo del *puro ser* [cursivas mías] en el sistema de Hegel", y más adelante agrega que "Esta base inicial, esta *materia prima* de todo pensamiento, no puede ser en un sentido propio objeto de pensamiento". Hay que distinguir entre un presupuesto, que podríamos llamar *real* y un presupuesto no-real (no obstante real, incluso como *no*), digamos lo Absoluto, o el mundo o Dios (los que no pueden tener presupuestos, salvo el Uno-Uno de Parménides o el Prius de Schelling), y, por otra parte, un presupuesto de lo teórico: no hay *teórico* sin presupuesto (y ésta es la "roca" de la fantasía objetivista de la ciencia). Si la hermenéutica topológica tiene como presupuesto de realidad el lenguaje, el lenguaje que *es* mundo [como dice Wittgenstein, "los límites del lenguaje significan los límites

de *mi* mundo", *Tractatus*, 5.62] ¿qué presupuesto tiene?, El lenguaje del lenguaje, como "el lenguaje de la topología" (ese lenguaje "que habla de Hegel con la lengua de Agustín, y de Plotino con la lengua de Schelling. Que habla de Heidegger y de Derrida con la lengua de Empédocles y de Empédocles con la lengua de Heidegger y de Derrida"), ¿qué presupuesto tiene?, ¿cuál es su "orientación de verdad" (*Topologia*..., p. 266)? ¿Puede tener presupuesto el lenguaje si es mi mundo?, ¿qué *hay* fuera, distinto, como para servirle de presupuesto? Vitiello cita una carta de Schöenberg dirigida a Kandinsky el 19 de agosto de 1912: "Como dije, *El sonido amarillo* me gusta muchísimo. Es lo que traté de realizar en *Mano feliz*. Sólo que usted va más lejos que yo en la renuncia a toda idea consciente, a toda acción de tipo naturalista. Por cierto que esta es una gran ventaja. Debemos darnos cuenta de que estamos rodeados de enigmas. Y debemos tener el coraje de afrontarlos sin preguntar cobardemente si existe una 'solución'. Es importante que nuestra capacidad creativa reproduzca enigmas sobre la base de los que nos circundan, en tanto nuestra alma trata de descifrarlos, no de resolverlos. Lo que obtenemos de este modo no debe ser la solución sino un método de cifrado o descifrado. Método sin valor intrínseco que ofrece materiales para crear nuevos enigmas. Ellos son, en efecto, el reflejo de lo inalcanzable. Un reflejo imperfecto, es decir humano.

Pero si por su intermedio logramos considerar posible lo inalcanzable, entonces nos acercamos a Dios..." (cit., p. 267). Seguramente esta carta lo impactó a Vitiello porque en ella está prácticamente casi todo. También la topología es descifradora y creadora de *enigmas*; también ella trabaja con "materiales" que son un "reflejo de lo inalcanzable". ¿También ella es un *acercarse a Dios*? Vitiello comenta que el acercarse a Dios es, al mismo tiempo, en cuanto todo acercarse presupone una distancia que en este caso es insalvable, un "tenerse a distancia de él", y agrega que esta distancia, de acuerdo con Heidegger, "debe custodiarse". ¿Por qué debe custodiarse? ¿Para resguardar a Dios como Dios y al hombre como hombre, ya que de otra manera se aniquilaría tanto al hombre como a Dios, al Dios del hombre y al hombre de Dios? ¿El presupuesto es, entonces, ese Dios al que *nos acercamos* sin término, no solo mediante la música, la pintura y la poesía, sino incluso por el pensamiento?

6. En el primer apartado de la segunda parte de *Topologia del moderno*, que se titula significativamente *¿Dónde está Dios?*, Vitiello pone como epígrafe un breve relato jasídico trascripto por Martin Buber: se trata de un diálogo entre un niño, el futuro Rabbí Isac Meier, y el Magghid de Kosnitz. Éste le dice al niño: "Te doy un florín si me dices dónde está Dios"; y el niño le res-

ponde: "Y yo te doy dos florines si me dices dónde no está". La próxima referencia es Plotino: el Uno no numérico es *todo*. Vitiello se pregunta: ¿es todo o *en* todo? (cit., p. 135). El Uno no *es* todo; el todo no es el Uno: "Todo es por el Uno"; o: el Uno hace que el todo sea, pero sin identificarse. No es que el Uno sea el todo sino que el Uno hace que todo sea. De esta manera el Uno hace que todas las cosas sean. Para el Uno=Todo (según traduce Heidegger a Heráclito) no hay *fuera*. Si, en cambio, afirmamos que todo es por o para el Uno, y que el Uno siempre es *más*, de hecho establecemos una *diferencia*. En el cuento jasídico ésta es la posición del Maggidh: porque Dios está separado del hombre es posible preguntar dónde está. Mientras que para Meier Dios no está separado, y por eso niega que pueda estar en *un* lugar fuera del todo del mundo. El Uno-Dios (antes de Dios, como Prius de Dios) es *más* que el *todo*, de allí que sea y no sea el todo, que sea, sin ser, pura y absoluta excedencia. Estas páginas parecieran estar sobrevoladas por el último Schelling. El ser está habitado por el no ser, al menos en lo determinado: la mesa es mesa pero *no es* pájaro; pero el Ser-Ser no *es* ser, es *más* que ser. (Schelling recuerda el viejo proverbio: "Lo que es el Ser no tiene ser".) El no-ser está "dentro" del Ser; no es no-ser del Ser. En este sentido el Uno (Ser, Dios, Prius) es "absoluto positivo", "simple ser", y así se entiende que la negatividad no afecta "al Uno", al Uno-Uno parmenídeo, sino "al lenguaje y al pensamiento del Uno". "Uno está *más allá* [cursivas mías] de la palabra, porque está más allá de lo negativo". Pero ese más allá de la palabra ¿es el *presupuesto* de la palabra y, por lo tanto, de la hermenéutica en cuanto topología? Porque carece de no-ser el "Uno no se da al pensamiento y al lenguaje", ya que tanto el pensamiento como el lenguaje conllevan esencialmente la diferencia, incluso como pensamiento de pensamiento y lenguaje de lenguaje. Vitiello recuerda a Anaxágoras, para el que lo Uno es lo indeterminado, "No habiendo negación, no siendo habitado por no-ser, carece de determinación". Lo que es todo-en-todo "está fuera del Todo", porque todo-en-todo es determinación, diferencia, que se produce en el Todo, pero no *es* el Todo, pues el Todo *no-es:* ¿cómo podría ser lo que Es? Este recorrido, con el conjunto de nombres que suscita, no es recurrentemente histórico, "pues hablando de los antiguos hablamos de los modernos". Topología: en ambos casos "hablamos de nosotros mismos" (p. 143), estamos puestos en juego en nuestra última intimidad. Se discute sobre cómo la diferencia puede nacer de la identidad Absoluta y sobre cómo se da el Absoluto. Hegel crítica a Schelling pues considera que para éste se da de improviso, "como un pistoletazo", y le opone su idea de proceso, la "odisea del Espíritu" que se exterioriza y se realiza a sí en un camino que concluye en su auto-realización como Absoluto Saber. ¿Y Dios? En el Uno-Dios no hay principio ni origen; ambos se dan en lo múltiple que es. Hablamos, y este es el halo trágico del pensar, de nosotros mismos, es decir del hombre determinado que Vitiello opone al Uno hegeliano (del que podría decirse lo mismo que él dice de Schelling) lo dicho por Agustín cuando recuerda el diálogo entre Dios y Moisés: Moisés le pide a Dios que le deje ver su rostro, y Dios le responde que no podría ver su rostro y seguir viviendo, pero que le dejará ver su *espalda*: "La teofanía de lo mundano no es, no puede ser –dice Vitiello– completa... la ipseidad divina... no se puede ver sensiblemente". Las cosas, todas las cosas, no son Dios pero están *en* Dios: "Todas las cosas derivan de Dios, son por Él y, lo que más interesa señalar, *son en Él*. Todas las cosas, incluso las sensibles", y concluye: "Preguntábamos dónde habita Dios. Ahora sabemos que Dios es la morada de todas las cosas –incluso de la más ínfima" (p. 145). Distancia y proximidad aceptadas sin temor, sabiendo que paradójicamente la mayor distancia *de Dios* es la máxima cercanía (vale decir que la distancia no se mide, no es cuantitativa), o que la aceptación, el amén, es lo que vuelve a una cosa la otra, ¡aceptar que Dios está lejos es la manera más íntima de "tocarlo"! De aquel "lado" no hay origen ni principio; el origen y el principio sólo pueden decirse del lado del hombre y del mundo, del lado de lo revelado. Pero en la espalda del Verbo (*en:* en cuanto a su contenido, podríamos decir) aparece el Uno en su "profundidad". La lejanía como dolor, la proximidad como bien, en la línea de esta diferencia está el más auténtico topos de la topología: resguardar a Dios significa no tratar de someterlo a ninguno de los principios de la metafísica manteniéndose en la cavilación propia del respeto y la humildad esenciales; sólo así, en el *dejar des-ser el ser* para que el Ser sea (y la disparidad con el *dictum* heideggeriano no carece de significación), el *presupuesto* no se convierte en violencia hermenéutica y es *morada*, habitación.

7. En *La palabra hendida* (Ediciones del Serbal, p. 228), Vitiello se refiere a lo "puesto" que "se revela como 'pre-supuesto'". Dice: "La pureza de la mirada, la *nóesis noéseos*, eso que nuestra tradición filosófica ha *llamado* [cursivas mías] Dios, es lo eterno como meta de nuestro pensar". Dios, entonces, como una meta, ¿Como la meta de la topología? "Si Dios es la estructura lógico-formal del Universo (recordemos la definición hegeliana de la lógica: 'la presentación de Dios, tal como él es en su eterna esencia antes de la creación de la naturaleza y de un espíritu finito' [agrego que para Hegel la *lógica* no es una idea previa que se impone a la cosa sino la cosa misma exponiédose, O.d.B.]); si Dios, *nóesis noéseos*, es el *nombre* [insisto en subrayar

esta palabra] de la eternidad del universo, éste, el universo, aparece sólo por la *kínesis* del ente, de los entes. Dios se hace real –aparece– sólo en el amor o por el amor del hombre. Antes del hombre Dios, eterno, queda en la *leté*. Oculto. La creación es obra del hombre. Antes del hombre, Dios es sólo *dínamis*. El acto que antecede toda potencia es sólo potencia del hombre y en el hombre. Sin Dios el hombre no podría crear, no tendría la posibilidad (*dínamis, potentia*) de aquello. Pero la creación es obra del hombre. La creación, o sea: el aparecer del universo infinito en lo finito". ¿Hombre? Sólo entendido como *lugar* (lo abierto) de manifestación, de revelación; *hombre* en cuanto *topos* que sostiene la revelación y hace mundo.

8. Ese presupuesto insalvable en teoría ¿puede salvarse en el más allá del presupuesto? ¿puede disolverse el presupuesto, no más allá como ente, sino como exceso? En una entrevista (aparecida el 26-2-98) Vitiello afirma que el mito "mantiene viva la memoria de aquello que está más allá de nuestra conciencia"; *eso*, en cuanto inmemorial, ¿sostiene todo presupuesto último identificándolo con el silencio?

9. La crisis de la filosofía se da como des-centramiento (por inexistencia de un centro sustancial dador de sentido, al que el sin-sentido se remite para adqui-

rir un sentido reflejo) del pensar e inicia la posibilidad de un otro pensar bajo la forma genealógica, hermenéutica, destructora-deconstructora, topológica. Todas estas formas, signadas por, entre otros, los nombres de Nietzsche, Gadamer, Heidegger, Derrida y Vitiello, son "derivas" de la falta de un centro ontológico pasible de asumir la totalidad. Es la crisis, también, del etno y del antropocentrismo, así como de la onto-teo-logía.

10. El problema del pre-supuesto (el de la "encarnación" como forma hylética y espiritual), se presenta, en cierto sentido, como insuperable. No sólo como lo previo que sostiene todo discurso teórico, sino, fundamentalmente, como un *telos*, un *¿para qué?* cuya insistencia le impide al pensamiento establecerse. El *¿para qué?* no puede cerrarse en el ámbito de la individualidad psicológica sino que la trasciende, trasciende todo sujeto, para ser, hegelianamente, epocal, y *trascendente*. Lo que pregunta es un neutro; el *lo* pregunta: ¿para qué la travesía analítica de la topología? Y aquí la pregunta se topa con el presupuesto: si el presupuesto es Dios, la pregunta es *de* Dios (hecha *por* Dios y hecha *a* Dios). La "rosa florece porque florece", "la pregunta pregunta porque pregunta", es cierto, pero a su vez el Dios es la rosa, la pregunta, el florecer, y el *más*, no separado sino *allí* como dado: el *más allá del ser (o la esencia)* platónico. ¿Se reintroduce de esta manera la onto-teo-logía propia del viejo Dios?, ¿se resucita al Dios muerto, al Dios moral y sumo-ente? ¿O hay otra posibilidad, paradójicamente subsumible en el Uno-Uno de la primera hipótesis del *Parménides*, y en la revelación como *don*, como absoluto *hay*? ¿El "último Dios" será un *signo* y no una resurrección del Dios idolátrico, un nuevo signo que aparece en nuestra época, y porque aparece, o en ese aparecer-don-epifanía gratuita y absoluta, libre, lo llamamos con la palabra *amor*, pensando en la donación de sí, en el amor como donación de lo último que nos es propio?

11. El juicio, la *diferencia*, es el límite humano, el punto donde la topología termina. Dice Vitiello: "Aquí la topología toca su límite: el límite del lenguaje. La finitud de la topología es la finitud del lenguaje" ("Ethos e natura", cit.). Pero ese silencio que cubre el lenguaje ¿es incuestionable? ¿incluso como silencio? La topología no es como una ciencia que necesariamente calla al agotar el *cómo* de las cosas y al tocar el *que* de que las cosas sean (Wittgenstein, cit., 6.44). El "que las cosas sean" adquiere una fuerza decisiva en cuanto presupuesto. El presupuesto de la pregunta es ese *que las cosas sean*, lo "místico" wittgensteiniano. Pero ese *misterio*, ese *a-peirón*, ese in-decible Prius, ¿en qué medida pueden tematizarse sin convertirlos al *cómo*, sin hacerlos ingresar al proyecto de *logos*? Pre-supuesto se vin-

cula más con el "sugerir" (como lo advirtió Mallarmé) que con el decir-pleno. "Sugerir" en cuanto suma de modos retóricos de lo in-decible: como el oxímoron, la sinécdoque, la contradicción, la "negatividad" hegeliana. Todas ellas figuras en abismo, paradójicas, en el sentido fuerte que tiene esta palabra en el pensamiento del último Heidegger.

12. En *La palabra hendida* Vitiello se pregunta: "¿es posible, permaneciendo dentro del movimiento reflexivo del lenguaje, hablar 'positivamente' de lo otro del lenguaje sin reducirlo con ello a simple momento de la reflexión, esto es, sin sustraerle la alteridad" (p. 167). Se trata del fundamento, de lo que llamo *presupuesto*. El término último ya no es la reflexión, aunque todo "camino [...] que puede llevar a una distinta experiencia del ser" se da "en el propio lenguaje de la reflexión". En el lenguaje. Más allá del lenguaje. Pero ¿no es este el *límite*? La palabra no puede llegar "hasta el acto primero, el Uno cerrado en el abismo de sí mismo. Aquí cesa todo lenguaje". No hay posibilidad de equiparación con el Prius de la divinidad, sin *a-priori*, pues somos esencialmente posteriores: es imposible llegar al "*Plenum* contra el que se quiebran todas nuestras palabras" (p. 174). Estamos implicados en cuanto el lenguaje "nos crea" (p. 176), "dicta nuestra identidad así como la de todas las cosas", "Pero esta palabra –*toda*

ella concentrada en el límite para ser más que ella misma– no es del poeta ni es del filósofo. Es la palabra del *en-cuentro,* siempre inquietante, de la filosofía con la poesía, de la poesía con la filosofía". La palabra no es última ni primera, no es el origen (p. 207): "Más allá del lenguaje, más allá del *Logos,* del *Verbum,* de la Palabra... del *Deus revelatus* y de la Revelación misma", está "lo más simple": lo antes-de-lo-antes, lo que queda cuando no queda nada.

13. El presupuesto debe leerse en el desarrollo de la filosofía topológica como si fuese un palimpsesto. No en el sentido de "fundamento" sino como una suerte de intencionalidad sustraída a cualquier intento de exposición. Una *sugerencia* –dijimos recordando a Mallarmé–, algo que se desliza entre las líneas, entre las citas, algo invisible y mudo cuya insistencia va dibujando, al fin, su pregunta, una pregunta que de antemano carece de toda posibilidad de respuesta, en la medida en que toda respuesta entra en la legalidad del logos. Pero que sin embargo se mantiene constantemente como un ícono del absurdo.

14. Para que el ser se des-sea; es decir para que el "sujeto" deje de imponer sus formas al ser y para que éste pueda manifestarse, es necesario, como no se cansó de decir Schelling, suprimir el sujeto, auto-supri-

mirse como sujeto que sujeta, y así violenta y clausura la aparición del ser. Lo "abierto" rilkeano, la *lichtung* como "claro" en Heidegger, sólo se producen en la nada-de-sujeto. Allí el ser se des-vela, se revela, habla, y esa habla es la que, a su vez, "funda" el oír y el ver como "humanos".

15. La topología, su deslizamiento por y en el cuerpo complejo de la "historia" filosófico-poética, es un trabajo que pone en acto una gran erudición específica y un fuerte don interpretativo, y que, al mismo tiempo, presupone delicadeza en la exposición y pasión en la búsqueda. Vitiello, como buen artesano, trabaja pacientemente su materia. También con soltura, sin prejuicios, fija los *topoi* con sus coordenadas, sus infinitas líneas de fuerza, las redes donde se constituyen los nudos de sentido, de los sentidos, que a la vez *son* las innumerables formas de la trama. La topología no se deja encerrar en un esto *o* aquello, es comparativa, conjuntiva, compositiva, acumulativa, pero en esa acumulación, en el presente, vale decir *viva*, hay un orden críptico (la topología trata de mostrarlo como aspecto determinado de una visión, una suerte de "epifanía" joyceana) que une, invisible, y así cuestionable y falible, la inmensidad del texto en presente. Incluso Cristo, y tal vez nadie como él, está presente en la contingencia absoluta del ahora (en este sentido ver la "Intro-

duzione" a *Cristianesimo senza redenzione*, donde Vitiello señala no sólo la contemporaneidad de Cristo, sino, fundamentalmente, su diferencia con el "cristianismo histórico", el cual no habría entendido que Cristo anuncia "*una experiencia totalmente nueva, inaudita, de lo divino*").

16. El presupuesto (¿pero hay *un* presupuesto o capas sucesivas de presupuestos?) es el cristianismo que como *mensaje* de Cristo (para "los creyentes o no" creyentes) resultó incomprendido "en su novedad" por el cristianismo histórico, *ortodoxo*. Vitiello afirma que "Incluso Nietzsche, que fue el más feroz y agudo adversario que tuvo el Cristianismo histórico en la modernidad, no escapó a este destino de incomprensión. Y esto por cuanto el Cristianismo que conoció y combatió fue el Cristianismo histórico que no comprendió a Cristo" (p. X-XI). En realidad no estoy seguro de que Nietzsche no haya distinguido entre las dos interpretaciones del mensaje de Cristo, que no haya comprendido la diferencia entre el "mensaje" de Cristo y el Cristianismo histórico: no sólo me llama la atención su analítica del paulismo sino, ante todo, algunos textos de *El anticristo*, en los que muestra una comprensión *in profundis* del mensaje cristiano (véase los capítulos XX-XIII, XXXIV y XXXV, que podrían sintetizarse en esta cita: "El Reino de los Cielos es un *estado* [cursivas mías] del

corazón, no un estado *fuera de la tierra* o después de la muerte [...] El Reino de Dios no es una cosa que se espera, no tiene ayer ni mañana, no vendrá dentro de *mil años*, es una *experiencia* [cursivas mías] del corazón, está en todas partes y en ninguna", lo que concuerda con Lucas, 17,20: "El reino de Dios está en vosotros"). Tendría que analizarse como algo fundamental el influjo de su amistad con Overbeck. Charles Andler, en *Nietzsche. Sa vie et sa pensée* (Gallimard, p. 592 y 594), sostiene que "Nietzsche ataca a la Iglesia porque la Iglesia ha elegido lo contrario de todo lo que enseñó Jesús con su vida [...]"; y que "Jesús se parece singularmente a un 'espíritu liberado' nietzscheano. Pues él cree que la 'letra' mata; por lo tanto no es intelectualista. No fija su pensamiento en fórmulas ni en una fe. La 'luz', la 'verdad' y la 'vida', se reducen para él a un sentimiento fluido y puro, que anima una práctica extraña al mundo. Ese cristianismo auténtico y primitivo será posible en todos los tiempos".

Analizo este *problema* más en detalle en mi libro *El abandono de las palabras*, p. 337 y ss. ("Notas sobre la mística de Nietzsche"). No se trata, pareciera obvio decirlo, de cristianizar a Nietzsche, pero sí de seguir su compleja relación con el cristianismo, tanto con el cristianismo "histórico" –al que apunta justamente Vitiello–, como con el cristianismo "originario".

17. Vitiello afirma (cit., p. 113), comentando la VII carta de Platón, que el lenguaje "predicativo" (el de la filosofía), el que dice "algo en relación con algo", no puede dar el puro *que*, que es "identidad antes de la identidad", el puro *que* que es "la base y el sostén de toda predicación. Sin él [el *que*] no habría lenguaje, no sería *posible* decir algo"; este *que* es "lo no-dicho (lo indecible) del logos divino y del logos humano, lo indecible que permanece inadvertido en la palabra de la sofía y de la sofística", "Lo no-dicho que sólo el pobre discurso de la filosofía lleva al lenguaje, porque desdice diciendo, porque en el decir lo pone como otro del decir, y sólo así dice 'algo en torno a un que'", sabiendo que "lo que verdaderamente cuenta en el decir es lo que en el decir se sustrae", mostrando no *lo que* se sustrae sino "el sustraerse" como tal: lenguaje de la re-flexión, "de la pobreza, de la inquietud, de la *enfermedad del espíritu*". ¿Qué *que*?

OSCAR DEL BARCO
Córdoba, 1998

PARTE I
Naturaleza e historia

CAPÍTULO I

Giambattista Vico: entre historia y naturaleza

Los orígenes de las cosas deben ser todos por naturaleza groseros
GIAMBATTISTA VICO

I. EL CÍRCULO NOMOS-LOGOS/LOGOS-NOMOS

Aquella razón que a mí, razonando, se me muestra la mejor
PLATÓN

1. "La filosofía, para ayudar al género humano, debe alentar y dirigir al hombre caído y débil, no forzarle la naturaleza ni abandonarlo a su corrupción" (*Scienza Nuova seconda*, Dignidad v).[1]

---

[1] Cito las obras de Vico en la edición a cargo de P. Cristofolini, 2 vols.: *Opere Filosofiche* (=*OF*), Florencia, Sansoni, 1971, *Opere Giuridiche* (=*OG*), *ibid*, 1974– directamente en el texto, trayendo en nota la traducción* de los trozos en latín ofrecidos en dicha edición. Para las citas de Heráclito y de Parménides, remito a Die *Fragmente der Vorsokratiker*, a cargo de H. Diels / W. Kranz (=DK), Berlín, de Gruyter, 1971; para aquéllas de Platón a las *Oeuvres complètes* en las "Belles Lettres", París; para aquéllas de Plotino a la edición a cargo de E. Bréhier, siempre en las "Belles Lettres".

* [Respetando el criterio del autor, que ofrece en las Notas las traducciones en italiano que acompañan el texto latino en la citada edición bilingüe a cargo de Cristofolini, hemos optado en las Notas por traducir

La función moral atribuida por Vico a la filosofía muestra con toda evidencia la matriz platónica de su pensamiento. Por lo demás, declarada súbitamente con la crítica de los "estoicos" y de los "epicúreos", los primeros porque desean la mortificación de los sentidos, los segundos porque se abandonan a ellos. Contra los "filósofos monásticos y solitarios" Vico defiende a los "filósofos políticos, y principalmente a los platónicos". Enuncia por tanto las dos *dignidades* que siguen:

La VI:

"La filosofía considera al hombre como debe ser, y así no puede agradar más que a unos pocos, que querrían vivir en la república de Platón, y no revolcarse en la escoria de Rómulo."

La VII:

"La legislación considera al hombre como es, para hacer buenos usos de él en la sociedad: como de la ferocidad, de la avaricia, y de la ambición, que son los tres vicios que atraviesan todo el género humano, hace de ellos la milicia, el comercio y la corte, y de esta manera la fortaleza, la opulencia y la sabiduría de las repúblicas; y de estos tres grandes vicios, los cuales ciertamente destruirían la generación humana sobre la tierra, resulta la felicidad civil (*OF*, p. 433).

al español del italiano en vez de hacerlo directamente del texto latino. [N. del T.]

¿*Ex legislatione philosophia*,² o no, más bien: *ex philosophia legislatio*? Está claro: no se trata solamente de seguir el desarrollo histórico de las relaciones entre *Nomos* y *Logos* a partir de Heráclito, o de Píndaro; la cuestión es más amplia, y lo es tanto que necesita determinar el carácter propio del *Nomos* de la *Ciudad platónica*. De la polis, esto es, que nace con la filosofía y sólo con ella. Se trata de comprender, ante todo, qué ha ocurrido en la comunidad de los hombres con el *nacimiento* de la filosofía. Y es a partir de esta comprensión como se entiende la *tarea* que Vico asignaba a la filosofía, y, por tanto, la relación de ésta con la *legislación*.

Un fragmento de Heráclito dice: οὐκ ἐμον ἀλλα τον λόγοῦ ἀκοῦσαντας escuchando no a mí sino al Logos...(D-K, fr. 50). En cuanto a Parménides, la Verdad que él comunica le ha sido dictada por la Diosa (D-K, fr. 2). De forma distinta habla Sócrates, el filósofo. No por casualidad se le encuentra cerca del tribunal (*Euthiphr.*, 2 ss.), o en el tribunal, mientras se defiende (*Apol.*), o cuando no en la celda (*Krit., Phaidon*). Quienes aún le tenían estima, decían que él había superado a Dédalo en el arte de hacer moverse las cosas estables,

---

² Véase *De constantia iurisprudentis*, P. post., C. XI, par. 19, *OG*, p. 451. Sobre el argumento véase P. Piovani, "'Ex legislatione philosophia': sopra un tema di Vico", en *id.*, *La filosofia del diritto come scienza filosofica*, Milán, Giuffrè, 1963, pp. 197-256.

convirtiendo también en inciertos y vacilantes los más firmes conceptos (*Euthiphr.*, 11 b-d); los enemigos le acusaban de introducir nuevos dioses en la Ciudad y de corromper a los jóvenes (*Apol.*, 24 b-c). Amigos y adversarios estaban de acuerdo al advertir su extravagancia, su carácter inquietante (*Men.*, 80 a). Era *extraño* a las leyes de la Ciudad. Tanto más extraño cuanto más las observaba. La prosopopeya de las Leyes representada en el *Critón* (50 ss.) es el ejemplo evidente de ello. Los *Nomoi* se le presentan a Sócrates en toda su austera majestad. Y le hablan como sólo las Leyes saben y pueden hablar, mandando. Ordenando a Sócrates someterse al veredicto del tribunal, aunque sea injusto. Tú *debes* –dicen. Pero no dicen sólo: "debes". Dicen: debes –*porque*... "Porque": las Leyes exhiben sus títulos de legitimidad a Sócrates; los Nomoi *dan razón λόγονδιδόναι* de sí al hombre condenado por la Ciudad: al último de los ciudadanos. El cual las enjuicia. Precisamente, porque es Sócrates el que en último análisis *decide* qué hacer. La sentencia es de Sócrates, que se comporta no sólo con el buen Critón sino también con las Leyes, como siempre en la vida: conformándose a aquel "logos (palabra, discurso, razón) que a él *razonando λογιζομένω* se le muestra el mejor" (*ibid.*, 46 b).

Sócrates no cesa nunca de interrogar y de interrogarse –sobre las razones de las Leyes, y sobre su misma razón. Esto significa que la filosofía *no* nace, *no puede* nacer, de la legislación, sino que es ella quien *funda* las leyes. También las Leyes que pre-existen a ella, de modo que la autoridad de éstas deriva, de hecho, de la razón, y no viceversa. Derramándose sobre el pasado, la filosofía voltea las relaciones temporales: es el presente el que instituye al pasado, y no el pasado al presente.[3] Así es para Platón; pero ¿y para Vico? Si leemos las dignidades VI y VII parece que significa lo contrario. La filosofía por sí sola no puede ayudar más que a unos pocos, a los elegidos. A aquéllos que ya habitan en la República de Platón. Pero la escoria de Rómulo no tiene necesidad de la filosofía, no, sino de la legislación que es antes de la filosofía; que educa a cuantos —y son los más— viven inmersos en los sentidos y en las pasiones. Es la legislación la que, cambiando los vicios en virtudes, convierte la "ferocidad" en "milicia" y "fortaleza", la "avaricia" en "mercancía"

---

[3] Es un rasgo típico —¿también esencial? y, esto es, ¿necesario?— de la filosofía medir los otros saberes, o mejor, al saber *otro*, con el propio. Ejemplar, también aquí, es la postura de Platón, que en el *Cratilo*, después de haber realizado los más altos elogios de los sabios antiguos —aquéllos que impusieron nombres y *nomoni* a las cosas— se preguntaba si no habrían caído también ellos en el mismo engaño que los doctos de su tiempo, que confundían su inquietarse acerca de las cosas con el ser mismo del ente (411 b y 439 b). No hay historia de la filosofía, a partir de Aristóteles, que no se inicie tratando filosóficamente las doctrinas de los *sophoi*. Sobre el tema, remito a mi introducción a la *Storia della filosofia* de la *Enciclopedia Tematica Aperta* editada por Jaca Book, Milán, 1992.

y "opulencia", la "ambición" en "corte" y "sabiduría de las repúblicas". Sólo *tras* la educación de las Leyes puede nacer la filosofía.

Y aún hay que decir, por otra parte, que sirve para remarcar la diferencia entre la posición viquiana y la del Sócrates platónico. Leamos cómo continúa la dignidad VII:

"Esta dignidad prueba la existencia de la providencia divina y que ella sea una mente divina legisladora, que de las pasiones de los hombres, todos pendientes a sus utilidades privadas, por las que vivirían como bestias feroces en sus soledades, ha hecho los órdenes civiles por los que viven en una sociedad humana."

Vico se muestra mucho más cercano a Heráclito y a Parménides que a Platón: a la *Sophia* que a la *philosophia*. La "mente divina legisladora" es la diosa, es Diké, el *Logos*, no la palabra del hombre. De esta "mente divina" el hombre se pone todo lo más a escuchar —siempre y cuando sea capaz de entender los dictámenes—; pero a menudo es sólo el inconsciente portador de ella. Casi *asinus portans mysteria*.

2. Quizá baste profundizar un poco la cuestión, o tan sólo ampliar el horizonte, para ver cómo las relaciones o delineaciones entre filosofía y legislación —en Vico y en Platón— cambian, o si incluso, no se invierten directamente. La primera consideración por hacer es que si

en Vico la providencia se revela a la *razón*, a la "reflexión", esto es para indicar que hay un ligamen privilegiado entre la "mente divina" y la "mente pura" del hombre. Y esto significa que hay una filosofía *antes* de la filosofía: una razón que opera en los hombres, primero inconsciente y luego conscientemente. Una razón que es *institutriz* de las Leyes. Si no la filosofía consciente, es la inconsciente la madre de la Ciudad. La "mente divina" es esta *filosofía*. No por otra cosa la *Scienza Nuova* se presenta en conjunto como "una teología civil razonada de la providencia divina" (*OF*, p. 456) y como "una filosofía de la autoridad, que es la fuente de la *justicia externa* como dicen los teólogos morales" (*OF*, p. 486). Donde "filosofía de la autoridad" vale no sólo como genitivo objetivo, sino también como subjetivo, basta considerar que "auctoritas" es "pars rationis" (*De Uno*, c. LXXXIII: *OG*, p. 101). Es éste un punto sobre el cual se deberá volver en la continuación del discurso. Pero ahora pasemos a Platón.

Es reconocida la reinterpretación platónica del mito de Prometeo enunciada en el *Protágoras* (320 c-322 d). Luego que Epimeteo había distribuido todos los dones de la tierra a los animales dejando al género humano privado de recursos, Prometeo, para suplir tal carencia, robó el fuego a los dioses y lo donó a los hombres, enseñándoles el modo de usarlo para fabricarse las armas con las cuales defenderse de las fieras y los utensilios necesarios para procurarse el alimento y poder proveerse de un techo. Los hombres, sin embargo, usaban las *technai* enseñadas por el Titán también para combatir entre ellos. Zeus, preocupado por la supervivencia de la estirpe de los hombres, les envió el "pudor" αἰδώς y la "justicia" δίκη. Los hombres aprenderían así a convivir.[4]

El origen de la Ciudad —de la Ciudad de Platón— no es por tanto humano sino divino. Y esto comporta que la Ley institutriz de la *polis*, la Ley que está a la base de toda ley —Diké— no nace con la filosofía. Antes al contrario, la filosofía, los *logoi* de los hombres ni siquiera son capaces de dar voz a esa única Ley que está en lo más alto de toda ley ciudadana. Esta Ley, esta "buena naturaleza" εὐ πεφυκός, se revela por iluminación interna sólo a quien tiene "buena naturaleza" εὐ πεφυκότι (VII *Lett*. 343 e- 344 b).

¿Que distingue aquí al *philo-sophos* del *Sophós*?

Volvamos a oír la voz de Heráclito:

"De esta razón, que como aquí se razona de ella así es siempre, los hombres se muestran incapaces de comprenderla, antes de oírla y después de haberla oído; ya que, a pesar de que todas las cosas suceden conforme a esta razón, ellos se asemejan a inexpertos, al

---

[4] Por interesante, cfr. el fino análisis de U. Curi, *Endiadi. Figure della duplicità*, Milán, Feltrinelli, 1955, P. II: "L'inganno di Prometeo".

experimentar palabras y obras, como las que yo voy exponiendo, analizando cada cosa de acuerdo con su naturaleza e indicando cómo está. En cambio, a los demás hombres se les escapan las cosas, cuanto hacen despiertos, al igual que olvidan cuanto hacen dormidos." (D-K, fr. 1).

No instituyendo ellos las Leyes, los hombres ni siquiera son capaces de la verdad: "no pertenece a la naturaleza humana el conocimiento, sí en cambio a la divina" (D-K, fr.38). Mas ¿la *philo-sophia* puede ser aun tal si pierde su carácter *dia-lógico*, exotérico? ¿Es aún *philo-sophia*, puede aún reivindicar este nombre, aquel saber que por definición no es participable a todos?[5]

En la relación filosofía-legislación está en juego el destino mismo de la filosofía, su capacidad de distinguirse de la *Sophia*.

3. Si releemos ahora las tres dignidades citadas al comienzo, nos daremos cuenta de que el problema para Vico es doble, consistiendo en reivindicar para la *razón* (para la "mente") la fundación de la Ciudad (la legislación) y a la vez en reconocer que hay una "razón" *antes* de la "razón filosófica". La "mente divina" es esta razón que está *antes* de la razón filosófica y su fundamento.

---

[5] Véase G. W. F. Hegel, *Phänomenologie des Geistes* (=*PhäG*), Hamburgo, Meiner, 1952, *Vorrede*.

También respecto a esto el parangón con la situación socrática se impone de nuevo.

Se ha dicho que Sócrates, el condenado, es quien juzga al final las mismas Leyes. ¿Pero cómo las juzga? Se ha dicho también lo siguiente: las juzga con esa razón que a él cuando razona se le manifiesta la mejor. A él razonando; o sea, no Sócrates, y sino la *razón* de Sócrates enjuicia las Leyes. La distinción es fundamental. Si fuese a juzgar Sócrates, y no la *razón*, en nada y para nada se distinguiría su juicio de aquél del sofista –de un Trasímaco, por ejemplo–, para el cual lo "justo" es la utilidad de quien tiene la fuerza de imponerse sobre los demás (Los Nomoi jamás se le presentarían a Trasímaco para exhibir los propios títulos de legitimidad, las propias razones. El hecho mismo denunciaría la impotencia de éstas, y sería por tanto una invitación a no respetarlas. En la perspectiva de Trasímaco las Leyes se imponen sin *dar razón*, con la fuerza, ni más ni menos, si y cuando la tienen).[6] Por tanto, si las Leyes se presentan a Sócrates, esto es porque una *misma razón*, un mismo *logos* guía a ellas y a Sócrates. Sócrates juzga la razón con la razón. En Sócrates es la razón la que, plegándose sobre sí misma, se declara. La diferencia entre

---

[6] Sócrates refuta la tesis, constriñendo a Trasímaco a admitir que también el "más fuerte" debe conocer lo propiamente útil como ello realmente es, y poder o realizar; de otro modo, es decir, confiándose a la opinión subjetiva, se arriesgaría al propio perjuicio. *Resp.*, 339 c y ss.

Sócrates y el buen Critón se halla toda aquí: Sócrates se despoja totalmente de la propia *singularidad*, para elevarse a logos universal, a razón de todos y de cada uno. Critón permanece en Critón, un hombre entre tantos otros, un particular. Sócrates, en cuanto es la razón universal, es la razón misma de las Leyes. Por ello puede enjuiciarlas. En Sócrates son las Leyes las que se juzgan a sí mismas. Sócrates es el lugar de manifestación del *Logos* que rige las Leyes. Todas las Leyes, divinas y humanas.

Del mismo modo es la "mente pura" en Vico. En ella se manifiesta la "mente divina". Sólo por ello la razón (humana) puede hallar razón (divina) también en la edad de los sentidos y de las pasiones.

No obstante, hay algo en este círculo virtuoso entre razón divina y razón humana que no cuadra. El diseño de la providencia no se revela a los sentidos, ni al "ánimo perturbado y conmovido", sino a la "mente pura". Y, sin embargo, realmente la edad de la *reflexión* es la edad en la cual actúa la separación entre palabras y cosas *philologia* y *philosophia*, autoridad y razón *Nomos* y *Logos*, por tanto.

[...] uti lingua eroica prius heroes ab hominibus diviserat, ita postea lingua vulgaris divisit philologos a philophis. Cuius secundae observationis ea ratio est, quos, cum lingua vulgi, quia communis, rerum naturas et proprietates non significabat, philosophi in naturis rerum, philologi in originibus verborum investigandi divisi sunt; et ita philosophia ac philologia, quae ab heroica lingua geminae ortae erant, lingua vulgari distractae" (*Notae in librum alterum: OG*, p. 771).[7]

Mas, si la separación entre filología y filosofía no es un incidente de la historia sino un suceso ligado a la estructura de la lengua *humana, no-heroica*, de la lengua de la "mente pura", hay que preguntarse en qué modo sea posible para la reflexión pura conocer el diseño de la providencia, cuando le es impedida la unidad de lo verdadero con lo cierto. ¿O no se sobrepasa esta *nota*? La separación de filosofía y filología, de conocimiento de las cosas y conocimiento de las palabras, quizá no está necesariamente conectada a la estructura de la lengua *vulgar*. Esta separación quizá sea

---

[7] "Como antes la lengua heroica había separado a los héroes de los hombres, así después la lengua vulgar separa a los filólogos de los filósofos. El motivo de esta segunda observación es que, puesto que la lengua vulgar, en cuanto común, no acertaba a descubrir la naturaleza y las propiedades de las cosas, surgió la escisión entre los filósofos, que se impusieron la investigación sobre la naturaleza de las cosas, y los filólogos, que, a su vez, investigaban sobre los orígenes de las palabras; y así la filosofía y la filología, que habían nacido las dos de la lengua heroica, vinieron a dividirse por la lengua vulgar" (*OG*, p. 700). Véase también *De constantia iurisprudentis*, P. post., C. XIV, pars. 8-9, *OG*, pp. 482-483.

sólo una *posibilidad* para el hombre. Es, sin embargo, una posibilidad que amenaza toda la historia, el plano en suma de la providencia. Una *lectura* tal no se da obviamente sin consecuencias sobre la interpretación global de la obra viquiana –y sobre el modo mismo de entender la filosofía–: los *recursos*, desde tal perspectiva, no son momentos de pausa, de los cuales el espíritu de la historia –la providencia– se vale para adquirir nueva energía y a la vez darse nuevas tareas y nuevas metas, sino que son más bien verdaderas y reales "caídas" en el *des-orden* de la no-historia, en el caos de los sin leyes, en la gran selva de la naturaleza –caídas que amenazan no a la historia de las naciones, la Jerusalén terrenal, sino a la Jerusalén celestial: no al tiempo, sino al *orden* del tiempo. La historia ideal eterna *puede* sucumbir.

Conclusiones tan extremas, y presentadas con tanta anticipación, pueden parecer inadecuadamente probadas, razonadas. Y lo son, de hecho. Sin embargo ha parecido oportuno anticiparlas, para clarificar desde el comienzo qué cosa está puesta verdaderamente en juego en la filosofía de Vico. Con extrema concisión, podríamos formularlo así: si sólo el error, la *posibilidad* del error, permite distinguir *philo-sophia*, la razón de Sócrates de la *razón* de los Nomoi, esta *posibilidad*, por otro lado, no se deja confinar en el ámbito de lo humano sino que implica en las vicisitudes del hombre a la mente misma de Dios. En lo cierto lo verdadero, en la autoridad la razón. En la *philologia*, la *philosophia*.

Tratemos ahora de comprender cuál es la *verdadera* relación entre estas dos.

Pero... ¿son verdaderamente *dos*?[8]

II. PHILOSOPHIA ET PHILOLOGIA: UNA INVERSIÓN NECESARIA

> *Del orden, por el orden y en el orden de las cosas,*
> *el hombre conoce lo verdadero de ellas*
> GIAMBATISTA VICO

4. Comencemos con el examen de la relación entre las pruebas filológicas y las filosóficas tal como viene definida por Vico en la *Scienza Nuova* de 1744. En las páginas conclusivas dedicadas al "Método", justo tras la tercera definición de dicha Ciencia –"historia ideal

---

[8] Puesta así, la pregunta parece extraña contrastando con la *communis opinio* que se tiene de la doctrina viquiana; la extrañeza, sin embargo, se reduce mucho, con tal que se considere que la distinción entre "cosas" y "palabras", propia de la "lengua vulgar", a la que se debe la lamentada separación entre filología y filosofía, tiene lugar también en el interior de la *philologia* únicamente, que de hecho tiene "partes due: historia verborum et historia rerum" (*De constantia*, P. post., c. 1, par. 1, *OG*, p. 387).

eterna sobre la que discurren en el tiempo las historias de todas las naciones en sus surgimientos, progresos, estado, decadencias y fines"–, y la cuarta ya recordada –"filosofía de la autoridad"–, justo después, esto es, tras haber definido como "pruebas filosóficas" aquellas que describen el cuadro necesario del curso histórico –el "debió, debe, deberá" (*OF*, p. 467), Vico escribe:

> Estas son las pruebas filosóficas que usará esta Ciencia, y en consecuencia, aquéllas que son absolutamente necesarias para conseguirla. *Las filológicas deben ocupar el último lugar*, las cuales se reducen todas a estos géneros (*OF*, p. 468) [cursiva mía –en adelante c.m.].

Siete son los "géneros" registrados: las mitologías, las "frases heroicas", las "etimologías de las lenguas nativas", "el vocabulario mental de las cosas humanas sociables", las tradiciones, y en general todo aquello que "nos narra la historia cierta" –todos resumibles en el sexto, así descripto:

> [...] los grandes restos de la antigüedad, inútiles hasta ahora para la ciencia porque habían permanecido aislados, truncados y dislocados, arrojan grandes luces, esclarecidos, recompuestos y colocados en sus sitios.

Por tanto añade, remachando y concluyendo:

> Estas pruebas filológicas sirven para mostrarnos de hecho las cosas meditadas en idea en torno a este mundo de naciones, según el método de filosofar de Verulamio, que es 'cogitare videre'; de ahí que, por las pruebas filosóficas anteriores, las filológicas, las cuales les siguen a continuación, sirven al mismo tiempo para confirmar su autoridad con la razón y para confirmar la razón con su autoridad (*ibid.*).

Tratemos de establecer algunos puntos finales: 1) las *pruebas* filológicas, o sea: la confirmación de los hechos históricos, tienen el último puesto; *antes* vienen las pruebas filosóficas. El "antes" –aunque resulte superfluo precisarlo– tiene carácter no temporal, sino lógico-trascendental. 2) La filosofía sugiere el orden dentro del cual "los grandes restos de la antigüedad", antes "truncados y dislocados", vienen "recompuestos y colocados en sus sitios". El "orden" es el horizonte de inteligibilidad de los hechos históricos, que fuera de este orden son literalmente ininteligibles: no sirven a la ciencia, no hay saber (*episteme*) de ellos, cuanto más opinión (*doxa*). Este orden es *necesario*, el "debió, debe, deberá" representa no un ordenamiento *ideal* de los hechos históricos, sino más bien su *no-poder-ser-de-otro-modo*. Y esto es un pensamiento constante en Vico, también expresado con toda la claridad que se puede considerar y/o exigir:

Philosophia necessarias rerum caussas vestigat; historia voluntatis est testis. Itaque iurispudentia universa coalescit ex partibus tribus: philosophia, historia et quadam propria arte iuris ad facta accomodandi. (*De uno*, Proloquium: *OG*, p. 23).[9]

A la luz de cuanto se ha dicho, no parece sostenible la interpretación de un Vico "humanista" más que "filósofo en sentido estricto", de un Vico que tiene "familiaridad con el 'mundo civil' más que con el universo metafísico".[10] Piovani se mueve por una justa exigencia, la de liberar a Vico de la interpretación croceana, y más en general "neo-idealista". Lo que no convence es la conclusión: "la filosofía viquiana –escribe–, a diferencia de la hegeliana, es filosofía del devenir pero no como filosofía de lo *desarrollado* (lógico),

---

[9] "La filosofía investiga las causas necesarias de las cosas; la historia nos hace conocer las varias y sucesivas voluntades; por consiguiente tres son las partes que concurren a constituir la jurisprudencia: la filosofía, la historia, y un cierto arte de acomodar ingeniosamente el derecho a los hechos" (*OG*, p. 22). Aunque es buena la traducción de Sarchi, no expresa el laconismo de ciertos pasajes del latín de Vico.
[10] P. Piovani, "Vico senza Hegel", en AA. VV., *Omaggio a Vico*, Nápoles, Morano, 1968, pp. 551-586, la cita está tomada de la p. 474 (en adelante indicaré la paginación directamente en el texto).

sino como filosofía del *desarrollarse* (histórico)" (p. 576). Donde, en verdad, también debido al uso de algunas locuciones no realmente felices, es más fácil reconocer la crítica de Gentile a Hegel, que a Hegel.[11] Pero, a parte de esto, la contraposición de la "historia" a la "lógica" –o, si se quiere, de la "lógica histórica" a la "lógica filosófica"– ¿no reproduce, *mutatis mutandis*, aquella escisión entre "filosofía" y "ciencia", o entre "filosofía del ser" y "filosofía del espíritu" que caracteriza la interpretación viquiana de Croce y de Gentile?[12]

El problema, por otra parte, supera el ámbito, restringido como fuere, de la interpretación viquiana, para acometer un tema más amplio: el de las *condiciones de posibilidad* del conocimiento histórico. En discusión está la *fundación epistémica* de la historicidad. Que la "ciencia nueva", a la cual aspira Vico, es justamente la

[11] Véase G. Gentile, *La riforma della dialettica hegeliana*, Florencia, Sansoni, 1954 (espec. p. 17 y ss.). Aunque otra más partícipe y aguda atención crítica, había dedicado a Hegel Piovani en su estudio: "La filosofia del diritto e la lezione di Hegel" (en P. Piovani, *La filosofia del diritto come scienza filosofica*, cit., pp. 257-283). Véase también otro ensayo sobre "Hegel en la filosofía del diritto di Rosmini" (*ibid.*, pp. 285-332).

[12] Véase B. Croce, *La filosofia di Giambattista Vico*, Bari, Laterza, 1953 (1ª ed., 1910), particularmente los caps. I y II; e *id.*, *Logica come scienza del concetto puro*, cit. 1947 (1ª ed., 1908); G. Gentile, *Studi vichiani*, Florencia, Sansoni, 1968 (1ª ed., 1914), II y III, espec. pp. 90-92; e *id.*, *Sistema di logica come teoria della conoscenza*, Florencia, Sansoni, vol. I, 1955, vol. II, 1942.

historia pero, precisamente, la historia en cuanto ciencia, la historia llevada a ciencia. No sólo re(con)ducir la filosofía a filología, él alza ésta a aquélla, encuadrando los "hechos históricos" –las *pruebas filológicas*– dentro del orden –*necesario y a priori*– sugerido por la filosofía. El problema de Vico está por tanto ligado, en primera instancia, al concepto de *mathesis universalis*.[13] Y la referencia a Hegel, para ser plausible, está dada sólo si nace del interior de este contexto problemático para responder a cuestiones que se plantean en ello pero que no se resuelven.

[13] El concepto de *mathesis* –al cual es reconducido el *ordo rerum* o *rerum ordini conformatio*, del que se hablará más adelante en el texto– si por una parte liga el proyecto filosófico de Vico al más alto pensamiento europeo contemporáneo a él, de Descartes a Leibniz, y asimismo a Kant, por otro revela la profunda raíz platónica de la tradición en la cual se inspira. Fundamentalmente a tener en cuenta resulta el trabajo de Karl Otto Apel, *Die Idee der Sprache in der Tradition des Humanismus von Dante bis Vico* (Bonn, Bouvier, 1963), que pone de relieve la centralidad de Cusa (véase en la trad. it. de L. Tosti, red. a cargo de F. Castellani, Bolonia, Il Mulino, 1975, pp. 405-427). Sobre el origen platónico y aristotélico del concepto de *mathesis universalis* en relación con la filosofía kantiana véase M. Heidegger, *Die frage nach dem Ding. Zu Kants Lehre von den transzendentalen Grundsätzen*, Tübingen, Niemeyer, 1962 (en la Gesamtausgabe, Bd. 41, Francfort del Meno, Klostermann, 1984 [trad. it. de V. Vitiello, Nápoles, Guida, 1989]), Parte I, B. Sobre el "neo"-platonismo de Vico, aunque limitado a la tradición italiana de Ficino a Bruno, véase G. Gentile, *Studi vichiani*, cit. (donde, por otro lado, se lee que "la concepción filosófica que se encarna en la *Scienza Nuova* [es] diametralmente contraria a los principios del platonismo" [p. 109], afirmación que nos deja algo perplejos).

La referencia a la *mathesis universalis* nos permite distanciarnos también de la lectura que de Vico ha dado Meinecke.[14] Ya su colocación de Vico entre los "precursores" del historicismo, o mejor, de los "orígenes del historicismo", es sospechosa, aunque esta expresión sea tan amplia como para comprender también a Goethe. Pero aquéllo que verdaderamente no nos parece compartible es la tesis según la cual Vico queda ligado al "espíritu sistemático" del siglo XVII, aunque sustituya las leyes eternas de la inmutable esencia humana del iusnaturalismo del s. XVII con las eternas leyes de la evolución del hombre.

En un contenedor estático él puso un contenido dinámico. Unos de los más conspicuos ejemplos de continuidad de la evolución histórica, donde aquello que es superado continúa de algún modo viviendo siempre en aquello que lo supera (p. 49).

El empirismo historiográfico, que le hace decir que en Vico "no hay aún la alegría del iluminista por analizar y descomponer" –olvidando la concisa crítica del método analítico desarrollada en el *De Antiquissi-*

---

[14] Véase *Die Entstehung des Historismus*, trad. it. de M. Biscione, G. Gundolf y G. Zamboni, Florencia, Sansoni, 1954, pp. 37-53 (en las citas indicaré la p. directamente en el texto).

ma–, ni interés por los individuos – "Vico estaba inmerso en la humanidad como un todo, no en los hombres como individuos" (p. 48)–, degradando al *historicismo empírico*, le lleva a creer que sea posible la historia sin un orden estable y permanente. Sin embargo, su gran coterráneo Immanuel Kant había demostrado que hasta el orden del tiempo *bleibt und wechselt nicht*.[15] Y con una argumentación que no teme desmentidos: el cambio concierne a los fenómenos, no al tiempo; si cambiase también éste, sería entonces necesario otro orden temporal –*estable*– para que fuese posible, cognoscible y mensurable el fluir del tiempo (véase *KrV*, A 183, B 226; y A 144, B 183). El horizonte trascendental kantiano no es más que el desarrollo y la profundización del concepto de la *mathesis universalis*.[16]

No se puede reducir la *ciencia nueva* –la viquiana ciencia de la historia– a *saber histórico*, sin traicionar en lo íntimo el pensamiento de Vico, que dirigiera sus

---

[15] *Kritik der reinen Vernunft* (=*KrV*), Akademie Textausgabe (Berlín, De Gruyter, 1968), vol. IV:, 1ª ed. (=A), vol. III: 2ª ed. (=B).

[16] Refiriéndonos a la distinción de S. Otto entre "Logik der transzendentalität" y "Transzendentale Logik" ("Umrisse einer transzendentalphilosophischen Rekonstruktion der Philosophie Vicos anhand des *Liber metaphysicus*", en: *Sachkommentar zu Giambattista Vico Liber metaphysicus*, Hrsgg. S. Otto/H. Viechtbauer, Munich, Fink, 1985, pp. 13 y ss.), e individuando en la primera la *mathesis universalis*, podremos decir que con la lógica kantiana se inicia la reflexión trascendental sobre la lógica de la trascendentalidad. Está claro que el "lugar" de Vico es la *mathesis*.

mejores energías a la fundación *metafísica –mathematica* (en el significado original del término)– del conocer. Verdaderamente las interpretaciones *histórico-empíricas* se encuentran delante de un escollo insuperable e inabarcable: el *Liber metaphysicus* de Vico –que es y permanece como "el *escrito fundamental* de su obra entera".[17] Mas, para comprenderlo en su complejidad *real*, debe ser leído junto al siguiente y no menos relevante *De uno universi juris principio et fine uno*.[18] Solamente en éste, verdaderamente, llega a ser tema de análisis el *ordo rerum*, que es el rasgo fundamental del principio viquiano de verdad –no reducible al demasiado sabido (y lo sabido, recordaba Hegel, realmente porque es tal, no es conocido),[19] al hasta demasiado sabido "*verum et factum convertuntur*".

[17] S. Otto, "Giambattista Vico: razionalità e fantasia", *Bollettino del Centro di Studi Vichiani*, 1987-1988, p. 22. Pero los obstáculos se puede también... ignorar; éste es el caso de Leon Pompa que, en un ensayo cuyo objetivo declarado es el de "establecer el sentido en el cual *La scienza nuova* es una ciencia", no cita ni una vez el *De Antiquissima*. ¡El ensayo concluye con la tesis de que Vico ha construido "un cierto tipo de teoría empírica", capaz de nada menos que de poner de acuerdo las leyes generales de la sociología con los hechos históricos! ("La scienza di Vico", *Bollettino del Centro di Studi Vichiani*, 1972, II, pp. 13-51).

[18] Croce (*La filosofia di Giambattista Vico*, cit., cap. II) y Gentile (*Studi vichiani*, cit., p. 113) opina en cambio que el *De Antiquissima* y el *De uno* pertenecen a dos fases bien distintas del pensamiento viquiano.

[19] "Das Bekannte überhaupt ist darum, weil es *bekannt* ist, nich er-

5. Como escribe en la *Autobiografía*, Vico iba en busca del principio universal de todo el saber, divino y humano, "desde la primera oración" (1699). La cosa se prolongaría durante una veintena de años, y tiene como sus momentos decisivos el *De Antiquissima* (1710) y el *De Uno* (1720), del cual el *De nostri teporis studiorum ratione* representa el primer "esbozo" exitoso, según la valoración, benévola, del mismo autor (*OF*, p. 24). Los "caracteres" de este principio universal son: la identidad de *verum* y *factum* y la *rerum ordini conformatio*. En camino a una primera aproximación podemos decir que aquélla concierne a la "forma" trascendental de lo verdadero, a su *operatividad*, y ésta, a su vez, indica el contenido universal o puro (= no empírico), el objeto trascendental del saber u horizonte objetivo de todo posible objeto. En el *De Antiquissima* Vico se dedica principalmente –aunque no exclusivamente– al primero.

La identidad de lo verdadero con lo hecho es el principio "formal" de todo el saber, puesto que Dios y el hombre, conociendo, *operan*, o sea Dios verdaderamente *genera*, el hombre *hace*: "verum creatum conver-

---

kannt" (PhäG, p. 28). Hegel recoge esta proposición en su último escrito: bajo *Vorrede* a la II[a] ed. del libro I, *Die Lehre vom sein*, de la *Wissenschaft der Logik* (=WL, en *id.*, *Werke in zwanzing Bänden*, 5 y 6, Francfort/ M., Suhrkamp, 1969, I, p. 22).

tatur cum facto, verum increatum cum genito" (*OF*, p. 65).[20] Entre el *factum* y el *genitum* la diferencia es radical, lo *hecho* es sólo la "superficie" del *genitum*. Vico se sirve de esta similitud:

> [...] verum divinum est imago rerum solida, tamquam plasma; humanum monogramma, seu imago plana, tamquam pictura (*OF*, p. 63).[21]

Superficie y sólido tienen relación con lo sabido más que con el saber. El análisis se ha apartado así de la "forma" al "contenido". La desviación de nivel está confirmada por otras diferencias que Vico establece entre conocimiento divino y conocimiento humano, todas concernientes al "objeto" del saber. Sobre todo, aquélla entre el *intelligere* de Dios, que contiene y dispone todos los elementos de las cosas, y el *cogitare* del hombre, capaz solamente de reunir algunos de ellos. Y por tanto la otra, según la cual allá donde las cosas, los entes, son uno en Dios, en el saber de Dios –que "es uno, en cuan-

---

[20] "[...] lo verdadero creado se convierte con lo hecho, lo verdadero increado con lo generado" (*OF*, p. 64).
[21] "[...] lo verdadero divino es una imagen sólida de las cosas, una especie de modelo en relieve*; aquél humano es un monograma, una imagen plana, una especie de pintura" (*OF*, p. 62).
   * ("plasma" –lat. / "plastico"– it. [N. del T.].)

to es infinito" y "lo infinito no puede multiplicarse"–, en el hombre, en el conocimiento del hombre están "divididas": "homo studet, dividendo, scire" (*OF*, p. 65). Vico advierte que en latín un único verbo –*minuere*– indica a la vez división y disminución (*OF*, p. 67). Pensamiento, éste, típicamente neo-platónico, que el conocimiento, aun cuando elevado, o *puro*, es siempre imperfecto, porque, en sí separado, produce estructuralmente divisiones. En lenguaje de Plotino: πολλὰ ἐποίησε τὴν μίαν (*En*. VI, 7, 16). Las consecuencias de este *principio* –llevadas hasta el fondo– serían aplastantes para la teoría viquiana: comportarían la negación del conocimiento a Dios. Si la unidad de Dios está fuera de toda división, si en Dios todo está en todo, ¿cómo en tal caso el conocimiento de las cosas particulares y distintas? y antes aún de éstas, ¿cómo las ideas que son el fundamento de cada una de las cosas? Constreñido por la coherencia de la argumentación, Vico está próximo a tal conclusión, de llegar a negar el *ser* a las cosas singulares, para atribuirlo solamente a Dios: "entia finita et creata sunt disposita entis infiniti ac aeterni; ita ut Deus unus sit vere ens, cetera entis sint potius" (*OF*, p. 67).[22] Pero al final se retrae de ello: la división-disminución pertenece sólo al conocer humano. En Dios la unidad está dividida pero no disminuida. Y no se pregunte cómo, pues esto por nuestra mente finita, nosotros los hombres jamás podremos comprenderlo:

Quo autem pacto infinitum haec infinita descenderit, si vel Deus id nos doceret, assequi non possemus: quia id verum mentis divinae est, quod et nosse et fecisse idem. Mens autem humana finita est et formata; ac proinde indefinita et *informia intelligere non potest*, cogitare quidem potest: quod vernacula lingua diceremus 'può andarle raccogliendo, ma non già reccôrle tutte' (*OF*, p. 93; c.m.).[23]

Pero también con esta limitación la teoría viquiana no está del todo segura. Ya que si antes de la distinción entre *intelligere* y *cogitare* resultaba la inferioridad del conocimiento humano –"particeps rationis", pero no "compos" (*OF*, p. 63)– respecto al divino, ahora emerge, en cambio, su oposición radical: el conocer humano es, respecto al de Dios, propiamente *no-conocer.*

---

[22] "[...] los entes finitos y creados son disposiciones del ente finito y eterno. Puesto que Dios es sólo el verdadero ente, las otras cosas son justamente del ente" (*OF*, p. 66).

[23] "De qué modo, en fin lo infinito haya penetrado en las cosas finitas es algo que no podríamos comprenderlo, ni aunque Dios nos lo enseñase, porque tal verdad es propia de la mente divina, para la cual conocer y hacer son la misma cosa. En cambio, la mente humana es finita y formada, y no puede por ello entender las cosas indefinidas e informes; aunque sí puede pensarlas, lo que se podría decir en [lengua] vulgar 'può andarle raccogliendo, ma non già raccôrle tutte'"(*OF*, p. 94).

Nam hoc ens, haec unitas, haec figura, motus corpus, intellectus, voluntas, alia in Deo, in quo sunt unum, alia in homine, in quo divisa: *in Deo vivunt, in homine perunt* (*OF*, p. 67; c.m.).[24]

Más que imitador del divino, el conocimiento humano debería llamarse falsificador. Vico se da cuenta de la pendiente en la que está por precipitarse, y corrige el punto de mira. Tras haber insistido sobre la lejanía del conocimiento humano respecto del divino, pasa a realzar la proximidad entre éstos.

Lo verdadero no sólo se convierte con lo hecho, sino también con el *bonum*. ¿Pero cuándo verdaderamente lo verdadero es bueno?

[...] verum cum bono convertitur, si quod verum cognoscitur, suum esse a mente habeat quoque a qua cognoscitur; et ita scientia humana divinae sit *imitatrix*, qua Deus, dum verum cognoscit, id ab aeterno ad intra generat, in tempore ab extra facit. Et veri criterium quemadmodum apud Deum inter creandum est suis cogitatis bonitatem comunicasse: 'vidit Deus, quod es-

---

[24] "Distinto es decir ente, unidad, figura, movimiento, cuerpo, intelecto, voluntad respecto a Dios, donde son una sola cosa; y distinto es decir estas cosas respecto al hombre, donde están divididas: en Dios viven, en el hombre perecen" (*OF*, p. 66).

sent bona'; ita apud homines sit comparatum, vera quae cognoscimus, effecisse (*OF*, pp. 69-71; c.m.).[25]

Buenas son entonces las verdades de la aritmética y de la geometría, y en sumo grado, dado que reciben su ser de la mente que las conoce. Un tema, éste, sobre el cual es necesario detenerse un poco.

6. Se ha insistido no poco sobre el carácter de *fictiones* que Vico atribuye a las verdades matemáticas: puntos, líneas, superficies no existen en realidad. En la realidad física hay cuerpos, que son *sólidos* y no planos. Mas nosotros no *haciendo* la naturaleza no podemos conocerla. Años después, en la *Scienza Nuova seconda*, confrontando el conocimiento histórico con la geometría, Vico dirá que ambas conocen aquello que hacen,

---

[25] "[...] lo verdadero se convierte con lo bueno cuando aquello que es conocido como verdadero recaba su ser también de la mente que lo conoce. En este caso la ciencia humana es *imitadora* de la divina, por la que Dios al conocer lo verdadero lo genera hacia el interior desde la eternidad, y lo hace hacia el exterior en el tiempo. Y el criterio de la verdad, respecto a Dios, consiste en haber comunicado la bondad a sus pensamientos*; comparativamente, consiste en nuestro hacer las cosas que conocemos como verdaderas" (*OF*, pp. 68-70; c.m.).

* [En la trad. it. de la edición –*OF* a cargo de Cristofolini–, que el a. respeta en su cita, no se recoge el párrafo del texto latino con la cita del Gén. 1, 12: "mientras creaba Dios vio que eran buenos". [N. del T.]

pero la historia "con tanta más realidad cuanto es mayor la realidad de los órdenes referentes a los asuntos de los hombres, que no la que tiene puntos, líneas, superficies y figuras" (*OF*, p. 467). En verdad el conocimiento histórico no es menos "plano" de cuanto lo sean la geometría y la aritmética. También el conocimiento histórico es un *cogitare* y no un *intelligere*, si queremos respetar la diferencia entre la mente infinita de Dios y la finita del hombre. ¿Es quizá el hombre quien hace el orden de la historia ideal eterna? Si el conocimiento histórico deriva del hombre y sólo del hombre, entonces aquello que podrá conocer del plano providencial será sólo un conjunto de "grandes fragmentos" recogidos y ligados *superficialmente*, sin necesidad intrínseca alguna. *Fragmentos*, o bien *elementos externos* a la mente que los aprehende, si la mente finita del hombre puede aprehenderlos como *internos*, o bien como originados, producidos, *hechos* por ella misma, sólo en cuanto se identifica con esa idea del orden que no ha producido ella sino que le ha sido impresa por Dios, por la mente infinita.

    No, el relato de las dos fases de la gnoseología viquiana, la primera escéptico-negativa, la segunda positiva, es sólo una simplificación extrema de la complejidad de la investigación viquiana, dirigida a individualizar el *principio universal y unitario de todo el saber* –*humano y divino*. Por tanto, nada más ajeno al ánimo y a la mente de Vico que la distinción diltheyana entre las *Naturwissenschaften* y las *Geisteswissenschaften*.[26] Sin querer negar efectivamente el carácter de *fictiones* de los conocimientos matemáticos, pero para determinar el exacto significado y el alcance de esta teoría viquiana, es necesario, no obstante, recordar que tales verdades *imitan* a las metafísicas, las verdades más altas; y de hecho, como la metafísica indaga lo extenso por lo inextenso y lo múltiple por lo uno, así la geometría y la aritmética derivan del punto, que no tiene extensión, la línea, y la unidad, que no es número, la serie infinita de los números (véase *OF*, p. 87). Un círculo virtuoso se instaura así entre geometría y metafísica, conocimiento humano y conocimiento divino:

---

[26] Véase en particular W. Dilthey, *Gesammelte Schriften*, vols. V y VII, Stuttgart/Göttingen, Teubner/Vandernhoeck & Ruprecht, 1968. "El dilema de la lógica de los adoctrinados –ha escrito Paci– consiste en distinguir las *Naturwissenschaften* y las *Geisteswissenschaften*. En no saberlas reconducir a la Lebenswelt precategorial, a la ciencia poiética, al mismo árbol, a las mismas raíces" ("Vico, lo strutturalismo e l'enciclopedia fenomenologica delle scienze", en E. Paci, *Idee per una enciclopedia fenomenologica*, Milán, Bompiani, 1973, p. 57). También resulta superfluo añadir que el pensamiento de Dilthey es mucho más rico de cuanto la insistencia sobre esta distinción permita apreciar. Para una lectura no historicista de Dilthey me permito remitir a mi *Elogio dello spazio. Ermeneutica e topologia*, Milán, Bompiani, 1994, Parte I: "L'ermeneutica dalla storia alla topologia".

Et ea ratione geometria a metaphysica suum verum accipit, et acceptum in ipsam metaphysicam refundit: hoc est ad scientiae divinae instar humanam exprimit, et ab humana divinam rursus confirmat (*OF*, p. 93).[27]

Pero aritmética y geometría no están sólo en relación con la metafísica; ellas constituyen también los principios regulativos –las "normas"– de la justicia conmutativa y de la distributiva respectivamente. Por ello Vico recaba que tales principios "son por naturaleza".[28] Pero el argumento más fuerte, aquél que sostiene todo el andamiaje del discurso viquiano sobre la unidad del saber divino y humano, es el dado por el concepto de orden.

Es en virtud del concepto de orden –escribe Vico en el *De uno*– que nosotros conocemos los *vera rerum*. Considérese con cuidado: no las *res*, sino los *vera rerum*; es decir, los entes como "sólidos" y no como "figuras planas" (por usar el lenguaje prestado de la *geometría*): los entes como tales, en su ser, y no sus

---

[27] "Por esta razón la geometría deriva su verdad de la metafísica, que después devuelve a la misma metafísica, propiamente como la ciencia divina explica la humana y luego nuevamente la humana confirma a la divina" (*OF*, p. 92).

[28] Véase *Sinopsis*: *OG*, p. 6; *De uno*, c. XLIV, par. 1, cc. LXI-XLII: *OG*. risp. pp. 56-58 y 74-77; *De constantia*, P. prior, c. XVIII: *OG*, pp. 382-383.

atributos, o accidentes; los entes como siempre son en su verdad que no cambia, *eterna*. "Ea vera sunt aeterna... igitur idea ordinis aeterni est" (*OG*, p. 41). Perteneciendo a lo eterno, el orden es sólo "participado" por el hombre. Resulta fundamental el pasaje que sigue:

> [...] idea ordinis aeterni est idea mentis infinitae. Mens infinita Deus est: igitur idea ordinis aeterni haec tria nobis una opera demonstrat: et Deum esse, et mentem unam infinitam esse, et auctorem nobis aeternorum verorum esse [...] per ideam ordinis aeterni omnes homines in illa tria aeterna vera constantissime conveniunt. Ex iis autem unum metaphysicae, alterum matheseos, tertium ethices principia sunt (*OG*, p. 43).[29]

Aparte del segundo puesto atribuido a la matemática en la jerarquía del saber, el que implica al menos su emparejamiento con la ética (es decir, a un hacer *re-*

---

[29] "La idea del orden eterno es [...] idea de mente infinita. La mente infinita es Dios; por consiguiente la idea del orden eterno demuestra simultáneamente estas tres verdades: ser Dios; ser él una mente infinita, y ser el autor de las verdades eternas contempladas por nosotros. [...] A fuerza de la idea del orden eterno todos los hombres convienen constantemente en las tres verdades relatadas, y éstas nos ofrecen los principios, la primera de la Metafísica, la segunda de la Matemática, y la tercera de la Ética" (*OG*, p. 42).

al y no *ficticio* del hombre), es de fundamental importancia en este pasaje la afirmación que se recaba de la idea de orden: 1) el ser de Dios, 2) Dios como mente infinita, 3) que las verdades eternas son creadas por Dios en el hombre, y por tanto que el hombre sólo puede "contemplarlas" (el término es de Vico: cfr. *Sinopsi*, *OG*, p.5). La misma *societas* humana –la historia, por tanto– es posible sólo por el orden de Dios presente en el hombre.

Viene como consecuencia de ello que, a diferencia del divino, el conocimiento humano no siempre es *fáctico, efficiens*. No siempre *verum et factum convertuntur*. Por el contrario, el "orden" es la determinación estructural fundamental de todo saber: no se da conocimiento de cosas sino mediante el "orden". Y esto vale también para el conocer divino, *siempre*. Puesto que, si Dios crea el orden en el acto de pensarlo, y no lo presupone como en cambio el hombre, sin embargo, también para Dios el orden es una *posición necesaria*. A tal *necesidad* debe plegarse también el conocimiento divino: ella es el "presupuesto" también del *poner* divino.

Parece que, al prevalecer de la *forma* del saber en el De Antiquissima, suceda en el De uno la preeminencia del *contenido* u *objeto trascendental*, es decir del horizonte de dadidad [datità] de los objetos. La *cosa*, en verdad, es más compleja. Volvemos entonces, nuevamente, a la obra de 1710.

7. ¿Qué significa propiamente "hacer" ["fare"], referido al conocer del hombre? "Scire est tenere genus seu formam, quo res fiat" (*OF*, p. 73).[30] Teniendo en nosotros las causas: las ideas platónicas, no los *abstractos* universales aristotélicos; estando en nosotros las eternas inmutables *esencias*, aquéllas que los Latinos "'vim' et 'potestatem' appellant" (*OF*, p. 85), nosotros podemos –tenemos la *posibilidad*, el poder de– *hacer* las verdades humanas: "Latini 'caussam' cum 'negocio', seu operatione, confundunt", tal que "probare per caussas idem est ac eficcere" (*OF*, p. 81). Este *efficere* –se aclarará luego– consiste en poner en orden los elementos confusos de las cosas (*elementa rei incondita*), en dar *forma* a la *materia* (*OF*, p. 83). Se interroga, retóricamente, Vico:

> An quod scientia ipsa humana nihil aliud sit nisi efficere, ut res sibi pulchra proportione respondeat (*OF*, p.117).[31]

---

[30] "[...] tener ciencia significa poseer el género, o forma del hacerse de la cosa" (*OF*, p. 72).

[31] "La ciencia humana no consiste en nada más que en disponer las cosas de modo que sostengan una bella disposición simétrica" (*OF*, p. 116).

Scientia ipsa humana nihil aliud nisi efficere... Entiéndase bien: el *efficere* de la humana ciencia, el *verarefacere* del hombre. Leyendo conjuntamente el *De Antiquissima* y el *De uno* parece del todo claro que fáctico, productivo, *efficiens* es el orden divino –que nosotros los hombres contemplamos, no *hacemos*. La eficacia, la operatividad del saber es una propiedad, o atributo, del orden. Esto, por tanto, no indica únicamente más que el *objeto trascendental*, el horizonte de los objetos, "contenido" puro del saber. El orden es él mismo, *forma*, y forma formante, productiva. Por tanto el "verum ipsum factum" –la productividad, la eficiencia del saber– no es el *principio universal* del saber, ni un aspecto autónomo, ni un carácter esencial, una *condicio sine qua non*, de este principio: es sólo un predicado del orden. Hay saber también en ausencia de tal "predicado". Incluso el conocer más elevado del hombre: la *contemplación* del orden eterno, de los *aeterna vera*, no es *efficiens*.

La distinción entre *genitum* y *factum* revela ahora su profundo significado. *Verdaderamente, realmente,* y *únicamente* "eficiente" es el saber divino. Y no sólo porque es el que genera el orden; sino también porque es el que opera en el hombre *a través* del *ordo rerum*, los *aeterna vera*. Hace falta por tanto reconocer que en el operar, en el *facere*, del *verare* humano está ínsita una profunda *pasividad*. Que *factum*, referido al *verum* humano, no dice sólo *fieri*. Dice en conjunto, y *antes*: dadidad, facticidad. Por esta *pasividad* el conocer humano se *co-responde* al divino: el hombre *hace*, dejando operar en sí a Dios, al orden de Dios. El hacer del hombre es justamente un "dejar-hacer":

> [...] ita ut [mens humana] nec se quoque agnoscat, nisi in Deo se agnoscat. Mens enim cogitando se exibet: Deus in me cogitat; in Deo igitur meam ipsius mentem cognosco (*OF*, p. 111; c. m.).[32]

Hay que preguntarse ahora qué resulta de la tesis viquiana del "orden" cual *principio universal* y *único* del conocer respecto a la relación entre *filosofía* y *filología*. Está bien decirlo pronto y del modo más neto: resulta que *filosofía* y *filología* no son dos, sino una. Que fuera de la filosofía (fuera de las *pruebas filosóficas*, del *orden*, del "debió, debe, deberá") no hay *hechos ciertos*, y ni siquiera *fragmentos truncados* y *dislocados*: también éstos, de por sí, presuponen un "orden", solamente en base al cual pueden ser enjuiciados como desconectados y fragmentarios, y todavía antes que simplemente como "hechos" –y no hay otro orden que el de la "eter-

---

[32] "[...] [de manera que] [la mente humana] no puede conocerse si no se conoce en Dios. En efecto, la mente se manifiesta pensando, pero es Dios quien en mí piensa, por tanto en Dios conozco mi propia mente" (*OF*, p. 110). En estas páginas del cap. VI "De mente" Vico se queja críticamente de Malebranche.

na verdad" de la "divina filosofía" (*Scienza Nuova* [1725], *OF*, p. 185). El tema, resulta evidente, exige ulteriores aclaraciones y profundizaciones.

8. Hay que reconocerle a Stephan Otto el mérito de haber insistido, como pocos, en la centralidad que tiene el *De Antiquissima* en toda la obra de Vico y, consiguientemente, de haber iluminado el carácter trascendental de la teoría viquiana del conocer.[33] La "geometría" –repara justamente– representa para Vico el modelo ideal de conocimiento sintético. "El verdadero método geométrico [que] opera sin hacerse notar"[34] no es de hecho abstracto e intelectualista, sino que, al contrario, funciona latentemente en la imaginación y en la sensibilidad. Es conjuntamente racionalidad y fantasía, desde que no hay *ars inveniendi* que no sea "guiada metódicamente por *ars iudicandi*". Las reglas del método, por otro lado, no son reglas a las cuales subordinar el "ingenio", no son cartesianamente *regulae ad directionem ingenii*, sino más bien *regulae ingenii*, es decir, las reglas que el pensamiento se da pa-

[33] Véase notas 16 y 17.
[34] *Seconda Risposta*, *OF*, p. 165. Sobre el "método geométrico" en relación con la *Scienza Nuova*, véase en particular M. Papini, *Arbor humanae linguae*, Bolonia, Capelli, 1984, pp. 47 y ss., y B. Pinchard, *La Raison dédoublée. La Fabbrica della mente*, París, Aubier, 1992, pp. 292 y ss.

ra y en el operar, son las "funciones" del pensamiento. Escribe Otto:

"Objetivamente eso en más de un aspecto es afín a la teoría kantiana de la apercepción trascendental cual fundamento de posibilidad de las funciones de síntesis del pensamiento".[35]

Pero la referencia de Kant, y, más en general, la reivindicación del carácter trascendental de la teoría viquiana de lo verdadero no son suficientes para interpretar adecuadamente tal teoría, si todavía se concibe la doctrina trascendental como una gnoseología formal.[36]

---

[35] "G. V.: razionalità e fantasia", cit., pp. 22-23.

[36] De las referencias kantianas de Otto (cfr. en particular "Sulla ricostruzione trascendentale della filosofia di Vico", *Bollettino del Centro di Studi Vichiani*, 1981, XI, pp. 41, 47; "Umrise...", cit., p. 22, aunque las citas podrían multiplicarse) emerge una lectura de la *KrV* que privilegia la parte I de la Analítica, donde aún puede *parecer* que "antes" de los conceptos sean las instituciones, "antes" de las categorías, tiempo y espacio. Tal *apariencia* –que nace de la confusión entre la reconstrucción trascendental del fenómeno, que presupone el análisis de los elementos que lo componen, y el "fenómeno" en su efectiva dadidad (*Dasein*), sin embargo desaparece del todo en la Analítica de los principios, donde está realmente claro que nada se da "antes" y "fuera" del horizonte esquemático de la causalidad espacio-temporal, definido por las Analogías de la experiencia. Añadamos de pasada que aquello que en Kant es "la representación de una conexión necesaria de las percepciones" (*KrV*, B 218), es en Vico el *ordo rerum*. Una última pero no superflua observación: la "apercepción trascendental" –que Otto reclama también para distinguir la "lógica de la trascendentalidad" de la "lógica trascendental" (cfr. nota 16 anterior)– es *subjetiva* sólo en el sentido de que es *racional*, indicando ella

Otto cita la definición de la verdad dada en el *Proloquium* del *De uno*: "verum gignit mentis cum rerum ordine conformatio [...] Ea conformatio cum ipso ordine rerum est et dicitur 'ratio'" (*OG*, p. 35);[37] consecuentemente advierte que en Vico el conocer se remite no a las cosas, sino más bien al *orden* de las cosas. Pero interpretado tal *ordo* como puro horizonte de inteligibilidad. Vale decir: las "cosas", los "hechos históricos" están fuera y antes del orden –como *fragmentos truncados* y *dislocados*, creemos que se debe entender– consistiendo la actividad de la mente humana (el *verare-facere*) en hallarlos y combinarlos[38] según el orden que la razón produce (*hervorbringt*).

Para discutir la interpretación del pasaje viquiano citado por Otto, creemos oportuno referir otra definición de la verdad, apenas algo diferente de aquella referida arriba, más restringida y "simple", que se lee también en el *De uno*, algunas páginas más adelante: "quod rerum ordini conformatur" (*OG*, p. 47). Vico, al dar

---

la *auto*-reflexión, o realización-a-sí del saber recogido en la propia unidad *fundamental* (en la unidad que está en la base de sus articulaciones o categorías, como está explícitamente dicho en *KrV*, § 15).

37   Véase S. Otto "Umrisse...", cit., p. 24.
38   S. Otto, "Sulla ricostruzione...", cit., p. 51, y "Un assioma (*Grund-satz*) della Scienza Nuova come principio guida (*Leitsatz*) per la 'Critica della ragione storica'", *Bollettino del Centro di Studi Vichiani*, 1992-1993, XXII-XXIII, p. 113.

una representación sintética del *Diritto universale*, la prefiere a la precedente (véase *Sinopsi, OG*, p. 5). Cierto que no sólo por su brevedad, sino porque, debiendo decir lo *esencial*, cree poder pasar por alto la referencia a la "mens" y a la "ratio", hablando sólo de conformidad al *ordo rerum*. Clarificaba así, del modo más directo, que su problema no era *gnoseológico*, no pertenecía a la relación *mens* (o *ratio*)-*ordo rerum*, sino más bien *onto-lógico*, concerniendo a la estructura de la verdad en cuanto *ordo rerum*. En otros términos, la relación mente-orden concierne a la certeza, no a la verdad.

Presentimos ya la objeción, justo en el contexto del trozo citado por Otto, Vico define lo "cierto": *conscientia dubitandi secura*. Releamos, ahora, por extenso el pasaje en cuestión:

> Verum gigniti mentis cum rerum ordine conformatio; certum gignit conscientia dubitandi secura. Ea autem conformatio cum ipso ordine rerum est et dicitur 'ratio'. Quare, si aeternus est ordo rerum, ratio est aeterna, ex qua verum aeternum est: sin ordo rerum non semper, non ubique non omnibus constet, tunc in rebus cognitionis ratio probabilis, in rebus actionis ratio verisimil erit.[39]

[39] "Lo verdadero nace de la conformidad de la mente con el orden de las cosas, y lo cierto es el producto de la conciencia asegurada por la duda.

Está clara la *identidad* de "mens" y "ratio": ésta en cuanto conformación al orden de las cosas es el operar mismo de la *mens*, que no es otro que su operar. Tratemos ahora de comprender en qué consiste la *conformatio*. El texto dice: "la conformación de la mente" –y no el conformar-*se* de la mente– "al orden de las cosas genera lo verdadero". ¿Qué conforma entonces la mente al *ordo rerum*? Aquí asiste la segunda y más concisa definición: "quod", "esto". Cuanto la mente, la razón, *conforma*, forma-con, encuadrando lo múltiple en el orden

---

Esa conformidad con el orden de las cosas se llama y es razón; por ello, si es eterno el orden de las cosas, es eterna la razón, la cual nos brinda la verdad eterna; si el orden de las cosas contempladas es de tal naturaleza que no subsista en todo tiempo, en cada lugar y para todos, tendremos solamente una razón probable, en las cosas que dependen del orden cognitivo, y una razón verosímil en aquéllas que requieren una operación" (*OG*, p. 34; no sigo la traducción de Sarchi aquí ofrecida [y trad. en esp. en esta nota. [N. del T.], prefiriendo en la interpretación estar más cerca del texto latino). Otto comenta-traduce así el pasaje viquiano "*ea autem...ratio*": "Vernunft ist die handelnde Zusammenformung ihrer selbst mit jener Ordnung der Dinge, die von der Vernunft hervorgebracht wird" ("Umrisse...", cit., p. 24). Al margen del "ihrer selbst" que es un añadido al texto viquiano, la proposición entera parece poco perspicua: ¿la razón se conforma al orden de las cosas producido por ella misma; se conforma por ello, y *activamente*, a sí misma? ¿Qué otra cosa, efectivamente, es la razón –*die* handelnde *Vernunft*– sino la producción del *ordo rerum*? ¿Pero, qué actividad exige el ser conforme a sí, el ser-sí-misma? ¿Y podría estar jamás la razón no conforme a sí misma? ¿Hay una razón no-razón? ¿Luego entonces –aquí– de qué razón se habla? ¿De la razón que *descubre* y *combina* los hechos históricos? ¿Es esta razón la que *die Ordnung der Dinge hervorbringt*?

eterno de las cosas, eso es verdadero, lo verdadero. El texto continúa: "si eterno es el orden de las cosas, eterna es la razón, por la cual es lo verdadero eterno". Esta razón eterna –aunque sea superfluo precisarlo– es la *mens divina*. La mente, la razón divina, que es el orden mismo de las cosas en cuanto eterno, y operante, es *generante*. Es Dios, *mens infinita*, quien genera lo verdadero *eterno*, el *orden*, mediante el cual obra en nosotros, quienes, al reconducir los "hechos" al orden eterno, *pro-ducimos* lo verdadero, exhibimos la *verdad* de *esto* que es sólo probable o verosímil si está y cuando está encuadrado en un orden que "no es siempre, ni por todas partes, ni tampoco para todas las cosas". Lo probable y lo verosímil se revelan como *grados* de la verdad, *momentos inferiores*. Nosotros llevamos lo cierto a lo verdadero cuando descubrimos lo eterno en lo mutable. Por eso Vico afirma: "certum est pars veri", y: "auctoritas pars rationis" (*De uno*, OG, p. 101), o, de manera aún más clara: "ex ratione auctoritas ipsa orta" (*OG*, p. 109). Pero esto implica que el orden de la inteligibilidad es tal sólo en cuanto está junto con el *ordo rerum*, y esto es sólo en cuanto determina al *ser* del ente.

Cuanto se ha dicho sirve también para clarificar en qué sentido y dentro de qué límites es posible hablar de "circularidad" entre *philologia* y *philosophia*. Si el orden que da *forma*, la forma de *historia* al *quod*, a los *fragmentos truncados* y *dislocados*, es operante *siempre*, incluso antes de que la reflexión lo lleve a conocimientos temáticos, entonces la distinción entre filología y filosofía es del todo interna a la filosofía: es distinción entre filosofía implícita y filosofía explícita[40] –en lenguaje de Hegel: entre el *an sich* y el *für sich*, el *en-sí* y el *para-sí*. Los sentidos son ya filosofía, y del mismo modo la fantasía, aunque sean *filosofía inconsciente*. Y sólo por ello es posible y justo decir que "l'immagination aussi procède 'géométriquement'".[41] Pero esto comporta que no hay *in re* "fragmentos truncados y dislocados", sino más bien sólo *in mente*, en la mente del hombre *que no sabe*. Que no se ha elevado aún a las *aeterna vera rerum*.

La filosofía *stricto sensu*, entonces, no es otra cosa que la explicitación del pasado, de lo acaecido, del hecho. Entiéndase: de lo ya por siempre acaecido. De sí misma: *como era* Τὸ τί ἦν εἶναι, *quod quid erat esse*. Ταυτολογία: la filosofía *explícita* dice la eternidad del tiempo: el tiempo en cuanto eternidad. Dice lo mismo de lo mismo, *siempre* y *solamente*.

En fin, el *espacio* de la historia ideal eterna no es más que una única *superficie*. Y las varias edades que a

---

[40] Véase el importante ensayo de Franco Amerio, "Sulla vichiana dialettica della storia", en AA.VV., *Omaggio a Vico*, cit., pp. 113-140, espec. § VI: La clave interpretativa: mente espontánea y mente reflexa.

[41] S. Otto, "Interprétation transcendentale de l'axiome 'verum et factum convertuntur'", *Archives de Philosophie*, 1977, 40, p. 17.

veces parecen constituir *eones* diferentes de tiempo –o bien: diversos estratos de historicidad– no son más que segmentos de una única recta, partes de una misma superficie, tiempo de un único *eónico* presente. De modo que la *ciencia nueva*, la historia llevada a ciencia, parece privada de aquello que caracteriza al sentido mismo de la historia: la apertura a la alteridad no solamente del futuro, sino también, y quizás más profundamente, de la experiencia del pasado. Vico experimenta así el mismo fallo de Leibniz: la imposibilidad de distinguir *lógicamente* –no *psicológicamente*– las verdades de hecho de las verdades de la razón.[42]

Mas con esta mengua de la distinción entre *philologia* y *philosophia*, parece caer también conjuntamente la distinción entre *philo-sophia* y *sophia*. Con Vico parece repetirse la misma experiencia de Platón, del *dialéctico* Platón, quien llega a afirmar que lo "verdadero", lo que *es verdaderamente*, no se da en el nombre, ni en la definición, ni en figuras, ni en saber discursivo, ni en lo intuido o en la opinión cierta, mas se revela por repentina iluminación sólo en quien tiene naturaleza afín a la "cosa" que se revela (*Carta* VII 343 a-344 b). Pero: ¿qué

---

[42] Véase Leibniz, *Discours de Métaphysique* (en *Philosophische Schriften*, Berlín, Gerhardt, 1980-1990, IV, pp. 426-463) § 8; sobre el tema remito a mi "Gott Denken: der ontologische Gottesbeweis bei Leibniz und Kant", en *Leibniz und die Frage nach der Subjektivität*, R. Cristin, Steiner (ed.), Stuttgart, 1994, pp. 133-158.

"afinidad" hay en cualquier caso, y cuál puede ser, entre nosotros, nuestra mente finita, y Dios, *mens infinita*? ¿Y cómo entonces podemos hablar de nosotros mismos, de nuestra mente finita, de nuestras historias, si no de la historia, cuando no *nos cogitamus, sed Deus in nobis cogitat*? ¿Y cómo es en cualquier caso posible esta *cogitatio Dei in nobis*?

No son, éstos, pensamientos nuestros. Son los pensamientos, las aporías, ante las cuales se encontró Vico, en el *De Antiquissima*. Y en un lugar, como llevándolas a plena luz, apuntaba también a una respuesta, a una posible respuesta, aunque ya sólo al formularla, o mejor, al esbozarla, la abandonaba, como ocultándola, *in primis* a sí mismo. El lugar es aquél en el cual habla del pecado y del error:

> quonam pacto Deus mentis humanae motor, et tot prava, tot fodea, tot falsa, tot vicia? (*OF*, p. 111).[43]

¿Es el pecado, es el error lo que nos *salva* en Dios? ¿Qué es lo que salva la historia, la experiencia humana de la novedad y de la alteridad de la historia, qué salva

---

[43] "¿[...] en qué modo puede ser Dios el motor de la mente humana si encontramos tantas imperfecciones, tantas fealdades, tantos errores, tantos vicios?" (*OF*, p. 110).

la mirada del hombre que ve la luz por la luz deslumbrante de Dios?

El pecado y el error. ¿Qué se oculta detrás de estos términos incomprensibles salvo a partir del *orden*, del divino orden de las "cosas", del mundo, de la historia?

9. La relación filosofía-filología, definida en el *De uno*, repite lo discutido en el *De Antiquissima* entre metafísica y física.

El movimiento, aun siendo *res physica*, sin embargo no pertenece *en propiedad* a la física: en los cuerpos éste viene inducido por una *virtus* no física, el conatus. Algo que no es "cosa", no es un "quid", sino el "modo de la materia": no movimiento, sino "término medio entre quietud y movimiento" (*OF*, p. 91). Entre Dios y naturaleza. En cuanto tal, el *conatus* participa de la eternidad de lo verdadero, del orden racional, de la mente divina. Es el lado, o aspecto, *dinámico* del orden, de la quietud, de la identidad. Por eso Vico no pone metafísica y física –*quies* y *motus*, eternidad y tiempo, por tanto: orden e historia, *philosophia* y *philologia*– en simple relación de subordinación, sino que intenta mostrar de qué modo la segunda deriva de la primera.[44] El *conatus*

---

[44] Para salvar la autonomía de la física –por tanto, creo poder añadir, de la *philologia*, de la historia, de la *philosophia*– Biagio de Giovanni

es la explicación metafísica de aquello que Vico mismo declara ser incomprensible para la mente finita del hombre: del modo en el cual la infinidad de Dios entra en lo finito, de la conversión de lo verdadero *eterno* en el *genitum* histórico, temporal, de la traducción de la filosofía en filología. Contra la patraña del Vico pensador aislado, es oportuno remachar todavía que él ha afrontado –obviamente con su lenguaje y con su cultura– el mismo problema que poco antes de él había afrontado Spinoza, que por esos mismos años afrontaba Leibniz, y que a continuación retomará Kant: el paso de la *natura naturans* a la *naturata*, de las verdades de razón a las

---

sostiene que "los nexos [entre física y metafísica] se rompen poco a poco en tanto que la ciencia llega a ser saber finito, o lógica específica de un objeto específico. [...] Esto indica que las vías para penetrar en el mundo determinado, donde la verdad es *factum*, no es la de estilizar las cosas según formas o nombres universales (la 'sustancia' o el 'conato'), sino la de adherirse a la lógica de una materia cuyo movimiento posee la imprevisibilidad de la experiencia y la consistencia objetiva de la corporeidad" ("*Facere* e *factum* nel *De Antiquissima*", en *Giambattista Vico nel terzo centenario della nascita, Quaderni contemporanei,* Università di Salerno, 1968, pp. 25 y ss.). De tal manera, la autonomía de la física se ha ciertamente *salvado*, pero a la vez se ha trivializado el objetivo primario de la investigación de Vico: la determinación del principio unitario de "todo el saber humano y divino". ¿Qué otra cosa sería, efectivamente, el *verare-facere*, salvo un vacío principio formal? Por otro lado ni siquiera universal puesto que no vale para todo saber (mas de ello se ha hablado en los apartados 6 y 7, como también de la *necesidad* de leer conjuntamente el *De Antiquissima* y de *De uno*).

verdades de hecho, del noumenon al *phainomenon*.⁴⁵ Más importante aún que la revelación de la identidad del problema es el realce de la quiebra de las soluciones propuestas. Por restringirme a Vico, es del todo evidente que el *conatus* además de abrir el *ordo rerum* a la novedad del futuro, encierra a éste en la identidad de lo *sido ya para siempre*, en el *anulus aeternitatis* del "debió, debe, deberá" (donde también el recurso tiene un puesto y una función prefijados). Aparte de Spinoza y Leibniz, de los cuales Vico está extremadamente cerca en este aspecto, todavía una vez más la referencia a Kant resulta la más iluminadora. Al Kant ya antes evocado de la Analítica de los principios, y, de forma más precisa todavía, de las Analogías de la experiencia. Aquí el filósofo, para explicar la conexión necesaria de los fenómenos (el "mundo físico" o "naturaleza": la totalidad de la experiencia posible), reconduce el concepto de "sustancia" –aquello que "permanece" (*bleibt*) bajo el "cambiar" (*wechseln*) del fenómeno– hacia el de causa eficiente, identificando así "sustancia" y "fuerza" (*Kraft*). Bien, la conclusión que Kant alcanza es afirmada antes con las palabras de un poeta latino, Persio: *Gigni de nihilo nihil, in nihilum nihil posse reverti* (A 186, B 229), y luego con las suyas. Estas que siguen:

---

⁴⁵ Respecto a Kant, véase *KrV*, A 538 B 566 ss.

Las sustancias (en los fenómenos) son los substratos de todas las determinaciones de tiempo. El surgir de algunas, el término de otras, suprimirían del mismo modo la única condición de la unidad del tiempo, y los fenómenos se referirían entonces a dos especies de *tiempo*, en las cuales la existencia correría paralelamente: lo que es un absurdo. Porque hay sólo un tiempo, en el cual todos los diversos tiempos deben estar puestos no simultánea sino sucesivamente" (*KrV*, A 188-189, B 231-232).

Die Zeit bleibt und wechselt nicht –había dicho ya. Podemos decir lo mismo, más brevemente incluso, con Aristóteles: ταὐτὰ ἀεί. Siempre las mismas cosas. Aristóteles continúa: ἡ περιόδω ἡ ἄλλως (*Met.*, 1072, XII a 8-9) –o cíclicamente o de otra manera. Περιόδῳ– según Vico.

III. LA RAZÓN FINITA

En los filósofos, en los verdaderos filósofos, hay siempre algo debajo, que es más que ellos mismos, y de lo que ellos no tienen conciencia; y ésto es el germen de una nueva vida.

BERTRANDO SPAVENTA

Con la re(con)ducción de la *philologia* a la *philosophia* parece no obtenerse otro resultado que la reafir-

89

mación de la infinitud de la razón. La *mens humana*, finita, es absorbida y anulada en el infinito pensamiento de Dios. ¿Representa entonces Vico solamente un episodio –ciertamente relevante, pero, no obstante, siempre uno entre tantos de la historia de la filosofía– del jaque de la razón finita? ¿Qué es, en fin, el jaque de la *philo-sophia* misma? ¿De la *philosophia* incapaz de distinguirse verdaderamente, realmente de la *sophia*?

Ciertamente, mientras se pretenda sorprender el límite de la razón humana contraponiendo a ella la infinita razón divina, no se habrá dado un paso, ni siquiera mínimo, *más allá* de Hegel. Mejor: no se habrá alzado siquiera a la comprensión de lo que para Hegel es verdaderamente "infinito". Que no es el *predicado* del juicio que tiene fuera de sí y a sí contrapuesto el *sujeto* –esto es justamente *die schlechte*, la malvada infinidad. *Die wahre Unendlichkeit*, para Hegel, es más bien la unidad de los dos, de sujeto y predicado, de finito e infinito.[46]

Es necesario moverse de aquí, de esta comprensión de lo infinito, e interrogarse sobre ello: si realmente esta *infinidad* no será ella misma *finita*. Y finita de una finitud tal que no tiene necesidad de contraponer-

---

[46] Véase G. W. F. Hegel, *Glauben und Wissen*, en *Werke in zwanzig Bänden*, cit., 2, Jenaer Schriften 1801-1807, particularmente las pp. 305 y ss.

se al infinito, porque ella misma es finita *por sí* y no *por otro*. Ella es –¡qué paradoja!– *absolutamente* finita, *incondicionalmente* finita. *Infinitamente* finita. Para desplegar esta interrogación, no se debe abandonar el territorio de la razón; todo lo contrario: es necesario entrar en su territorio y –fieles al método trascendental– medirlo *desde el interior*. Operando así, encontraremos *otro* Vico. Un Vico que nos habla con otra voz y que nos enseña mucho no a despecho de sus ambigüedades y contradicciones, sino *gracias* a ellas. En este itinerario nos sucederá que encontraremos nuevamente a Hegel; que insospechadamente nos será de mucha ayuda en y para la determinación de la *razón finita*.

10. Entramos entonces en el territorio (*territorium*), más bien en el dominio (*ditio*) de la razón:[47] en la *historia ideal eterna*. Una primera consideración en relación con la estructura de la *Scienza Nuova*: basta una rápida ojeada al índice para advertir que la mayor parte de la obra está dedicada a la segunda edad, la de los héroes, mientras que poco espacio está destinado a la tercera. El último libro, el V, del cual cabría esperar, tras las consideraciones comparativas del IV sobre las

---

[47] Sobre esta distinción entre *territorium* y *ditio*, véase I. Kant, *Kritik der Urtheilskraft*, Akademie Textausgabe, cit., V, p. 174.

tres épocas, un tratamiento específico de la tercera, se afirma en cambio acerca del "recurso de las cosas humanas en el resurgir de las naciones", en el cual se entretiene todavía Vico en la "historia bárbara primera", en el derecho romano antiguo y en el feudal.

La cosa no es sin razón: como ya se ha recordado, es propio de la edad de la razón refleja que *philologia* y *philosophia* se dividan; y se divide el saber de las cosas del saber de las palabras. Y esto es ya el primer síntoma de la barbarie: la separación de las cosas del orden, la reducción de la historia a *fragmentos truncados y dislocados*.

Cuán necesario después de la primera edad, la *edad de los dioses*, es reconocer que ella tiene confines inciertos. Verdad es que en la muy conocida *Dignidad* XLIV Vico afirma expresamente:

> Los primeros sabios del mundo griego fueron los poetas teólogos, los cuales, sin duda, florecieron antes que los heroicos, tal como Júpiter fue padre de Hércules. [...] todas las naciones gentiles, puesto que todas tuvieron su Júpiter y su Hércules, fueron en sus comienzos poéticas; y [...] primero nació entre ellas la poesía divina y, después, la heroica (*OF*, p. 443).

Es también verdad, sin embargo, que en la obra –aparte de toda consideración relativa a las páginas dedicadas a alguna de las dos edades– éstas vienen tratadas juntas, casi como si fuesen dos *momentos* de un mismo *tiempo histórico-ideal*. Y el lector del *De Uno* y del *De constantia jurisprudentis* ciertamente recordará los muchos lugares –y fundamentales– en los cuales el convencimiento de que se trata de una misma edad halla confirmaciones difícilmente revocables. Ese lugar, por ejemplo, donde Vico habla del surgir las "virtudes" primeramente, por tanto antes del derecho, por la religión:

[...] ex universa illa moltitudine hi soli, ex falsa persuasione (quae, in illa summa rerum imperitia et ruditate, ipsis facillima probatu fuit) falsi pii, deos observarent, et, quia pii, prudentes sibi visi, qui eosdem per auspicia consulerent; temperati, qui castam venerem colerent; fortes, qui indomitos agros culturae subigerent: ita ut ex deorum falsa religione videas has imperfectas virtutes inter eos ortas. Qui optimi et a 'virtute' dicebantur 'viri', qui respondet graecorum ἥρωες, unde 'heri' fortasse latinis dicti. Atque ii ipsi erante qui 'patris nomine cieri' possent, ex quibus veri 'maiorum gentium patricii' origbantur. Indidem ii qui gentem, seu communem virilem stirpem, haberent.

A quibus ius maiorum gentium, quod cum graecis proprie ἡρωϊκόν appellares, nempe antiquiorum, ante civitates fundatas ortum habet: quae, initio facto per auspicia a iure divino, sepulturis ius humanum, ab humandis mortuis, condere instituerunt." (*De uno*, C.CIV, par. 11-12, *OG*, pp. 121-123).[48]

La edad de los dioses corresponde aquí a la edad de las gentes mayores. De cuyo derecho, mediante la conversión del uso de la violencia privada en ejercicio

[48] "[...] en medio de toda aquella multitud que vivía sin leyes, y fuera de toda condición humana, esos pocos, que imbuidos de pía persuasión movida en ellos por la sutileza de falsas religiones (algo que debía fácilmente llegar a ser en un estado de profunda ignorancia y de extrema rudeza), esos pocos, digo, debieron comenzar a reverenciar a los dioses; conduciéndoles su piedad a mostrarse prudentes por el continuo consejo con las deidades, mediante las ceremonias auspiciales; temperantes por el uso de la casta Venus; fuertes por el continuo cultivo de los indómitos campos. De tal manera, aquella falsa religión de los dioses produjo aquellas fundamentales, aunque imperfectas, virtudes en aquellos óptimos, que de la palabra *virtus* vinieron los nombres de *viri*, a lo que responde el vocablo griego ἤρωες de donde vino quizá a los latinos aquél de *heri*, señores. Ellos eran los que podían "ser nombrados por el nombre del padre", de donde tuvieron origen los verdaderos "patricios de las gentes mayores", porque precisamente tenían en común el linaje, la gente, o bien la estirpe viril [...]

Por ellos fue constituido el derecho de las gentes mayores, al cual se puede referir convenientemente la denominación griega de ἡρωϊκόν, heroico, o en otros términos, por ellos fueron fundadas aquellas costumbres por las que se gobernaban las gentes más antiguas antes del establecimiento de las sociedades civiles, y tras haberlas consagrado con los auspicios, y confirmado con la autoridad del derecho divino pasaron de inmediato a inaugurar con la inhumación de los muertos el derecho romano" (*OG*, pp. 120-122).

de la fuerza pública, derivan luego las leyes de las gentes menores. Nacieron así los "iura bellorum et pacis" (*De uno, OG*, pp. 157-159). Heroica es definida luego, en el *De Constantia*, la *castitas* Adae (*OG*, p. 357), y más en general los *poetae, humani generis pueri*, son llamados *heroes* (*OG*, p. 475). Como heroica es la lengua de las *mairoes gentes* y también aquélla de los sacerdotes egipcios, la lengua jeroglífica (*De uno, OG*, pp. 235-241; *De Constantia*, P. post., c. XIII, IV: *Characteres heorici aegyptiorum, OG*, p. 471). No parece, en suma, que haya habido tiempo más antiguo antes de aquél heroico, si *tempus fabulosum et obscurum idem* (*De Constantia, OG*, p. 475).

Es menester entonces, convenir que en la *Scienza Nuova* Vico intenta elevar la precedente distinción entre el tiempo histórico de las gentes mayores y el de las gentes menores a distinción entre dos edades de la historia ideal eterna. En este principio persisten varias señales (cfr., v.g., las *Dignidades* CVII-CVIII, *OF*, pp. 458-459, y p. 477: "Júpiter, el primer dios de las gentes llamdas mayores"). Todavía, no obstante las incertezas, los titubeos, las ambigüedades, Vico se empeñó no poco en fijar la distinción, y especialmente tratando del lenguaje. "Homero –escribe en la *Dignidad* XXIX– en cinco lugares de sus dos poemas [...] menciona una lengua más antigua que la suya, que ciertamente fue una lengua heroica, y la llama 'lengua de los dioses'"

(*OF*, p. 439). También más adelante, para defenderlo de Dión Crisóstomo, que "acusa a Homero de impostura, porque él entendiese la lengua de los dioses, lo cual está naturalmente negado a los hombres", afirma: "pero creemos que quizá en estos pasajes de Homero los 'dioses' deban entenderse como 'héroes'" (*OF*, p. 498).

Pero, ¿cuál es la diferencia entre la "lengua de los dioses" y la de los "héroes"?

> [...] la primera fue una lengua divina mental mediante actos mudos religiosos, o sea, ceremonias divinas (*OF*, p. 443).

Y en la *Dignidad* LVII:

> Los mudos se explican mediante actos o cuerpos que guardan relaciones naturales con las ideas que ellos quieren significar (*OF*, p. 446).

Esta lengua divina "muda", ciertamente no podía ser aquella "mencionada" por Homero, que era una lengua hablada.

Pero, sigo manteniendo firme cuanto aquí se ha dicho, la lengua de los dioses no puede ser reducida simplemente a lengua "muda". Ante todo los mismos "mudos" no son *áfonos*:

Los mudos exteriorizan los sonidos informes cantando, y también los tartamudos cantando se sueltan la lengua para pronunciar (*Dignidad* LVII).

Y en otra parte, citando a Estrabón, Vico explica –no sin forzar la etimología– que la lengua de los mudos fue aquella nacida antes "de la vocal, o sea de la articulada" (*OF*, p. 484). En la *Dignidad* siguiente a la última citada, se dice con claridad que "los autores de las naciones gentiles" –esto es, aquellos que han salido del "estado ferino de bestias mudas"– "debieron de formar sus primeras lenguas cantando" (*OF*, p. 446). La distinción entre las lenguas de las dos primeras edades va descolorando. Y debe, ya que, así como no puede entenderse la lengua "muda" como lengua *áfona*, privada de sonido, así no puede entenderse tampoco el "jeroglífico" del que habla Vico en un sentido reductivo, es decir, únicamente como forma de escritura. La ya citada *Dignidad* LVII lo dice claro:

> Esta dignidad es el principio de los jeroglíficos, mediante los cuales *han hablado* todas las naciones en su primera barbarie (c.m.).

El jeroglífico es aquí la "voz monosílaba", con la cual "las lenguas deben haber comenzado" (*Dignidad*

LX). Es la lengua-gesto, la palabra que es sonido y acto, voz y movimiento del cuerpo.[49] Palabra sagrada, ceremonial, sonido y gesto dirigido a los dioses –ίεπογυφικός, precisamente. Palabra originaria en sentido propio, porque φωνή καί σχῆμα– y aquí el débito de Vico en las confrontaciones con Platón, y con el *Cratilo* en especial es mayor de cuanto la lectura tradicional de Vico, y más aún del *Cratilo*, no haya podido y sabido ver.[50] Pero en cuanto tal, la *palabra originaria*, lengua-gesto, entonces también es palabra de la siguiente edad, cuya lengua "fue mediante empresas heroicas, con las cuales hablan las armas" (*OF*, p. 643). Se mire por donde se mire, la distinción entre los caracteres de las dos primera edades se revela como distinción entre formas de un único y mismo *carácter.*

¿Por qué estas observaciones? Ciertamente no por el gusto fútil de *criticar* a Vico, mostrando incoheren-

---

[49] Sobre el tema cfr. en particular C. Sini, *Pasare il segno. Semiótica, cosmologia, técnica*, Milán, Il Saggiatore, 1981, pp. 310-312 y ss., que desarrolla consideraciones que van más allá de Vico; y M. Papini, *Il geroglifico della storia. Significato e funzione della dipintura nella "Scienza Nuova" di G. B. Vico*, Bolonia, Cappelli, 1984, y *Arbor humane linguae...*, cit., caps. 7 y 8.

[50] Para un primer examen de la cuestión me limito aquí a enviar al lector a dos recientes estudios míos: *La voce riflessa. Logica ed etica della contraddizione*, Milán, Lanfranchi, 1994, pp. 202-212, y "Filologia e nichilismo", Postfacio a: F. Nietzsche, *La nascita della tragedia*, Milán, Mondadori, 1996.

cias y ambigüedades en su mayor obra. Sino, más bien, para enfocar un problema. El problema que a nosotros mayormente nos importa. El problema de la finitud de la razón. De la finitud del *ordo rerum*, de la *historia ideal eterna*. De la finitud del *orden providencial, divino* de la historia.

Comienzo y fin de esta *historia* se dejan definir sólo en abstracto y mediante caracteres extremadamente generales, pero en el análisis concreto, determinado, se revelan subdistinciones de un único y mismo tiempo histórico, cuando se desvanecen en la nada. No hay experiencia de la historia, entonces, fuera de la *heroica*, que es historia de pasiones y de razón, de pasiones toda entramada de razón; que es historia de sentidos robustos, pero gobernados por una mente que opera "sin hacerse notar". La edad de los dioses y la edad de la razón toda desplegada aparecen, por último, como límites ideales, *ou-tópicos* de la historia. Términos "metafísicos", que señalan los confines de la metafísica histórica. Términos *matemáticos*, que señalan el límite del μάθημα que funda la historicidad. Más allá de los cuales se abre la tierra de nadie de una *física* sin *metafísica: motus sine quiete*. O, al revés, de una *metafísica* sin *física*, sin *conatus. Quies sine motu*.

Todavía trata Vico insistentemente de excitar la mirada más allá de la edad histórica, fuera del orden ideal eterno: en esa tierra de nadie que se sustrae a la mirada histórica, hacia ese "quod" que, siendo antes del *ordo rerum*, recibe el nombre no del *Logos*, sino de la *mytho-logia: ingens sylva*.[51] Sigamos a Vico en estas tentativas.

11. Comencemos hablando del término inicial. Y lo hacemos con dos citas, la primera de ellas tomada de la *Sinopsi del diritto universale*:

> Que antes de todo fue el Caos o confusión de los sinley [*exlegi*], de donde salieron los héroes y los hom-

---

[51] "[...] heic mihi nunc concedatur hic Cadmi serpens idem ac Herculis hydra: atque haec non alia sit nisi terra, quae tunc ingens sylva erat, quam ύδερ, terrae humor, efficiebat, et caesa usque repulluraret, ut non ferro, sed igne extingui necesse fuerit" ("Me está aquí permitido suponer que sean una misma cosa la serpiente de Cadmo y la hidra de Hércules, y que ambas signifiquen la tierra, la cual era entonces una inmensa selva producida por el ύδερ, por la humedad de la tierra, que cuanto más se talaba más vigorosamente brotaba de nuevo, de manera que al no destruirla el hierro, se necesitase emplear el fuego"): *De uno, OG*, pp. 240-241. Recuerdo que el libro de Enzo Paci dedicado a Vico se titula significativamente *Ingens sylva* (Milán, Mondadori, 1949); para la posición de esta obra –que sobresale por originalidad también en el ámbito de las interpretaciones filosóficas de Vico– en el contexto del pensamiento paciano, remito a mi Introducción a la segunda edición del libro (Milán, Bompiani, 1994). Para la relación de Paci con Croce, que es el referente constante de su "lectura" de Vico, envío del mismo modo a mi ensayo "Il dibattito Croce-Paci, ovvero: il silogismo nascosto", en *Vita e verità. Interpretazione del pensiero di Enzo Paci*, al cuidado de S. Zecchi, Milán, Bompiani, 1991, pp. 51-84.

bres; y los héroes, de origen celeste, porque provinieron por los auspicios, que fundaron las falsas religiones, y, así, nacieron los dioses de la tierra; los héroes mediante los auspicios se hicieron padres, de donde vienen los patricios, y de éstos los señores; como de los hombres provinieron los clientes; que, unidos en dos comunidades, fueron optimates y plebes en las repúblicas aristocráticas; finalmente los imperios, fundados con la virtud de unos pocos, o se difundieron en todos en las repúblicas libres, o se restringieron en uno en las monarquías. (*OG*, p. 16.)

Las dos primeras edades no son aquí todavía distintas: los héroes son los progenitores, de *origen celeste*, detrás de ellos no hay más que el *Caos*, la inculta tierra de los *exlegi*, o sea la *ingens sylva*. Leamos entonces a continuación un trozo de texto tomado de la *Scienza Nuova seconda*, en el que Vico explica la "representación del grabado" de Vaccaro propuesto en el frontispicio de la obra:

> En la cinta del zodíaco que ciñe el globo mundano, destacados de los otros, aparecen en majestad o, como dicen, en perspectiva únicamente los dos signos de Leo y Virgo, para significar que esta Ciencia en sus principios contempla primeramente a Hércules (pues se halla que toda antigua nación gentil habla

de uno, que la fundó); y lo contempla en el mayor de sus trabajos, que fue aquél en el que mata al león, el cual vomitando llamas, incendió la selva nemea, desde donde adornado con su piel, Hércules fue elevado a las estrellas (el león aquí se descubre que ha sido la gran selva antigua de la tierra, a la que Hércules, el cual se descubre que ha sido el carácter de los héroes políticos, los cuales debieron ser antes que los héroes de las guerras, prende fuego y la reduce a cultivo); –[esto sirve] para dar también el principio de los tiempos, que según los griegos (por los cuales poseemos todo aquello que tenemos de las antigüedades gentiles), comenzaron por las olimpiadas mediante juegos olímpicos de los que precisamente se narra que ha sido Hércules el fundador (juegos que debieron comenzar con los nemeos, introducidos para festejar la victoria de Hércules obtenida por la muerte del león); y así los tiempos de los griegos comenzaron cuando entre ellos se inició el cultivo de los campos. (*OF*, pp. 379-380)

Al comienzo de la *Scienza Nuova* se dice que Hércules fue el fundador del cultivo de los campos, del orden civil por tanto, y del tiempo. Al inicio de la historia hallamos a Hércules, no a Júpiter. Y antes del tiempo histórico no hay nada más que el Caos de la selva nemea, la *ingens sylva* del *Sin-tiempo*. El pasado *ucrónico* de una naturaleza aún no *educada* por el héroe, aún no traída a la civilidad. Una naturaleza, una *physis*, que ningún *conato* impele todavía al orden. Una naturaleza otra, *ferina*, un "pasado" que no se encuadra en la historia ideal eterna –en el *ordo temporum*– que está fuera de ella y la limita.

Vico aleja en el tiempo mítico –en el tiempo de un relato que no puede ser historia, porque es narración de un pasado y nunca un estado presente– no sólo esta ucrónica *physis* (lo que se entiende por sí), sino también el acto que dio origen al tiempo. El paso del caos a tiempo adviene en un *instante* que está fuera del tiempo. No *antes*, sino *fuera*.

Vico toca aquí el punto más profundo de la meditación filosófica, *metafísica*, de la historia. Para comprenderla en todo su alcance no podemos menos que referirnos a Hegel, a aquellas páginas de la *Fenomenología del espíritu*, donde se razona sobre el "nacimiento de la autoconciencia" –de la autoconciencia trascendental, digo, o sea del *nacimiento* de: *das Ich denke*. La cercanía de los dos pensadores –Hegel y Vico– es verdaderamente notable en este punto: ambos se plantean el mismo problema; ambos se sustraen a su problematicidad del mismo modo.

12. Nacimiento de la *autoconciencia trascendental*: ¿no es una paradoja? ¿La "paradoja del Yo", si no el "equí-

voco" —como precisamente se expresaba Husserl?[52] ¿Cómo puede realmente él —*das Ich, oder Er, oder Es*...— que es la unidad originaria del fenómeno mundo, en el cual solamente se da el surgir y el tramontar del ente en general, *ser* en el mundo?, ¿y en el tiempo, en el tiempo-mundo (*Weltzeit*)? ¿No se presupone, así razonando, el tiempo al tiempo, el mundo al mundo?

Hegel conoce bien las *aporías* del comienzo; en la *Ciencia de la lógica* razona sobre ellas al inicio y al final, pero más para negar el problema que para afrontarlo. Si no hay ni en el cielo ni en la tierra, ni en el espíritu ni en ningún otro lugar conceptual posible, mera inmediatez o sola mediación, sino que por todas partes hay la relación de las dos (WL, I, p. 66), *la mediación de la mediación* y *de la no-mediación*, o de forma más simple, si ya en el vacío ser hay el estímulo (*Trieb*) a darse un contenido concreto, a *devenir* (WL, II, pp. 554-555), entonces es evidente que no hay un primer día del mundo, estamos ya para siempre en el segundo, o en el tercero, estamos ya para siempre *más allá* del primero. El ser no transcurre en la nada, ni la nada en el ser; am-

---

[52] Véase *Die Krisis der europäischen Wissenschaften und die transzendentale Philosophie*, Den Haag, Nijhoff, 1958, trad. it. de E. Filippini, Milán, Il Saggiatore, 1961, §§ 53-55. Véase también E. Paci, *Funzione delle scienze e significato dell'uomo*, Milán, Il Saggiatore, 1963. P. II, cap. IV: "Il paradosso estremo della fenomenologia".

bos han transcurrido (*übergangen sind*) el uno en el otro (*WL*, I, p. 83).[53]

En la *Fenomenología* este mismo razonamiento es formulado con otros términos, más directamente ligados a nuestro tema, al tema del nacimiento de la autoconciencia. Ésta surge de la vida, dice Hegel, que en el conflicto mismo de los vivientes muestra la propia unidad y universalidad: tal unidad universal

> es el *género simple* que en el movimiento de la vida no existe aún para sí como tal simplicidad; sino que en este *resultado* la vida remite a un otro de lo que ella es, o sea, a la conciencia, para la que la vida es como esta unidad o género. (*PhäG*, p. 138.)

La vida remite a la autoconciencia: Hegel intenta resolver el problema del nacimiento de la autoconciencia haciendo palanca sobre el juego dialéctico del *en sí* y del *para sí*. Donde está claro –para Hegel sobre todo– que en un modo así la autoconciencia está presupuesta a la vida, y de hecho es *para la autoconciencia* que la

---

[53] Véase V. Vitiello, "La linea e il circolo: cominciamento e pregiudizio", en *La tradizione critica della filosofia. Studi in memoria di R. Granchini*, Nápoles, Loffredo, 1994, pp. 195-211; *id.*, *La voce riflessa. Logica ed etica della contraddizione*, cit., I/1: "L'assoluto contraccolpo in se stesso": la *riflessione* in Hegel.

vida es tal "unidad o género". El problema del nacimiento de la autoconciencia se ha cambiado por otro, por el de la *ex-plicación* de la autoconciencia de la vida. Y en tanto podamos seguir el "orden" según el cual esta *ex-plicación* acaece, en cuanto el "orden" ya opera en latencia en la vida. El problema está resuelto antes incluso de ser propuesto. Y es resuelto *negándolo:* no hay nacimiento, como no hay comienzo. Como el "tercero" (el devenir) es el *primero lógico*, así la autoconciencia, no obstante apareciendo *después* de la vida, es *antes*, es ontológicamente *antes* de la vida.

Todavía en la descripción del paso de la vida a la autoconciencia, Hegel se encuentra de nuevo con el problema del *nacimiento*.

Son páginas célebres, y entre las más estudiadas, esas de la *Fenomenología del espíritu* dedicadas a la descripción del aparecer de la autoconciencia en su pura esencia: *an-und-für-sich*. Podemos por tanto dar una breve síntesis de ello, deteniéndonos sólo en aquello que sea fundamental para la comprensión del razonamiento hegeliano.

Surge la autoconciencia pura de la lucha entre vivientes, cuando está en juego la vida misma. En esta lucha los vínculos con la existencia inmediata son cortados, el ciclo vital apetito-satisfacción es interrumpido —el viviente está cara a cara con su puro ser. Aquí la "reflexión" tiene un sentido concreto y determinado, "material" –diríamos–, el viviente ante la muerte se *pliega sobre sí*, y no halla impulsos y apetencias, sino el vacío. El "sí" sobre el cual se pliega está vacío de necesidades, es la universalidad simple de la vida –no de ésta o de aquélla, sino de la Vida pura: es la pura *abstracción de sí*. Esta abstracción es la autoconciencia trascendental, el espacio puro en el que se ordena el tiempo, el tiempo del "mundo", nacido con la autoconciencia: el pasado de la vida inmediata –sólo ahora que aquella no *es más*, "pasado", tiempo empero del viviente subyugado al trabajo servil, porque es incapaz de sostener la muerte, la abstracción del sí de la Vida–; el presente de la angustia de la muerte –sólo ahora verdadero presente: presente a sí, porque plegado sobre sí, tiempo empero de la autoconciencia señorial que somete al mero viviente a su servicio, a la satisfacción de las propias necesidades vitales–; el futuro sólo ahora futuro –sólo ahora, ante la muerte, surge el sentimiento de lo posible: de la inversión de la relación señor-siervo (véase *PhäG*, pp. 141-150).

Todo esto es *narración*. *Mythos*, no *logos*. Reasumiéndolo hemos intencionalmente acentuado los motivos –¿cómo llamarlos?– *existenciales* de este relato, motivos que es difícil apresar bajo el áspero lenguaje hegeliano de la *Fenomenología*, pero que, sin embargo están presentes en el texto, y no solamente en la *Sekundärliteratur* hegeliana surgida en Francia en los años treinta.⁵⁴ Más bien están en ésta sólo porque son rastreables en el original.

¿Pero, por qué esta *acentuación*? Realmente para reparar el hecho de que aquí todo es relato, *mythos*, y no hay sombra de explicación. Está ausente el *logos*, el *logon didonai*. La lucha por la vida y por la muerte que Hegel describe es desde el inicio lucha entre *autoconciencias* ya constituidas como tales, no lucha entre *simples* vivientes. Ocurre también en otros animales el luchar para conquistar la presa, y todavía no surge en ellos alguna cosa como la angustia por la muerte que arriba se ha descrito, la "reflexión" de sí, sobre "sí", la autoconciencia. Ésta surge sólo en aquel animal que, después del nacimiento de la autoconciencia en él, deviene: el hombre. La acentuación de los motivos *existenciales* ha intentado mostrar que desde el inicio de la descripción –del relato– de Hegel estamos ya en el territorio de la existencia humana. Los hechos son relatados *ex post*, y a partir de la visión que de ellos podamos tener sólo *después*, es decir, después de que los hechos han acaecido. Pero esto significa que de cuanto ha acaecido *antes* nada sabemos verdaderamente. Có-

---

⁵⁴ Me refiero en particular al libro del año 1929 de Jean Wahl, *Le malheur de la conscience dans la philosophie de Hegel*, 2ª ed., París, PUF, 1951, y a las *Leçons* de los años 1933-1939 de A. Kojeve, *Introduction à la lecture de Hegel*, París, Gallimard, 1947.

mo y por qué ha surgido la autoconciencia, el *sí trascendental*, en aquel viviente que por ella se ha llamado después hombre, esto no es dicho. Esto es un *hecho* del cual no es posible *logon didonai*, dar razón. Porque dar razón de ello significaría llevar dentro del horizonte de la autoconciencia eso que está fuera y antes. Significaría saltar más allá de la propia sombra.

Lo que se critica a Hegel, entonces, no es haber narrado el *hecho* del nacimiento de la autoconciencia, sino haber cubierto esta narración, este *mythos* con el semblante de una argumentación lógico-filosófica.

Hegel –el filósofo de la razón que supera el límite en el acto mismo de reconocerlo– descubre el límite insuperable de la razón. No de la razón humana, no. De la razón *tout-court*. También la razón divina se detiene ante la verdadera insondable *facticidad*. Ningún poner puede ponerse a sí mismo sin presuponerse, sin presuponerse a sí como poner. La *autoctisis* es sólo un error lógico, un *hysteron-proteron*.[55]

---

[55] En el mismo Gentile, que ha divulgado el término, el concepto de "auctoctisis" es menos estable de lo que se pueda pensar, basta aquí referir la última obra significativa de Gentile, la *Filosofia dell'arte* del año 1931 (sobre la cual véase en particular E. Paci, *Esistenzialismo e storicismo*, Milán, Mondadori, 1990, pp. 48-54). Por otro lado la afirmación de la concepción de la realidad como autoctisis representó una simplificación del problema originario de Gentile; véase el escrito de 1909, "Le forme assolute dello spirito" (ahora en: G. Gentile, *La religione*, Florencia, Sansoni,

13. Que los orígenes de la historia estén envueltos en el misterio, fue un convencimiento que jamás abandonó Vico. Tampoco cuando piensa que ha encontrado la llave correcta para abrir la puerta de este misterio ligando la *philologia* a la *philosophia* –pero no como gemela, sino como sirvienta. También en los años de la madurez de su pensamiento Vico, al aprestarse a describir los orígenes, recurre a la *mito-logía*. Pensemos en la página, anteriormente citada, donde se *narra* los trabajos de Hércules que ha vencido al león nemeo. El desarrollo del relato *mima* en cierto modo la narración mítica, que con-funde situaciones y roles, distinguiendo aquello que es uno y unificando los opuestos: el arma del enemigo llega a ser el instrumento de la victoria, así el fuego que sopla de las fauces del león, es el arma del héroe para derrotarlo. Pero no es *mito*, es: *mito-logía*, narración lógica, lógica narradora. Mito interpretado, junto con interpretación mítica. *Mytho-logia*, justamente: fusión de razón y narración. *Recte*: recurso del *logos* al *mito*, en el reconocimiento de la finitud de la razón, de la incapacidad de la razón para decir de sí misma, su *nacimiento*.

1965, pp. 259-275), con el otro de 1911, "L'atto del pensare come atto puro" (ahora en: *La riforma della dialettica hegeliana*, cit., pp. 183-195). Sobre el tema remito a mi "Ethos e lex. Paganesimo e cristianesimo in Croce e Gentile", *aut aut*, 1994, 262-263, especialmente pp. 69-73.

El *mito* de Vico no es ya *mito*, porque no es *inocente*. Es mitología: la razón, cuando ya no puede más *logon didonai*, narra. También aquí Vico encuentra compañía –y guía– en Platón, que reinterpretando los *mythoi* mostraba a la vez los límites de la *polisemia*, que puede ser dirigida a todo lugar, y la *contradictoriedad de la razón finita*, que no puede dar razón de su mismo dar razón, retorna empero al mito –a sabiendas de la doble *inopia*: la suya y la del mito.

Los *Nomoi* se presentan ante Sócrates. ¿Son ellos los que hablan a Sócrates, o Sócrates habla a través de ellos? ¿Dónde se inicia –y cómo– la palabra de Sócrates, el *logos* socrático o *diá-logo*? El misterio del origen remoto se refleja en el origen cercano. La línea continua de la historia se rompe en segmentos diversos y que no están en el mismo plano. La voz monosílaba es más antigua que el jeroglífico de la edad de los dioses, que el derecho de las gentes mayores, pertenece a un pasado tan remoto que se sustrae a todo *logos*, a toda palabra articulada, *discursiva*, *dia-lógica*. Y, sin embargo, este pasado está siempre presente: en nuestros sentidos, en nuestras pasiones, en nuestra vida animal, que estalla en nosotros cuando menos nos lo esperamos, signo de que la *ingens sylva*, a pesar de vencida *igni non ferro*, jamás es domada del todo. Este *pasado* arroja su sombra también sobre el futuro. Incierto, misterioso es el origen, del mismo modo es incierto y misterioso el futuro. El "recurso" no atiende a la conclusión de la historia, a la edad de la mente pura toda desplegada, de la reflexión *pura*. Es una amenaza constante que domina el mundo de las naciones: el orden de la mente, la *historia ideal eterna*. Ninguna *legalidad*, ningún *Nomos*, ni humano ni divino, ningún "debió, debe, deberá", puede disipar las nieblas del origen.

[...] et lux in tenebris lucet, et tenebrae eam non comprehenderunt. (Juan, 1.5)

Desde esta perspectiva, el motivo por el cual el último libro de la *Scienza Nuova*, el quinto, trata del "recurso", podría ser ahora éste: la razón que *da razón*, la razón reflexiva, no conoce tarea más alta y ardua que aquella de llevar críticamente, *reflexivamente*, a sí misma ante su *límite*, ante el *misterio* de su origen, mas –si *Herkunft bleibt stets Zukunft*– ante la indeterminabilidad de su *ad-venir*.

Pero, a este éxito último del pensar *crítico-reflexivo*, Vico se sustrae.

14. Vico opera con el mito, pero es el primero en recelar de ello. Como si advirtiese el peligro, lo limita, le pone los confines. Hasta aquí, no más allá. El mito es *antes* de la reflexión, *antes* de la mente pura, y *después* no tiene otra función que la de volver a sumergir la his-

toria en la barbarie, para que renazca a una nueva y más vigorosa vida, preparada para *volver a recorrer* el camino que le es asignado por el orden ideal eterno: "debió, debe, deberá". *Ταὐτὰ ἀεί*. Sólo que la mitología de la razón finita Vico no puede sustituirla por una *lógica* de la *mens* infinita. Al relato crítico-reflexivo le sustituye otro relato: el relato de la "fe". Pero séase precavido, no es una fe *contra* la filosofía; bien al contrario es la fe de la filosofía, sostenida y requerida por la filosofía; la fe a la que al filosofía del *logon didonai* inevitablemente conduce.

Con estos principios *narra* que, después del Diluvio, Noé y su hijo Sem, conservando la verdadera religión del Dios creador, conservaron en el estado de naturaleza la memoria de las ciencias y de las artes que hubo antes del Diluvio, y que después de la confusión babilónica de las lenguas, quedando allí todas las artes de la civilización, no se extraviaron, sino que se perpetuaron en las memorias. De donde prontamente nació y quedó firme entre los caldeos, y, por la cercanía, prontamente se introduce en la posteridad de Cam, otro hijo de Noé, en Siria y en Egipto, la forma del gobierno monárquico, en el sentido en el que Tácito dice *'suetum regibus Orientem'*. Y pudo nacer preparada una especie de adivinación, llamada 'magia', que aunque fuese falsa, ciertamente era más docta que los auspicios que usaron los occidentales, la cual, de otro modo, habría necesitado de una larga serie de siglos de observaciones para ser reducida a ciencia. Pero Jafet, tercer hijo de Noé, que fue sin ley por el lejano Occidente, despojándose de la verdadera religión, donde fue confundido con Japeto, hizo que su posteridad llegase a ser poco a poco totalmente impía y, por tanto, muy ignorante y casi de brutos. (*Sinopsi, OG*, pp. 9-10; c.m.; cfr. *Scienza Nuova Seconda, OF*, pp. 473-475.)

El relato bíblico sirve para explicar la excepcionalidad de la historia hebrea y también las diferencias en el desarrollo de las instituciones políticas entre Oriente y Occidente; pero la historia *profana* tiene otro inicio. En el "lejano Occidente" el pueblo sin ley e impío andaba moviéndose en la "nefaria libidine" y en ocio, y "a la manera de fieras", dejaba insepultos a los muertos. "Algunos pocos de mejor índole, en aquel ocio contemplando el cielo, por el movimiento de los astros lo creyeron animado y que hablase mediante rayos" (*Sinopsi, OG.* p 10).

Es por el Cielo que los "aborígenes", los "autóctonos", los *hijos de la Tierra*, aprenden lo divino:

primos in orbe deos / fecit timor

El trueno despierta el sentimiento del orden impuesto por Dios en las mentes de los "*pauci quos aequus amavit Jupiter*".

[…] aeterni veri semina in homine corrupto non prorsus extincta, quae, gratia Dei adiuta, conantur contra naturae corruptionem (*De uno*, C.XXXIV, *OG*, p. 53).[56]

Pero la intervención divina no se limita al inicio de la historia, sino que sigue al hombre en todo su curso:

[Deus Optimus Maximus] per natam ex pudore vim animi, quae mentem et corpus regeret, bonas artes omnes in homine lapso eduxit, per quas naturaliter sociatos sostinuit ac servavit (*De constantia*, P. post., C.III, par. 15, *OG*, p. 409).[57]

¿Historia humana o historia divina? La pregunta no tiene sentido, desde el momento en que el hombre

---

[56] "[…] en el hombre corrupto no están del todo extinguidas las semillas de la verdad [eterna], y éstas con la ayuda de Dios, tienen la virtud de desplegar una fuerza que contrasta con la corrupción de la naturaleza" (*OG*. p. 52).

[57] "[Dios óptimo máximo] mediante la fuerza del ánimo nacida del pudor, rectora del cuerpo y de la mente, dirigió a los hombres caídos educándoles en cada buena arte, sosteniendo y conservando con ellas a los hombres naturalmente asociados" (*OG*, p. 408).

que *hace la historia* no es distinto que el orden mismo de Dios, y sólo por esto es posible hallar "dentro de las modificaciones de nuestra misma mente humana" los principios que regulan el acontecer histórico (*Scienza Nuova seconda, OF*, p. 461), el "debió, debe, deberá":

> Porque también los hombres han hecho este mundo de naciones (lo que fue el primer principio incuestionado de esta Ciencia, una vez que desesperamos de hallarla en los filósofos y en los filólogos); pero este mundo, sin duda, ha salido de una mente *a menudo* diversa y *a veces* del todo opuesta y *siempre* superior a los fines particulares que los hombres se habían propuesto (*ibid., OF*, p. 700; c.m.).[58]

¿Y el mal? ¿Y el error?

En el *De Antiquissima* el error y el mal atestiguan la proximidad a Dios del hombre; en la *Scienza Nuova seconda* son instrumento del bien. En esta perspectiva,

---

[58] Y todavía: "De donde esta Ciencia debe ser demostración, por decirlo así, del hecho histórico de la providencia, porque debe ser una historia de los órdenes que ella, sin ningún aviso o consejo humano, y a menudo contra los propósitos de los hombres, ha dado a esta gran ciudad del género humano, puesto que, aunque este mundo haya sido creado particular en el tiempo, sin embargo los órdenes que ella ha puesto en él son universales y eternos" (*Scienza nuova seconda, OF*, p. 465).

el recurso de la barbarie cierra un ciclo histórico solamente para abrir otro ciclo.

Que en Vico –como en Hegel– esta conclusión pacificadora y, en el fondo, consoladora sea siempre puesta en duda y contradicha por pensadores que se mueven en sentido diametralmente opuesto, no es signo de debilidad y de *inopia* del pensamiento, sino más bien justo lo contrario: es índice de la fuerza y de la riqueza de su filosofía. Al menos para quien permanece convencido de la tesis que el joven Hegel formuló –de manera tan sucinta cuanto eficaz– en la lengua de nuestros antiguos padres –en la época de Vico aún en uso en la república de los doctos, en la edad de Hegel sólo en el recinto cerrado de las academias–, tesis que dice: *contradictio est regula veri, non contradictio falsi.*

CAPÍTULO II

Historia, naturaleza, redención
Hegel, Nietzsche y Heidegger

1. En la Neue Pinakothek de Munich había, en el año 1985, una sala reservada a Vang Gogh y a Gauguin. Junto a la esquina de las dos paredes dedicadas a Van Gogh, dos obras suyas: *El tejedor* y *Vista de Arlés*. Es difícil contemplarlas por separado. Y sin embargo, las separa una profunda "distancia". La primera, del llamado "período holandés", representa un interior. Prevalece la sombra. El ojo discurre lento por sus detalles: la figura afilada del artesano, el telar, las herramientas. El otro, la *Vista de Arlés*, es una explosión de luz. Los colores se arraciman, como para capturar una luminosidad más intensa. No hay detalles que reconocer: o se ve el todo inmediatamente, o no se ve nada. Pocos años separan las dos obras: 1884, *El tejedor*, 1888, *Vista de Arlés*. ¿Separan? ¿Unen? ¿Qué es lo que separa o qué puede unir acaso dos mundos tan distantes? ¿Tiene sentido hablar de unir o separar? ¿En qué unen o separan los años o la sucesión de los años a estas dos obras, más de lo que

las une o separa la cercanía de las paredes de las que cuelgan? Sin duda el historiador del arte sabe explicar las continuidades y las rupturas, los encuentros y los abandonos, los influjos, los estudios, los cambios de estilo, de psicología...; sabe rellenar esos números: 1884, 1885... 1888, con datos. Con datos concretos que explican el "paso" de *Der Weber* a *Ansicht von Arles*. Sólo que nosotros nos preguntamos: ¿qué "verdad" exhiben esos datos? ¿Qué pretensión de verdad pueden adelantar esas explicaciones?

La pregunta no se refiere al "método" seguido sino a la "razón" por la que se sigue ese método. La razón por la que la sucesión cronológica –oportunamente rellenada– da la verdad. No importa cuál es: lo que importa es el hecho de que se exhibe como verdad. Podemos plantear la pregunta de forma más sencilla y más rigurosa a la vez: ¿Por qué la historia? Esta pregunta, *en su radicalismo*, se plantea cada vez menos, o ni siquiera se plantea ya. Y es que la historia ya no es un problema, sino el lugar de todo problema y toda solución. Al igual que el arte, todo se explica históricamente: la religión, la política, la economía, el derecho y la filosofía. Hasta la propia historia se explica *históricamente*. En este caso se pregunta uno por el nacimiento histórico de la historia. Pero, ¿qué es la historia?

Aún más: se distinguen varias vertientes de la historia, y distintos tiempos. La historia de los individuos y la de las costumbres; la historia de las relaciones económicas y la del territorio. La historia de los tráficos comerciales y la de los mares por los que se desarrollan esos tráficos. La historia humana y la animal. La historia de la tierra. La historia del sistema solar y del cosmos. Y se amplía sucesivamente hasta llegar al *big-bang*. Sin duda cada historia tiene sus medios y sus métodos. La historia del hombre no es la historia de la naturaleza. Pero todas son *historia*. "La naturaleza, como historia sin historia escrita por nosotros".[1]

¿Por qué la historia? Esta pregunta quiere devolver a la historia, al problema de la historia, su problematicidad. Quiere hacer problemático el propio lugar en el que −ante todo y al máximo− se plantean y resuelven los problemas. Y ello significa: esta pregunta no es histórica. Y no lo es porque se plantea al margen de la historia; porque requiere una visión que no recorra la historia "horizontalmente", sino que la atraviese verticalmente.

Añádase que el devolver la problematicidad a la historia significa también comprender las razones que han llevado a la pérdida de importancia de esa problematicidad. Las páginas que siguen describirán también el camino que ha llevado al historicismo contemporá-

---

[1] Así titulaba B. Croce un parágrafo de *La storia come pensiero e come azione* (Bari, 1954, pp. 298-304).

neo al olvido de la historia como problema. Obviamente, el itinerario que trazaremos no será un itinerario histórico. El camino que hay que recorrer es más difícil porque no sigue los signos aparentes de Kronos sino las huellas escondidas pero profundas de Logos.

2. Al historiador contemporáneo, al desencantado científico de la historia, las palabras con que Hegel abría sus *Lecciones sobre la filosofía de la historia*: "El único pensamiento que la filosofía lleva consigo es el simple pensamiento de la razón: que la razón gobierne al mundo y que, por tanto, también la historia universal tenga que desarrollarse racionalmente";[2] estas palabras, decía, le parecen vacías de sentido científico. Puramente *ideológicas*. Como vacía de sentido científico le debe parecer la pregunta hegeliana sobre el fin último de la historia. Tiene sentido, puede tener sentido la pregunta sobre un fin particular, de un individuo o de un grupo, pero no la del "para qué" último de la historia. Si hasta el conocimiento de un fenómeno histórico individual no es posible sino —por decirlo con palabras de Weber— "teniendo como base el presupuesto de que

---

[2] *Vorlesungen über die Philosophie der Geschichte*. [Se cita por la tr. Gaos. *Lecciones de Filosofía de la Historia Universal*, Madrid, 1974. El pasaje está en p. 43 (tr. modif.: FD.).] En adelante se indicará directamente la página en el texto, precedida si es menester por la sigla VPhG.

exclusivamente una parte *finita* del infinito número de fenómenos resulta *provista* de significado", ¿cómo hablar de un objetivo final de la historia *en un terreno científico*? "El destino de una época cultural que ha comido del árbol del conocimiento es el de saber que nosotros no podemos captar el sentido del devenir cósmico de acuerdo con el resultado de su investigación, por perfectamente comprobado que esté".[3] Por lo demás ¿no es el propio Hegel quien implícitamente confiesa el carácter no científico sino emotivo de la pregunta sobre el objetivo final, allí donde habla del "lado negativo" del concepto de variación? "Lo que nos puede deprimir es el hecho de que la formación más rica, la vida más bella, encuentran su crepúsculo en la historia, de que deambulamos entre las ruinas de lo que fue excelente [...] ¿Quién habría podido detenerse entre las ruinas de Cartago, Palmira, Persépolis, Roma, sin sentirse llamado a hacer consideraciones sobre la caducidad de los reinos y de los hombres, a añorar la fuerte y rica vida de otros tiempos?" (VphG, tr. 47). Sin embargo, esta añoranza no es mera nostalgia del pasado ilustre de la humanidad. Es más bien el aspecto emotivo de una meditación mucho más profunda y rigurosa sobre

---

[3] Die *"Objektivität" socialwissenschaftlicher und socialpolitischer Erkenntnis*. (En M. Weber, *Il metodo della scienza sociale*. [tr. it. de P. Rossi. Turín, 1974. pp. 55-141. Pasajes citados: pp. 92 y 64.])

el mal del mundo. Aquí está la diferencia –abismal– entre el "laico" Weber y el "religioso" Hegel. Y de hecho, la pregunta hegeliana sobre la finalidad última se puede formular así, también: ¿es concebible la historia más que como *redención*, redención del mal radical del hombre: la muerte?

Sólo a partir de esta pregunta es posible entender el sentido "racional", no "ideológico" ni "emotivo", de la afirmación hegeliana de que la razón –"y no la razón de un sujeto particular, sino la razón divina absoluta"– gobierne el mundo y, en particular, el mundo de la historia. Intentemos ahora seguir el razonamiento a través del cual Hegel llegó a esta afirmación. Tenemos que partir de la distinción entre mundo espiritual y mundo natural.

Por mundo natural se entiende sobre todo el mundo físico, material. Hegel determina el cosmos humano principalmente en oposición a éste: "Así como la gravedad es la sustancia, así... es la libertad la sustancia". La materia como tal está constituida por una multiplicidad de partes, "externas" e "indiferentes" entre sí, pero todas tendientes al centro de gravedad. Sin embargo, este centro es "extraño" a la propia materia. El centro de la materia es un punto geométrico, no un *lugar material*. De por sí, o sea, en cuanto parte material, ninguna parte es centro. "El espíritu, por el contrario, consiste justamente en tener el centro en sí. Tiende también hacia el centro; pero el centro es él mismo en sí". "La materia tiene su sustancia fuera de sí. El espíritu, por el contrario, reside en sí mismo; y esto justamente es la libertad" (tr. 62). Libertad mienta, pues: ser-cabe-sí, ser-centro-de-sí. Esta autocentralidad de la naturaleza *espiritual* se determina, pues –siempre en oposición a la naturaleza material– como actividad. La materia es inerte y no se mueve por impulso propio, sino en razón de fuerzas externas y extrañas. En cambio, el espíritu tiene su esencia en la actividad. Ser centro de sí significa, entonces, ser "el producto de sí mismo". Y el espíritu es, de hecho, "su principio y su fin". Esta es la definición aristotélica de la ἐντέλεχεια: el espíritu, en cuanto producto de sí mismo, ἐν τέλει ἔχει: se posee en su fin. En cuanto centro de sí, el espíritu se es fin a sí mismo. Esta determinación del espíritu, que se ilumina en el contraste con la naturaleza material, se adapta igualmente bien sin embargo a la naturaleza viviente. De tal forma que la contraposición espíritu/materia es sólo un primer paso en el camino de la determinación de la esencia del mundo humano. Hegel se ve obligado a restringir los límites de la definición de la autocentralidad del espíritu. Después de haber puesto de relieve que las "cosas de la naturaleza" –las cosas de la naturaleza en general, sin especificar cuáles– no son para sí mismas, y por tanto no son libres, precisa: "El espíritu se produce y realiza según su saber de sí mismo; esto es lo que hace que lo que sabe de sí mismo sea realizado" (tr. 63). La entelequia, la posesión de sí en el fin, es obra de la conciencia, del saber. El espíritu es espíritu sólo cuando es consciente de sí como esencia espiritual: "Así, todo se reduce a la conciencia que el espíritu tiene de sí propio. Es muy distinto que el espíritu sepa que es libre o que no lo sepa. Pues si no lo sabe, es esclavo y está contento con su esclavitud, sin saber que ésta no es justa". La precedente contraposición espíritu/materia se ha elevado ahora a oposición espíritu/naturaleza; y añado aquí: naturaleza orgánica, viviente. Esta oposición no se da entre dos realidades distintas –el hombre y la naturaleza– sino que está vigente en el interior de la misma realidad que es el hombre. La oposición se da entre la razón y el instinto. "Lo que el hombre es realmente, tiene que serlo idealmente. Conociendo lo real como ideal, cesa de ser algo natural, cesa de estar entregado meramente a sus intuiciones e impulsos inmediatos, a la satisfacción y producción de estos impulsos" (tr. 63). El hombre en cuanto espíritu –*en cuanto historia*– ya no se contrapone solamente a la materia, sino al animal. A la inmediatez del animal, que: "No puede intercalar nada entre su impulso y la satisfacción de éste", se opone la naturaleza *refleja*, mediata, del hombre. En este sentido más estricto y determinado dice ahora Hegel que "el espíritu sólo es como su resultado" (tr. 64).

Hemos de detenernos en esta contraposición hombre/animal, o también: autoconciencia/vida porque, si no se entiende su sentido profundo y agudo, tampoco podrá ser completamente comprendido el significado de la sucesiva *Versöhnung* ("reconciliación") entre hombre y naturaleza. Para tal fin resultan preciosas las páginas de la *Fenomenología del espíritu* introductorias de las figuras de la Autoconciencia. Hegel habla de la vida como pura determinación del ser del ente: en cuanto tal, ella es la esencia infinita de todas las diferencias (entes), el puro movimiento en el que éstas –las diferencias, los entes– son "asumidas". Tomada en su ser en sí, en su universalidad "primera" –intemporalmente primera– de su particularizarse en las figuras finitas de las infinitas diferencias, la vida "es la esencia simple del tiempo, que tiene en esta igualdad consigo misma la figura compacta del espacio".[4] Respecto a esta universalidad pura de la vida, a este movimiento inmoto, a esta quieta temporalidad que repite la uniforme estabilidad del espacio, todos y cada uno de los entes aparecen por de pronto como miembros autónomos, como "figuras independientes". Su diferencia o independencia se muestra ante todo en relación con la

---

[4] *Phänomenologie des Geistes*, J. Hoffmeister (ed.), Hamburgo, 1952, p. 136. [Se cita por la traducción de Roces, *Fenomenología del espíritu*, México, FCE, 1966, p. 109.] Se procederá como en n. 2; sigla: *PhG*.

naturaleza inorgánica, que ellos consumen separándose de ella. Se muestra también –no menos claramente– con respecto a la vida universal: la figura singular, precisamente en cuanto singular, rompe la pura fluidez y continuidad de la sustancia universal. Esta sustancia simple y fluida no es ahora sino el *en sí* de las diferencias; el universal justamente, de lo individual. Pero, como individual, la diferencia se contrapone a su *en sí*, a su universal. Es lo *otro*. Lo otro de su *en sí* universal. Pero también esto –la universal fluidez que sustancia las diferencias– es *otro* de éstas. Pero es ese otro por el que las diferencias son. La individualidad –afirma Hegel– "se mantiene a costa de lo universal"; "lo devorado es la esencia" (p. 137; tr. 110). La vida entonces, es a la vez la sustancia simple y las diferencias que la niegan; las diferencias y su ser-asumidas en el ser simple, fluido de la sustancia. "La sustancia simple de la vida [...] es el desdoblamiento de esta misma en figuras y, al mismo tiempo, la disolución de estas diferencias subsistentes; y la disolución del desdoblamiento es, asimismo, desdoblamiento o articulación de miembros" (pp. 137-138; tr. 110). En suma: no hay vida más que en los vivientes, y los vivientes –su nacer y perecer eternos– son la vida. Cuando en este círculo vital de identidad-diferencia se intenta captar la identidad indiferente o las diferencias no idénticas no se obtienen más que abstracciones. La vida, el concreto ser de la vida es el círculo entero: "el todo que se desarrolla, disuelve su desarrollo y se mantiene simplemente en este movimiento" (p. 138; tr. 111). La vida por volver a tomar la imagen poco antes aludida, no es el tiempo en la uniforme estabilidad del espacio, sino el tiempo que en su movimiento resuelve en sí hasta su propia "espacial" auto-igualdad.

Si eso es la vida, ¿qué es entonces la autoconciencia? En el círculo de la vida –ya se ha visto– no hay distinción efectiva entre universal e individual: el *en sí* simple de la sustancia y el *para sí* de las diferencias caen el uno en el otro y se identifican. La autoconciencia es entonces ante todo esto: la *Selbstständingkeit*, la subsistencia de suyo de la diferencia, el estar-para-sí del Sí-mismo que se substrae al dominio de la identidad, al fluido magma de la vida. Más determinadamente, la autoconciencia es "el movimiento de la abstracción absoluta, consistente en aniquilar todo ser inmediato para ser solamente el ser puramente negativo de la conciencia igual a sí misma" (p. 143; tr. 115). El Yo = Yo de la autoconciencia no es la *Identidad primera* a partir de la cual fuera posible "deducir" el mundo, porque presupone incluso el mundo; mas no sólo esto, sino que ni siquiera expresa una quieta autoigualdad. Es, más bien, una desigualdad inquieta, porque el Yo = Yo es el resultado de la negación de la inmediatez vital, de la "universal singularidad del estar, del *Dasein* en general". La autoconciencia nace *oponiéndose* a la vida. Esta oposición surge de la vida misma. Del contraste entre los vivientes, que es la vida misma en su *movimiento*. Pero en esta lucha *vital* ocurre algo radicalmente nuevo cuando el viviente se encuentra ante la negatividad absoluta de la muerte. Esta negatividad le da "la conciencia de sí como esencia". El viviente se convierte en autoconciencia cuando, ante la muerte, capta su propia diferencia –por de pronto sólo individual– como universal. Frente a la universalidad de la autoconciencia, la vida es ahora inmediata, "natural", mera individualidad. El nacimiento de la autoconciencia transforma la lucha –que ya no se establece entre "semejantes", sino entre *desiguales*. Para el individuo que "arriesga la propia vida" el otro "ya no vale como él mismo": "el otro es una conciencia entorpecida de múltiples modos, una conciencia que está en el elemento del ser". Sin embargo, hay que añadir que la lucha ha cambiado todavía por otro aspecto: se ha interiorizado; la autoconciencia lucha ante todo contra sí misma, contra su *en sí*, contra su *sustancia*, contra la vida, *su* vida. En la propia lucha se manifiesta que los contendientes tienen algo en común, algo que los une: la universalidad. Y es que la vida inmediata, no es sólo el plexo de relaciones individuales: es también la sustancia universal de la autoconciencia. De esta manera, la universalidad es el "medio" que en el "juicio", en la escisión originaria

(*Ur-teil*) de la autoconciencia, mantiene a ésta ligada a la vida. La muerte –precisa Hegel– es sólo "la negación *natural* de la conciencia misma, la negación sin la independencia"; por eso, la autoconciencia ha de superar la naturalidad de la muerte de la misma manera que ha superado "la posición natural" de la vida. Al poner en juego la propia vida, al superar el miedo a la muerte: "En esta experiencia resulta para la autoconciencia que la vida es para ella algo tan esencial como la pura autoconciencia" (p. 145; tr. 117).

Aquí está señalado el camino de retorno: del retorno de la autoconciencia universal a la universalidad de la vida. La separación de la vida que la conciencia ha tenido que realizar para convertirse en conciencia de sí tiene como meta la conciliación con la vida. Entre vida y autoconciencia, autoconciencia y vida, hay un círculo. "Lo que el hombre es realmente, debe serlo idealmente". En este círculo entre real e ideal hemos de detenernos ahora.

3. Se ha dicho que la naturaleza tiene su centro fuera de sí; el espíritu, la autoconciencia, en sí. Esto significa: las cosas de la naturaleza son actuadas y no actúan, en cuanto no se reflejan sobre su principio, sobre su esencia. La autoconciencia, en cambio, se pone a sí misma su esencia, su principio, como fin más propio suyo. Para el espíritu, su principio es también su fin en

la medida en que ponga su principio como fin suyo. Él es centro en sí mismo, porque aquello por lo que obra, su condición de posibilidad, es a la vez su objetivo. La libertad del espíritu está en este círculo por medio del cual es en el ser-actuado donde es agente y en el ser activo donde toma sobre sí la "pasividad" propia, su ser-"natural". Por eso la auto-conciencia —el conocer-se del espíritu— no es un "hecho interior", privado y singular, sino un acto de relevancia ontológica: "La sensación [o sea: la conciencia, el conocimiento (V.V.)] de la libertad es lo primero que hace libre al espíritu, aunque éste es siempre libre en y para sí" (*VPhG*; tr. 63, modif.).

Un fragmento celebérrimo del Prólogo de la *Fenomenología del espíritu* dice: "todo depende de que lo verdadero no se aprehenda y se exprese como *sustancia* sino precisamente en el mismo sentido (*eben so sehr*) como sujeto" (p. 19; tr. 15, modif.). Para Hegel lo verdadero no es la unidad originaria ni la unidad inmediata, sino "el devenir de sí mismo". "De lo absoluto hay que decir que es esencialmente *resultado*, que sólo *al final* es lo que es en verdad" (p. 21; tr. 16). Es conocido lo que está inmediatamente detrás de estas tesis: la polémica contra Schelling y más en general contra la exaltación romántica del sentimiento y de la vida. Pero la insistencia de Hegel en defender la superioridad de la razón y del saber sobre el sentir, su sentido clásicamente griego de la verdad como αλήθεια (desvelación, revelación) y su concepción del cristianismo como religión absoluta (dado que en ella se ha dado Dios a conocer, se ha manifestado) serían completamente mal entendidos si nosotros –al interpretar su pensamiento– olvidáramos, por el "sujeto", la "sustancia"; por el "concepto", la "esencia"; por la "verdad-revelación", lo que, antes oculto, se "revela" después. Su meta –escribe Hegel refiriéndose al itinerario fenomenológico– *ist die Offenbarung der Tiefe*, la revelación de la profundidad (p. 564; tr. 473). Lo profundo es "antes" que la revelación... y la hace posible. Es la sustancia: por ella, "verdadero" no mienta sólo sujeto, sino *eben so sehr* Sustancia. Verdad mienta tanto sustancia como sujeto. Verdadero es el círculo sustancia-sujeto, real-ideal, donde lo real deviene ideal en cuanto que es puesto como fin.[5] La universalidad de la autoconciencia es entonces precisamente el *en sí* de la vida, sustancia fluida, pero ya no como *presupuesto* tan sólo, sino como algo *puesto, gesetzt*. La autoconciencia es universal por su *Fin-Principio*, por su *Meta-Origen*; individual lo es en su ser-para-sí, en su *figura diferente*. Pero universal e individual no son más que en relación: la autoconciencia no es un algo individual que después tienda a lo universal; la autoconciencia es concretamente indivi-

---

[5] Véase al respecto mi *Ethos ed Eros in Hegel e Kant* (Nápoles, 1984).

dual sólo en cuanto que se universaliza, en cuanto que retorna a la vida universal.

Pero, ¿cómo se configura el *en sí* sustancial que en el cosmos natural es Vida cuando es *aufgehoben*, "asumido" en el mundo espiritual, histórico; cuando es "puesto" como fin? La vida es el elemento sustancial del viviente, la condición de posibilidad o fundamento. Por el hecho de que, en el plano del espíritu, devenga fin o meta, la Vida no puede perder su carácter de fundamento. Si lo perdiera no habría ya círculo entre real e ideal. Ahora bien, esta Vida que crea vida y que es el Fin de la autoconciencia viviente es algo que se manifiesta al *estar* (*Dasein*) del hombre histórico –al pueblo– en la religión. "La religión es el lugar en donde un pueblo se da la definición de lo que tiene por verdadero [...] La religión es la conciencia que un pueblo tiene de lo que es, de la esencia de lo supremo. Este saber es la esencia universal. Tal como un pueblo se representa a Dios, así se representa su relación con Dios, o así se representa a sí mismo; la religión es el concepto que el pueblo tiene de sí mismo" (*VPhG*, tr. 110-111).

Como saber de Dios, como conocimiento del fundamento sustancial o esencia universal, la religión *stricto sensu* es un extremo del "silogismo" que tiene como extremo opuesto lo individual, la pasión o interés, y como "término medio" el Estado. Concreto, en sentido eminente, sólo lo es el Estado; "el objeto, más precisamente determinado, de la historia universal en general, aquél en donde la libertad alcanza su objetividad" (tr. 103, modif.). En el Estado están conciliadas la voluntad objetiva y la voluntad subjetiva, lo universal y lo individual, la religión y la pasión o el interés. En virtud de esta conciliación, los derechos del individuo no se pueden hacer valer contra el Estado porque los derechos individuales que no son los mismos del Estado no son derechos *humanos*, ya que pertenecen a la esfera inferior de la naturaleza animal. El Estado en cuanto encarnación de la eticidad, en cuanto "medio" entre la universalidad de la religión y la individualidad o singularidad de la pasión y del interés, es "la segunda naturaleza" del hombre, "pues la primera naturaleza es su ser inmediato y animal" (tr. 104). Pero si, por un lado, sólo al Estado se le puede reconocer realidad efectiva, al ser religión y pasión nada más que los extremos abstractos del "silogismo ético", por otro lado se dice que esta representación es ella misma abstracta. Porque precisamente la concreción del círculo ideal-real impide que se den términos abstractos: cada "momento" del círculo es real-ideal, concreto. Vale decir: si en la perspectiva del Estado religión y pasión son abstractas, en la perspectiva de la religión la esencia divina, el extremo del *en sí* sustancial, es ya de por sí conciencia, autoconciencia, espíritu: "en el concepto de

Dios en cuanto espíritu está contenido esto, que Él es en su comunidad, tiene una comunidad –*seine höchste Bestimmung ist Selbstbewusstsein*: su más elevada determinación es la autoconciencia–".[6] De la misma manera también la pasión, el interés –que sin embargo representan el lado subjetivo, formal, del querer– considerados en su efectividad son las determinaciones concretas de la esencia: "nada se ha producido sin el interés de aquéllos cuya actividad ha cooperado" (*VPdG*, tr. 83). De todas formas se debe decir –y a este punto tendremos que volver en seguida– que el equilibrio de las relaciones entre religión, Estado e individuos no es estable. A veces se resquebraja y la esencia universal parece asumir un predominio no justificado que llega a comprometer la coherencia del conjunto de las relaciones. Es lo que ocurre especialmente cuando Hegel, al tratar de la relación entre el elemento ideal y la pasión, sostiene que en los conflictos entre los que se desarrolla el curso del mundo lo que se sacrifica es lo particular, lo que "tiene que perecer", mientras que lo universal "no resulta turbado": "La idea universal no se entrega a la oposición y a la lucha, no se expone al peligro; permanece intangible e ilesa, en el fondo, y envía lo particular de la pasión a que en la lucha reciba los gol-

---

[6] *Religionsphilosophie*. Band I: *Die Vorlesung von 1821*, K.-H. Ilting (ed.), Nápoles, 1978, p. 68.

pes" (tr. 97). Tesis insostenible ésta, ya que degrada a la individualidad que actúa en la historia –la individualidad ética, autoconsciente, o sea consciente de su esencia, de su origen-meta– a mero viviente, a naturaleza animal. Tesis insostenible puesto que destroza precisamente la relación que pretende mantener la relación real-ideal.

4. Con respecto a la totalidad de la naturaleza, que es "dada", la totalidad de la historia es una *tarea*. Si en la naturaleza el viviente, en su ser-particular, es ya universal, dado que su ser más profundo e íntimo es la esencia vital, en la historia la autoconciencia "debe" ser universal –y concretamente universal. Es decir, que no sólo debe haberse liberado del plexo de relaciones vitales inmediatas, sino que debe superar también la universalidad vacía y meramente negativa del Yo = Yo, volviendo a la vida, creando una "segunda naturaleza": la *verdadera* naturaleza del hombre. Por lo que sabemos, la religión no sólo le da la voz al "tú debes" universal de la autoconciencia, sino que revela al mismo tiempo su fundamento último. La religión es el elemento universal de la autoconciencia histórica: el lugar de la verdad, anterior incluso a la verdad misma de un pueblo. Que toda la historia sea historia sagrada significa entonces, ante todo, esto: que el "tú debes" de la autoconciencia universal no surge en el desierto de una "naturaleza" indiferente o,

peor aún, hostil, expuesto al peligro de un rápido hundimiento o, en cualquier caso, de una existencia incierta, sino que precisamente encuentra su "garantía", por el contrario, en esa naturaleza de la que la autoconciencia del hombre se ha tenido por de pronto que separar para hacerse histórica: "la historia del mundo se inicia [...] sólo *en sí (an sich)*, es decir, como *naturaleza*. Tal es el impulso interno más íntimo, inconsciente. Y todo el asunto de la historia del mundo consiste [...] en la labor de traerlo a la conciencia" (tr. 84, modif.). Esta "naturaleza" –esta naturaleza de la que el hombre se ha escindido– es, en su lado más profundo, Dios. El Dios escondido que quiere revelarse al hombre, pero que sólo se le puede revelar después de que el hombre se haya separado de la "naturaleza originaria". Sólo después de la escisión es posible conocer a Dios también en la naturaleza. En este sentido más profundo, Hegel reivindicando a Dios para el saber, revaloriza el sentimiento y la pasión. Sólo en el saber se revela Dios más profundo que el saber, que *su propio saber.* Sólo en el saber revelan la pasión y el sentimiento su naturaleza divina. Sólo Ethos revela la naturaleza "espiritual" de Eros.

Por tanto, sin Dios, sin religión, no habría historia, porque la autoconciencia jamás habría podido surgir del viviente. El problema de la finalidad última de la historia, la afirmación de que una razón absoluta, divina, gobierna el mundo no son *datos* del sentimiento sino *resultados* de la razón. De una razón rigurosa, capaz de reconocer el sentimiento y la pasión. Y tampoco son pensamientos consoladores; al contrario, nacen de la conciencia del carácter trágico de la realidad y de la existencia, por lo que no tiene sentido ni su condena ni su aprobación. Únicamente tiene sentido el pensamiento, la razón que es capaz de penetrar en el fondo oculto de lo real, y de conocer allí el rostro de Dios. La tarea más ardua, la más penosa para la conciencia viviente no es separarse de la vida, morir como naturaleza, para elevarse a la pura, diáfana conciencia de Sí-mismo; más difícil, más penoso es volver a la vida, a la naturaleza, reconciliarse con la realidad. La redención de la historia mediante la religión, mediante el saber que es Dios el que hace posible el "tú debes" universal de la autoconciencia, no es la desaparición del mal y del dolor, sino su aceptación. El "tú debes" de la autoconciencia histórica tiene este contenido: el mal del mundo, el dolor y lo negativo en sus más duras expresiones. El mal no es redimido porque se transforme en bien, sino porque como mal, permaneciendo como mal, es *racional*. En el saber absoluto –ese humano, humanísimo saber que consigue mantener en el horizonte de su mirada solar, divina, la totalidad de la historia– la casualidad del devenir, en la que parece continuarse la accidentalidad de la naturaleza, revela en su fondo la trama oculta de un orden racional.

Es verdad que la historia del mundo se desarrolla en el tiempo y que, en todo momento de su curso, los individuos tienen la conciencia a ese momento adecuada: "Cada individuo es hijo de su pueblo y, a la vez –por cuanto el Estado se halla en evolución–, hijo de su tiempo. Nada queda tras él, ni salta por encima de él" (tr. 108-109). En ninguna de la etapas intermedias del proceso histórico es posible un conocimiento del fin último. Como se sabe, el pájaro de Minerva levanta el vuelo al atardecer. Pero al acabarlo las varias figuras de la historia toman su sitio exacto, determinado en el orden racional del tiempo. Hemos dicho *al acabarlo*; pero ¿cómo debe entenderse este acabar? ¿Como el momento último? ¿Aquél en que el tiempo desaparece por consunción? ¿Porque todas las posibilidades se han hecho reales y por tanto están "asumidas"? ¿La riqueza extrema de lo real coincide entonces con la extrema pobreza de lo posible? Pero ¿realmente quedaría "asumido" (*aufgehoben*) el tiempo en tal perspectiva?, ¿no perpetuaría acaso este fin temporal del tiempo la sucesión extrínseca del tiempo, su "vacía intuición" (*VPhG*, p. 558; tr. 468) en una imagen eterna? El acabamiento del tiempo y de la historia no pertenece a la accidentalidad del tiempo y de la historia de los historiadores. Ese acabamiento se muestra –puede mostrarse– en todo momento del tiempo al ojo humano– divino del filósofo que sabe ver en la casualidad del devenir el orden racional. El orden mismo del tiempo, del "antes" y del "después". El orden eterno del movimiento. Del *movimiento*, sin duda, pero del movimiento recogido en la quieta transparencia del concepto igual a sí. Vuelve a la memoria la imagen del tiempo que, en su autoigualdad, toma la figura firme y compacta del espacio.

En este acabamiento *filosófico* de la historia, Dios, la sustancia divina del hombre se ha hecho perfectamente visible. Ya nada está oculto. Lo Profundo se revela plenamente. La Sustancia es Sujeto. Pero así el círculo ya no existe. Ya no hay círculo real-ideal. Ya no hay historia. El fin de la historia no debe esperar un momento último. En todo momento del tiempo está la historia "acabada". Acabada, al menos, para el filósofo que sabe escrutar en los pliegues ocultos de la Sustancia (natural) el rostro del Sujeto (divino).

Poco antes hemos observado que el equilibrio de la relación universal-individual, esencia-autoconciencia, sustancia-sujeto se resquebraja a veces en favor de la esencia. Observamos ahora que el equilibrio se ha roto en favor del concepto, del sujeto, de la autoconciencia. Se trata, es evidente, de un equilibrio muy precario.

5. En este equilibrio inestable se detuvo la atención crítica de Bruno Bauer, el conocido exponente de la Izquierda hegeliana. Para demostrar la inconciliabilidad de la filosofía de Hegel con la ortodoxia, Bauer asumió,

con brillante artificio polémico, el punto de vista de la religión oficial. Así nació su escrito seguramente más famoso: *La trompeta del juicio final contra Hegel, ateo y anticristo. Un ultimátum*.[7] Bauer recuerda la crítica que Hegel hace a la teología del sentimiento (Schleiermacher): la finitud del sujeto, puesta como insuperable, impide probar la sustancialidad de Dios y, por tanto, explicar aspectos fundamentales de la religión, como el culto. Pero –explica Bauer– ni siquiera en Hegel conserva Dios su ser sustancial: "la sustancia sólo es el fuego momentáneo en el que el yo sacrifica su finitud y su limitación. La conclusión del proceso no es la sustancia sino la autoconciencia, que se ha puesto realmente como infinita y acogido en sí a la universalidad de la sustancia como esencia propia. La sustancia es tan sólo la potencia que consume la finitud del yo, para ser presa después de la autoconciencia infinita" (p. 125). El mismo prevalecer de la Sustancia sobre los espíritus finitos es atribuido por Bauer a la preeminencia de la "subjetividad". Para llegar a la conciencia de la propia "riqueza infinita", la Sustancia no puede "conformarse con un solo sujeto": "la infinitud –escribe Bauer con evidente referencia a la

---

[7] Se cita por la tr. it. de C. Cesa en *La sinistra hegeliana*. Selección de textos de K. Löwith (Bari, 1960), pp. 67-226. [Orig.: *Die Posaune des jüngsten Gerichts über Hegel, den Atheisten und Antichristen*, Leipzig, 1841.]

cita schilleriana con que Hegel cierra la *Fenomenología*– le rebosa [sc.: a la Sustancia] sólo desde el cáliz del reino todo del espíritu. Ella debe servirse de muchos, de infinitos sujetos, e inducirlos a emanar su propia finitud para que ella pueda exponer su riqueza interior. Muchos espíritus finitos tienen que ser aplastados y despedazados, un mundo de espíritus se ve forzado a sacrificarse si la sustancia ha de convertirse en sujeto" (p. 121).

Es fácil darse cuenta de que Bauer empuja a Hegel a conclusiones que van más allá del pensamiento explícito de éste. Y sin embargo, no es posible rechazar estas conclusiones. Al contrario, hay que decir que Bauer tiene aún más razón de cuanto diga o sepa decir. Demos un paso atrás. En la lógica del círculo sustancia-concepto es del todo legítimo que la primera prevalezca (valga prioritariamente) respecto al segundo. Aquí conviene ser claro al extremo: la sustancia no se limita a pre-valecer sobre el sujeto finito, sobre los sujetos finitos, sino sobre el sujeto absoluto, sobre la autoconciencia del espíritu "cumplido". De hecho, el saber es *para* el ser, *para* la sustancia, no viceversa. Y ello significa en la lógica de la historia: es la Sustancia, es Dios quien sustrae al singular, al individuo, del devenir puramente accidental de la naturaleza, del tiempo casual del viviente: allí donde sólo lo universal es necesario. Sólo porque Dios es, le es dada al hombre la *posibilidad* de crear una segunda naturaleza, en la cual también el singular es necesario (esto es: racional, *vernunftmässig*), en cuanto que toma sobre sí la necesidad (la razón) universal y la hace suya. Sólo porque Dios es, le es dada al hombre la posibilidad de ponerse en el punto de vista de la totalidad y de advertir que ésta es el más profundo imperativo y finalidad suyos, su absoluto "debes". Sólo porque Dios es, hasta la más pequeña y miserable acción de la historia se ilumina de racionalidad universal. Y *se* redime. De hecho es la acción la que se redime a sí misma, porque en la historia no hay más actuar que el que es capaz de hacer suyo el orden necesario de la razón. Mientras la razón permanece *irredentos*, queda en el plano de la naturaleza y del viviente. Mientras la razón permanece externa a la pasión no se tiene esa conciencia, ese sujeto, por elevado y noble que sea el actuar, permanece *irredentos*, queda en el plano de la naturaleza y del viviente. Mientras la razón permanece externa a la pasión no se tiene historia. Cuando *a veces* no hace Hegel de la Sustancia condición de posibilidad de la historia ética, "religiosa" del hombre, sino el único y verdadero Actor de la historia, ello no ocurre porque el camino de la revelación imponga que todos los espíritus finitos se deban sacrificar a la Sustancia; ocurre porque Hegel traduce, para "garantizar" la redención de la historia, la posibilidad del actuar conforme a razón en necesidad de hecho. Esto es una contradicción de Hegel y no una inevitable conclusión de su "sistema". Es cierto que Bauer ve en el proceso dialéctico sólo un movimiento rectilíneo: de la sustancia al sujeto. En tal perspectiva se pierde precisamente lo esencial: el círculo entre lo Primero y lo Último, el Origen y la Meta. Y sin embargo, es preciso repetir, en definitiva, que Bauer tiene razón. Incluso más allá de sus razones. La sustancia que prevalece sobre los sujetos finitos (prevalece, no en el sentido anterior de "valer prioritariamente", sino en el corriente de "predominar"); no prevalece sobre ellos para convertirse en sujeto, en autoconciencia absoluta; prevalece porque ya desde el principio —y no sólo al final— es sujeto, y sujeto absoluto. El movimiento en círculo —que es justamente la exigencia del pensamiento más profundo de Hegel— no existe, es sólo ficticio, *ut pictura in tabula*, desde el momento en que la sustancia no es sustancia sino sujeto, el primero no primero sino último, el principio no principio sino ya fin. Al acabar el apartado anterior hemos dicho que en todo momento del tiempo está la historia "acabada". Hemos llegado ahora, pasando a través del escrito de Bauer, a la conclusión de que la historia —*la historia como redención*— ni siquiera ha empezado. ¿Porque todo está ya redimido desde siempre? ¿o porque, estando Dios ausente, no hay *posibilidad* de redención?

Casi al final de su escrito, Bauer, fingiendo criticar

a Hegel desde el punto de vista de la ortodoxia, pero presentando de hecho su tesis y, más genéricamente, la de la Izquierda hegeliana, afirma: "Según Hegel la conciliación de la razón con la religión consiste en el reconocimiento de que Dios no existe y de que el yo, en la religión, tiene que vérselas siempre y sólo consigo mismo, aunque, en cuanto religioso, sostenga que se las ha con un Dios viviente, personal. La autoconciencia realizada es ese truco por el que el yo se ve primero duplicado, como en un espejo, y después, al final, después de haber tomado durante milenios su imagen por Dios, llega a la cuenta de que la imagen reflejada en el espejo era él mismo [...]. La religión considera Dios a esa imagen, la filosofía destruye la ilusión y muestra al hombre que detrás del espejo no hay nadie, y que, por tanto, sólo al reflejo del yo se ha dirigido hasta ahora el yo, y que es a él al que le ha ofrecido sacrificios, oraciones y homenajes" (p. 206).

Si detrás del espejo no hay ni ha habido nunca nadie y si el pasado *debe* ser redimido porque no está ya redimido de siempre, la pregunta que se plantea entonces es ésta: ¿es posible remitir al solo sujeto la ardua tarea de la redención, e incluso de la redención de la ilusión de Dios? Nietzsche intentó este camino. Su grandeza está en haberlo recorrido hasta el fondo con extrema lucidez.

6. Con la caída de la Sustancia cae, al mismo tiempo, la interpretación de la verdad como ἀλήθεια, revelación, desvelamiento. Conocer no es ya re-conocer. La redención no es, no puede ser ya, el reconocimiento de lo que en lo profundo ya-es; ahora debe ser la producción, la "creación" de lo que nunca-ha-sido-antes, de una realidad nueva. El pasado *no es* redimido, *viene a ser* redimido en la autoconciencia del intérprete. ¿En qué condiciones es posible esta redención del pasado en el futuro de la interpretación? ¿Qué tipo de saber requiere esta redención? ¿Y qué papel juega el tiempo en relación con este saber? Es decir: ¿cómo se relaciona con el tiempo este saber que redime, que *tiene que* redimir lo *no-de-antemano-redimido*? ¿No es el tiempo su obstáculo insuperable? Pero, ¿cómo se configura el tiempo después de que la sustancia se ha revelado como la imagen que el sujeto ha proyectado tras de sí, a sus espaldas? Allí donde está presente la esencia domina el pasado. No por casualidad recuerda Hegel la conexión que la lengua alemana ha conservado entre la esencia –*Wesen*– y el "pasado" del verbo ser –*Gewesen*–, "puesto que la esencia es el ser pasado, pero pasado sin tiempo (*zeitlos*)".[8] Si es cierto que el tiempo de Dios es el presente eterno que no conoce pasado y fu-

---

[8] *Wissenschaft der Logik* II (*Werke* 6), Francfort del Meno, 1969, p. 13. [Traducción Rodolfo Mondolfo, Buenos Aires, 1974, p. 339.]

turo, no es menos cierto que este eterno presente es para la historia del hombre el *pasado intemporal* que subyace a todo futuro. Más aún: el futuro mismo, el futuro de la historia se abre al hombre –como se aprende en Hegel– sólo cuando ese pasado intemporal deviene el fin último, el "debes" absoluto del ser-hombre. La crítica de Nietzsche a la religión y a la metafísica se lee, por tanto, ante todo, como la crítica de la interpretación del tiempo en el que domina el "pasado". Nietzsche escribe en *Más allá del bien y del mal*, distinguiendo su ideal de filósofo de "aquellos trabajadores filosóficos" que "sobre el noble modelo de Kant y de Hegel" se limitan a "establecer y formular" las "antiguas determinaciones de valores", a "acortar toda longitud, incluso el "tiempo" mismo, y *subyugar* todo el pasado", lo siguiente: "los filósofos auténticos mandan y legislan […] tienden su mano creadora hacia el futuro y todo lo que es y ha sido se convierte para ellos en medio, instrumento, martillo. Su 'conocer' es *crear*, su creación es legislación, su voluntad de verdad es *voluntad de poder*. ¿Existen hoy tales filósofos? ¿Hubo alguna vez tales filósofos? ¿No es *necesario* que haya tales?…".[9] Pero ya la "química de los conceptos y de los sentimientos" ha-

---

[9] [Las obras de Nietzsche se citan por las *Obras completas*. Traducción Pablo Simón (Buenos Aires, 1970, 5 vols.). Se procederá como en n. 2; sigla del caso: *JGB*. Aquí: III, 181; tr. modif.]

bía sido pensada contra la verdad eterna, la verdad que refleja la esencia –la "cosa en sí"–, contra la teleología: "toda la teleología descansa en la circunstancia de que al hombre de los cuatro últimos milenios se lo concibe como hombre *eterno* al que tienden naturalmente desde su origen todas las cosas del mundo. Pero todo ha devenido; *no hay hechos eternos*, así como no hay verdades absolutas".[10]

En el paso de la química de los conceptos a la genealogía de la moral, o bien: en el paso del análisis de los sentimientos singulares y de las singulares ideas morales a la meditación sobre el origen de la moral, se profundiza la relación entre voluntad y tiempo. Nietzsche no se limita a constatar la derivación de la ética de la tradición, sino que se pregunta: "¿Qué es la tradición? Una autoridad superior –responde– que es acatada, no porque ordene lo *útil*, sino sólo porque *ordena*". El pasado, la tradición, están despojados aquí de toda racionalidad, incluso de la basada únicamente en la utilidad. Mandan porque mandan. Esto significa: el poder del pasado se apoya en la voluntad *presente* que lo hace valer. No es la voluntad lo que se basa sobre el pasado, sino el pasado sobre la voluntad. Por eso, a la sabiduría ética que se nutre del pasado, Nietzsche le opo-

---

[10] *Humano, demasiado humano.* I. [(*O.C.*, vol. II). Se procederá como en nota 2. Sigla: M.] Aquí II, 25; tr. modif.

ne la locura de quien se vuelca al futuro: "casi siempre –afirma– es la locura lo que allana el camino al concepto nuevo, rompiendo la coerción de una inveterada usanza y superstición".[11] La sabiduría ética, que es fe en el poder del pasado, es ignorancia de la voluntad actual que sostiene ese poder, es *superstición*. Bien entendidas, la moral de los fuertes, de los señores, de los dominadores, y la moral de los débiles, de los impotentes, de los esclavos, se distinguen por su diferente relación con el tiempo y por su diferente conciencia del tiempo. La locura de los primeros, la *naturalidad* de éstos consiste en no tener un pasado que los condicione, en sentirse ellos mismos condición de todo: por eso son legisladores, portadores de nuevas leyes, de nuevas costumbres, de nueva eticidad. Los débiles no legislan, respetan las leyes ajenas, del pasado, inconscientes de que es su propia voluntad de poder la que mantiene esas leyes. Pero lo que ahora es moral de rebaño, fue en su origen fuerza de señor; lo que ahora es "sabiduría" de siervos, fue en principio "locura" de hombres libres de la superstición del pasado y de la tradición. Precisamente: lo opuesto origina a su opuesto. Del vacío del pasado sale la cadena de la historia.

Pero el pasado está realmente vacío sólo cuando el loco se hace consciente de que Dios ha muerto. Porque

[11] *Aurora* [mismo vol. y procedimiento], pp. II, 682 y 686.

sólo la muerte de Dios rompe todo vínculo, despedaza todo orden. Dios está muerto, Dios permanece muerto, significa: no hay alto ni bajo, delante ni atrás, derecha ni izquierda. No hay más direcciones que las que el hombre es capaz de darse una y otra vez. Nietzsche vivió hasta el fondo esta experiencia de libertad extrema y de extremo peligro a la vez. Y la vivió con conciencia de haber alcanzado un punto del que, una vez pasado, no había ya posibilidad de retorno. En el fragmento que precede al famosísimo del "hombre loco" se lee: "¡Hemos dejado la tierra firme y nos hemos embarcado! Hemos cortado los puentes a nuestras espaldas, y más aún: hemos cortado la tierra tras nosotros". La ausencia de pasado no comporta sólo la libertad ilimitada del futuro, la posibilidad abierta a toda experiencia y tentativa; comporta también la posibilidad de perderse a sí mismos, la posibilidad del naufragio: "A tus lados está el océano: es cierto que no siempre ruge; a veces su superficie es como seda y oro y evocación de bondad. Pero habrá momentos en que sabrás que es infinito y que no hay nada más espantoso que el infinito [...]. ¡Ay de ti si te entra nostalgia de la tierra como si en ella hubiera habido más *libertad*... y ya no existe ninguna 'tierra'!".[12] Es conveniente no dejarse capturar por la retórica de Nietzsche: la muerte de Dios, el ha-

---

12 *La gaya ciencia.* [*OC* vol. III. Sigla: *FW*.] vol. III, p. 139; tr. modif.

ber matado a Dios no es sólo un acto de liberación extrema. Es también el reconocimiento de nuestra extrema pobreza: ¡todavía hoy, en la época del desencanto, es posible la nostalgia de aquella tierra –nunca existida– de nuestro pasado "esencial", "sustancial": divino!

7. Detengámonos ahora a considerar qué tipo de saber comporta la muerte de Dios. Desde luego queda negado todo saber inmediato: tanto el testimoniado *directamente* por los sentidos –la sustancia material– como el testimoniado *directamente* por el pensamiento –la sustancia espiritual–. En un fragmento fechado entre finales de 1886 y la primavera de 1887 leemos: "Contra el positivismo que se atiene a los fenómenos: no hay más que hechos", diría yo: no, justamente lo que no hay son hechos, sino sólo interpretaciones. Nosotros no podemos constatar ningún hecho "en sí". "Todo es subjetivo, decís; pero esto ya es una *interpretación*; el 'sujeto' no es nada dado, es sólo algo añadido con la imaginación, algo que se pega después. ¿Es, en fin, necesario seguir poniendo al intérprete por detrás de la interpretación? Ya esto es invención, hipótesis". En *Más allá del bien y del mal* Nietzsche había llegado más lejos: "un pensamiento viene cuando 'él' quiere y no cuando 'yo' quiera; de suerte que decir que el sujeto 'yo' es la premisa del predicado 'pienso' es *desvirtuar* el hecho. *Algo* piensa: pero que este 'algo' sea justamente

ese viejo y famoso 'yo' es, por decir poco, una mera conjetura, una aseveración gratuita; sobre todo, no es una 'certeza inmediata'. En el fondo, ya afirmar que 'algo piensa' es ir demasiado lejos: ese 'algo' implica ya una interpretación del fenómeno y es extraño al mismo" (III, 663-664).

Esta *interpretación* del saber como "interpretación sin texto" pluraliza a aquél en infinitas perspectivas, proyectándolo en todas direcciones. La ausencia de texto da a veces a Nietzsche el sentido de una posesión ilimitada, que impide incluso la percepción de la separación, de la lejanía, de la ausencia de suelo natal. Aun de esto se da cuenta este sutil escrutador de almas en los momentos más recogidos de su reflexión: "Un día llegamos a nuestra *meta*, y entonces hacemos notar con orgullo los largos viajes que hemos hecho para alcanzarla. En realidad, empero, no nos dimos cuenta de que viajábamos. Hemos llegado tan lejos precisamente porque en cada lugar nos hicimos la ilusión de estar *en casa*" (III, 174, modif.). La separación, la lejanía, la ausencia de suelo natal ¿se deben sólo al viaje o quizá también a la meta? ¿No es la *Heimatlosigkeit* el carácter más propio de la *interpretación infinita*? "El mundo —escribe Niezsche— se nos aparece ahora doblemente 'infinito', en el sentido de que no podemos descontar la posibilidad de que *comporte infinitas interpretaciones*. Nuevamente nos recorre el gran estremecimiento; mas ¿quién va a tener ganas de divinizar en seguida, según inveterada práctica, también esta inmensidad de mundo desconocido? [...] Ay, involucra esto desconocido hartas posibilidades *nada divinas* de interpretación, harta diablura, estupidez y locura de interpretación, incluyendo nuestra propia humana, demasiado humana, que conocemos" (III, 272). Realmente, en Nietzsche están presentes dos tendencias opuestas: por un lado la infinitud de interpretaciones y perspectivas, por el otro la unidad del saber como interpretación. Y es que la infinitud del mundo no deja de ser en ningún caso la infinitud de *un* mundo. Por infinitas que sean, las interpretaciones están todas encerradas en él. Y por desconocido que pueda permanecer, en cuanto totalidad de las infinitas interpretaciones —y totalidad gracias a las infinitas interpretaciones— continúa estando presupuesto como la unidad de esta multiplicidad infinita. Pero ¿es de verdad desconocido este mundo? Nosotros hemos aprendido —y hemos aprendido en Niezsche— a darle un nombre: voluntad, voluntad de poder. A veces busca Nietzsche, con un verdadero y auténtico salto mortal del pensamiento, subordinar la propia voluntad de poder —subyacente a toda interpretación y perspectiva— a la interpretación y al perspectivismo, sosteniendo que hasta la interpretación del ser como voluntad es justamente *interpretación* (véase *JGB*; III 669). Pero esta tesis no contrasta con la afirmación-objeción del carácter no perspectivo del perspectivismo, del carácter "metafísico" de la voluntad de poder, sino que refuerza aquélla. El contraste entre la relatividad de las perspectivas de interpretación y el absolutismo de la teoría de la interpretación perspectiva fue vivido por Nietzsche como una contradicción existencial, no puramente "lógica": como el contraste entre dos concepciones de vida opuestas, una abierta al infinito, al experimento, a lo desconocido, y por tanto al peligro, y la otra clausurada en el orden de una inmodificable repetición. No es un azar que en el penúltimo aforismo del libro IV de *La gaya ciencia* se vislumbre el pensamiento más penoso, más pesado para quien ama infinitamente la aventura, el experimento, y por tanto la lejanía del andar errante, la *Heimatlosigkeit*, que es sin duda nostalgia de la Tierra, pero justamente de la Tierra lejana: el pensamiento de que "esta vida, tal como la has vivido y estás viviendo, la tendrás que vivir otra vez otras infinitas veces; y no habrá en ella nada nuevo, sino que cada dolor y cada placer y cada pensamiento y suspiro, y todo lo indeciblemente pequeño y grande de tu vida te llegará de nuevo, y todo en el mismo orden de sucesión, también esta araña y este claro de luna por entre los árboles, y este instante... El eterno reloj de arena de la existencia es dado vuelta una y otra vez, y a ti con él, grano de polvo" (III, 223, modif.). Aquí el conflicto entre orden y libertad, clausura en el pasado y proyección al futuro es llevado al extremo: la repetición no indica la constancia de un cuadro categorial universal dentro del cual puede discurrir la vida "diferente" de los individuos; no: aquí la repetición es tanto del individuo como del universo. ¿Hay un hado más ciego, un orden más cerrado que este círculo de la repetición de lo *igual*? ¿Hay negación más dura de futuro que la de este *anulus aeternitatis*? Ante tal contraste no son posibles medias tintas, acomodaciones "dialécticas". Aquí no hay "tercio" ni "término medio". Eso está rechazado por la misma formulación del contraste. ¿Cómo salir de él, entonces? Sólo con un amor por la vida tan fuerte, tan elevado y puro que venza al pensamiento de la repetición. Y vencerlo no significa alejarlo como hipótesis irreal, sino aceptarlo, asumirlo como el dato más real, como la realísima ley de la realidad; y así, dando peso al propio actuar con el "peso más pesado", hacerlo ligero y hacerse ligeros.

8. Es evidente: la muerte de Dios, la ausencia del pasado ético, religioso, natural-divino no puede significar, para el hombre verdaderamente libre, abandono del pasado. Al contrario, el problema de la redención del pasado se agudiza aún más desde el momento en que ya no es posible re-conocer bajo la apariencia de lo negativo la realidad sustancial, "esencial" de lo positivo, que debe ser llevado a conciencia de sí. No hay libertad para el fu-

turo si no se libera también el pasado. Se le libera, ¿de qué? No del sufrimiento sino de la voluntad *ascética* de darle al sufrimiento un sentido, una justificación. Esta justificación, interpretando el sufrimiento "en la perspectiva de la culpa", ha separado al hombre del mundo, empujando a odiar todo lo corpóreo y ligado a los sentidos, a repudiar la felicidad y la belleza, el deseo, el devenir, a temer la vida. En la voluntad ascética hay una contradicción insanable: ella emplea "la fuerza para obstruir los manantiales de la fuerza"; un amor por la vida que se inclina contra la vida. Pero el asceta no es un género especial de hombre, es el hombre mismo, el hombre histórico. Toda la historia ha estado dominada por el ideal ascético: ésta es la conclusión de la *Genealogía de la moral*. Nietzsche no quiere ser el continuador de tal historia, sino quien le "dé la vuelta". De hecho, Nietzsche opone al ideal ascético del hombre histórico su interpretación laica, terrestre, mundana de la vida, su total aceptación del mundo, del juego del mundo que está hecho de bien y de mal, ser y no-ser, nacimiento, muerte, dolor, sacrificio, y a la vez alegría y placer egoísta. El sufrimiento no es justificado, sino aceptado. Hay que llevar a conciencia el "sin sentido" de la vida y tener a la vez la fuerza de vivir la vida y de amarla. La repetición es eso. O mejor dicho: *debe* ser eso. La repetición es una tarea, la tarea. La tarea de la redención del pasado ascético de la humanidad histórica.

A la mirada de Zaratustra se abre un triste espectáculo: no la historia de hombres, sino de fragmentos de hombres, de hombres mutilados por ideales parciales. Ir más allá de esta historia significa: componer al hombre con estos fragmentos. El futuro más nuevo es la reintegración del pasado. Dice Zaratustra, los ojos fijos en el futuro ya sólo presente para él: "Me muevo entre los hombres como entre los torsos del porvenir: de ese porvenir que presiento. Y todos mis esfuerzos y mi poetizar se guían por el propósito de unir lo que es fragmento y enigma y azar pavoroso. ¡Y cómo podría soportar yo el ser hombre si el hombre no fuera también poeta y descifrador de enigmas y redentor del azar!". Pero el tiempo se opone a la redención: la voluntad "está furiosa porque el tiempo no marche para atrás. 'Así fue', se llama la roca que la voluntad no puede remover". Pero si el tiempo no anda hacia atrás, la voluntad sí que puede ir hacia atrás, y retoma el pasado en su actual querer, que transforma el "así fue" en el "así quise, quiero y querré que sea". "¡Sólo eso puede ser redención para mí!", exclama Zaratustra.[13]

El futuro que Zaratustra contempla no es una dimensión del tiempo; es la totalidad del tiempo. Es el juego del mundo en el que todo, todo el devenir está

---

[13] *Así habló Zaratustra.* [Mismo vol. y procedimiento. Sigla: *Also...*] Aquí: III. 466-468.

presente. Es el presente –el Instante– en el que están pasado y futuro, en el que ocurre todo nacimiento y toda muerte. Es un futuro que no se dispone *más allá* del hoy, sino del tiempo mismo, de su sucesión. Mejor: no más allá, sino *más acá*, pues él es, precisamente, *antes* del tiempo. Es aquello a partir de lo cual el tiempo se temporaliza: el lugar en el que el tiempo se distiende estáticamente.

A este lugar que está antes del tiempo se llega *desde* el tiempo. La voluntad que quiere el retorno traspasa el tiempo y llega al Instante. Y aquí ocurre la mutación radical. Dirigiéndose al cielo –donde se distribuye el tiempo: "y los días, las noches, los meses y los años, que no estaban antes de que el cielo naciera" (Platón, *Timeo* 37 d-e)– dirigiéndose al cielo, Zaratustra declara: "Mas yo bendigo y digo sí siempre que tú me rodees, ¡oh puro y luminoso, oh abismo de luz!; entonces llevo mi bendición y decir sí aun a todos los abismos". En el instante eterno del juego del mundo no hay sitio para condena y maldición. La negación –incluso la negación del sufrimiento– pertenece al pasado histórico ya superado: "He llegado a bendecir y decir sí: durante largo tiempo luché y forcejeé por tener un día las manos libres para bendecir" (III, 489-90).

Queda por preguntarse si esta bendición ilumina y redime a todo el pasado o si queda algo fuera del círculo de luz del Instante; algo que con su irregular presencia contradiga la redención, la eternidad del instante, el anillo nupcial del retorno.

9. Hay dos "tiempos" distintos en la doctrina nietzscheana: el "ascético" de la sucesión ligada a la roca del *es war*, y el "dionisíaco" del círculo eterno, del Instante. Para que sea redimido, el primero debe resolverse completamente en el segundo. ¿Es ello posible?

Como se ha dicho, al Instante se llega *desde* el tiempo de la historia ascética de la humanidad. Aun cuando el Instante comprenda *todo* el tiempo –el pasado, el presente y el futuro– el tiempo ascético es "antes" del Instante, *ónticamente antes*, en el sentido de que es la "superficie" que hace falta atravesar para llegar a lo "profundo" del tiempo circular eterno. Este tiempo ascético puede desaparecer con la llegada del Instante, pero no ser *redimido* en él. La misma diversidad de planos hace necesaria esta conclusión. La cosa se puede decir también así: el pasado que es redimido no es el que fue, sino el que se quiere nuevamente; no el pasado ascético de la interpretación ascética, sino el pasado ascético de la interpretación dionisíaca. La redención cambia el pasado: el pasado *deviene* redimido; no lo es, no está ya de siempre redimido el pasado –al menos– vivido en superficie, en la superficie de la historia ascética.

Más aún: la distinción entre los dos planos del tiempo, que presupone una única realidad –la voluntad de poder–, hace del pasado algo muy semejante a la sustancia hegeliana. El pasado de la historia ascética, de hecho, es un pasado inconsciente de su "en sí", de su ser como voluntad de poder. La interpretación dionisíaca, laica, terrestre no tiene más tarea que la de llevar lo inconsciente a conciencia. El intérprete –el intérprete dionisíaco– no "crea", sólo revela. Bendice, y puede bendecir, porque no es "poeta". Contempla, no opera. Es más: se limita a contemplar el paisaje de la voluntad consciente de sí, no la región de la voluntad inconsciente y ascética, ya que esta región está ya a sus espaldas, es el territorio abandonado desde siempre. Desde siempre, si el Instante es eterno, si comprende todo el tiempo. Ni siquiera Zaratustra está satisfecho de la redención de la eterna circularidad. Él advierte que esta redención le empuja hacia abajo. Realmente, ella pertenece más al espíritu de gravedad, al enano, que a él. Lo que al enano conviene es la bendición que no crea; a Zaratustra, la lucha. Y la lucha, no sólo antes del decir sí que bendice, sino también durante y después de este decir. Durante: basta ver cómo rechaza la verdad del enano. Después: basta leer lo que dice Nietzsche en *Ecce Homo* al presentar *Más allá del bien y del mal*: "Una vez cumplida la parte afirmativa de mi tarea, le tocaba el turno al decir no, *hacer no*".[14]

---

[14] Vol. IV de *OC*, vol. IV, p. 351.

Ahora bien, si hay algo dicho con claridad extrema es esto: que el Instante de Zaratustra no es eterno. Así le habla él al enano: "Y si todo ha existido ya una vez, ¿qué piensas, oh enano, de este instante? ¿No debe haber existido esta puerta ya una vez?" (*Also...* III, 483, modif.). El Instante, la puerta de entrada donde se encuentran el pasado y el futuro, es también arrollada en el tiempo, está en el torbellino del tiempo. Si el eterno retorno no ha dejado de ser un pensamiento tremendo se debe a que no expresa la eternidad pacificada de un instante en el que todo es redimido, sino la fuga del tiempo que todo lo arrolla en sí, lo disipa y pulveriza: la fuga que todo lo consume: el instante como "esta araña, como el claro de luna entre los árboles". Todo, *incluso a sí mismo*. La voluntad podrá tomar sobre sí incluso la tarea inmensa de la redención, pero el instante en el que todo es redimido será también arrollado por el torbellino. Sí, es cierto: el círculo astral lo traerá todo otra vez infinitas veces. Todo: lo redimido y lo no redimido, tanto lo uno como lo otro sin distinción, sin diferencia. ¿Qué sentido tiene entonces hablar de redención?

Así pues, también del eterno retorno hay dos interpretaciones en Nietzsche. La una refleja la interpretación de la voluntad de poder como un todo y repite en último análisis, en el círculo inconsciente-conciencia, la relación hegeliana sustancia-sujeto; la otra refleja la interpretación de la voluntad como infinitud de perspectivas: infinitud sin centro, sin orden. Al rechazar la primera, adscribiéndola al espíritu de gravedad, Nietzsche (aunque no desde luego sin vacilaciones, incertidumbres ni contradicciones) hizo suya la segunda, que atribuyó a Zaratustra. Pero no ocultó ni se ocultó a sí mismo el hecho de que en el torbellino del tiempo no se da redención ni es posible redención.

10. Después de haber confesado su pavor ante sus propios pensamientos, Zaratustra recuerda: "de pronto oí aullar, muy cerca, a un perro". El aullido le lleva a la infancia remota. Es la primera seña de la ausencia de tierra natal, actualizada en y por la memoria. Le sigue una segunda, ya no sólo imaginada, fantaseada y realizada en el recuerdo. Lo que ahora se muestra es la ausencia misma, real, de suelo natal, al preguntarse Zaratustra: "¿Dónde había ido a parar el enano? ¿Y la puerta? ¿Y la araña? ¿Y todo el susurro? ¿Había estado soñando? ¿Me habría despertado? Heme aquí de repente entre escarpados acantilados, solo, bañado en el más tétrico claro de luna" (III, 484, modif.). El enano, el espíritu de gravedad, indica claramente la historia pasada y su redención; la puerta de entrada era el tiempo; la araña y el susurro, la realidad, o quizás el sueño. De todo eso estaba ahora lejos Zaratustra: lejos sobre todo de la historia y del tiempo, fueran realidad o sueño. El

lugar en que se encontraba, desoladamente solitario. Y aquí tuvo la horrible visión de un pastor al que "una gruesa serpiente negra le colgaba de la boca" y que rodaba "sofocado, convulso, en trance de ahogarse". En primer lugar Zaratustra intentó sacar la serpiente de la boca del pastor, en vano. Después gritó: "¡Muerde! ¡Muerde!" El pastor mordió, escupió la cabeza de la serpiente "y se puso en pie de un salto. —Ya no era pastor, ya no era hombre, sino alguien transfigurado, nimbado de luz, que reía. ¡Nunca hombre alguno había reído así!" (III, 485).

Adentrarse en la simbología nietzscheana es sin duda difícil; el intérprete se encuentra al final siempre insatisfecho, al advertir que tras su lectura se ocultan otros significados más profundos, más verdaderos. Pero por muchos significados que aún, y siempre, quepa añadir, la serpiente, como símbolo de la tentación, es en nuestra civilización una imagen demasiado antigua y enraizada como para no haber ejercido igualmente su sugestión en Nietzsche. Símbolo de tentación, pues, y de la tentación que incita al pecado de la conciencia, de la distinción del bien y del mal. El pastor que corta la cabeza de la serpiente y la escupe lejos, el pastor que ya no es tal ni es ya hombre, simboliza el retorno a la inocencia, antes del pecado. Es la inocencia del viviente, la inocencia de la naturaleza que es "antes" de la historia. Es un retorno a la inocencia de la locura, pero esa locura que no genera historia ni crea leyes nuevas y nuevas costumbres, nuevos valores y nuevas jerarquías. Es la locura que no conoce pasado ni futuro porque, como el animal o la planta, vive en el presente sin tiempo del no saber, ignorante de su origen, ignorante de su fin. Zaratustra dice, recordando la risa del pastor: "Me consume la nostalgia de esa risa: ¡cómo soporto todavía la vida! ¡Y cómo soportaría ahora la muerte!" (III, 485, modif.). Zaratustra intentó superar esa nostalgia, soportar la vida cantando las alabanzas del nupcial anillo de los anillos, el anillo del retorno. Nietzsche que, más profundamente aún que Zaratustra, sentía y sufría el amor por la eternidad, consciente de que el canto no derrota al tiempo, desechó incluso la última máscara e intentó la aventura extrema, esa de la cual no hay retorno. Al igual que el pastor, mordió la cabeza de la serpiente y la escupió lejos. Era la tarde del 3 de enero de 1889.

11. En el discurso sobre la Redención, Zaratustra afirma que el espíritu de venganza −origen de todo plus "ascético" de sufrimiento− surge de la aversión de la voluntad contra el fluir del tiempo. Reflexionando sobre el eterno retorno como liberación del espíritu de venganza, Heidegger, en su ensayo quizás más profundo y congenial sobre Nietzsche, se pregunta si en esa liberación no juega un querer todavía no liberado, o al

menos no completamente liberado; si en esa redención no se oculta un espíritu de venganza aún no redimido, o no completamente redimido, por mucho que esté "supremamente espiritualizado". En apoyo de su interrogación, Heidegger cita precisamente un fragmento de Nietzsche perteneciente a los esbozos del Prólogo a *La gaya ciencia:* "hay venganza, y venganza sobre la vida misma, cuando un hombre que sufre mucho toma la vida bajo su protección".[15]

Para Heidegger, en el origen del fracaso de la redención nietzscheana del querer –y de la historia– está la aceptación de un inadecuado concepto del "tiempo". Nietzsche, como también toda la tradición metafísica de Occidente, ha entendido el tiempo sólo como "pasar" –como *movimiento*, por tanto–. La pregunta de Heidegger se concentra por ello en el "tiempo", en la *esencia* del tiempo, a fin de llevar todo lo aún impensado en la doctrina de Nietzsche del eterno retorno y del *Uebermensch* a la claridad del pensar, del *andenkendes Denken*.

12. El *Leitwort*, la palabra-guía del último Heidegger, es *Ereignis*. El *Ereignis* no indica un evento o un suceso, sino que define la relación del hombre al ser y del

---

[15] *Wer ist Nietzsches Zaratustra?*, en: *Vorträge und Aufsätze.* I (Pfullingen, 1967), pp. 93-118 [la cita nietzscheana, en p. 114].

ser al hombre. Si se quiere, define el *acaecer*, el *evento* de esta relación. Pero, precisa Heidegger, "la palabra es ahora usada sólo como singular".[16] El *Ereignis* de la relación ser-hombre no sigue el orden numérico, sino que es único, *singular*. Y sin embargo, ¿no se relaciona el hombre con el ser y el ser con el hombre *históricamente*? ¿No son múltiples y diversas las "figuras" de la apropiación-transpropiación (*Zueignen-Vereignen*) del hombre al ser y por el ser, del ser al hombre y por el hombre, es decir, las "figuras" del *Ereignis*? ¿Cómo se concilia la unicidad del *Ereignis* con la multiplicidad de las *figuras epocales* en las que se muestra (ocultándose)? Un pasaje de *Der Satz vom Grund* responde a esta pregunta: "Las épocas no pueden deducirse unas de otras ni disponerse a lo largo del itinerario de un proceso ininterrumpido. Si bien entre las varias épocas hay una tradición, ésta no pasa, sin embargo, entre ellas como un hilo que las ata, sino que llega, cada vez, desde lo oculto del destino, igual que de un manantial surgen muchos riachuelos que alimentan a un río que está en todas partes y en ningún lugar".[17] Heidegger excluye por tanto una relación directa entre las distintas épocas. Están en relación porque derivan del mismo origen. Pero este origen –lo oculto del destino– no está en

---

16 *Identität und Differenz*, Pfullingen, 1957, p. 29.
17 Pfullingen, 1971, p. 154.

el mismo plano que ellas. El origen está en el fondo, al fondo. Como el manantial de un río. El pasaje habla –claro está– contra Hegel. Pero es preciso entender esto. Se ha dicho[18] –y hasta repetido a menudo– que la *Seinsgeschichte* es la *Weltgeschichte* hegeliana con el signo invertido: allí donde para Hegel lo verdadero es el Resultado, para Heidegger es el inicio. Nada más inexacto. Lo originario, la "verdad", no está para Heidegger en un punto de la historia (por más que en un punto de la historia se pueda haber manifestado en mayor o mejor medida que en otros sitios). Lo originario está "más acá" de la historia. Con referencia a Hegel, esto significa: el origen del que habla Heidegger no es comparable con la Sustancia. Heidegger sabe bien, e incluso demasiado bien, que la sustancia hegeliana no es más que sujeto, por más que sea un sujeto despotenciado, un sujeto aún no consciente de sí que tiende a la autoconciencia absoluta. El *Schritt zurück*, el paso atrás de Heidegger no es precisamente una simple *Umstülpung*, una mera inversión de la *Aufhebung* hegeliana. Es otra cosa. Es el movimiento de dislocación del pensamiento del plano de la sucesión histórico-temporal.

En este punto, la conferencia de 1962 sobre *Zeit und Sein*[19] reviste fundamental importancia. Heidegger

---

[18] Véase P. Chiodi, *L'ultimo Heidegger*, Turín, 1960, p. 48.
[19] En *Zur Sache des Denkens*, Tubinga, 1969, pp. 1-25.

empieza observando que es impropio decir: el ser *es*, el tiempo *es*. Propiamente, sólo el ente *es*, o sea: participa del ser. Tiempo y ser no son entes. Así pues, no cabe decir: el ser es, el tiempo es, sino: *Es gibt Sein, Es gibt Zeit*. *Es gibt*: "Se da". Se da tiempo, se da ser. Tiempo y ser son la *Gabe*, la donación, la consecuencia de un *Geben*, de un dar-donar. *Es gibt Zeit, Es gibt Sein*: Ser y Tiempo son dones. Son donados, dados. ¿Por quién? ¿Quién o Qué se oculta en el *Es* de *Es gibt Sein, Es gibt Zeit*? Pero antes de eso, incluso: ¿qué significa que tiempo y ser sean donados, dados? Ante todo, esto: ellos *acaecen*. El acaecer de Ser, el acaecer de Tiempo indica la ausencia de toda teleología. No hay un fin de su acaecer. Ellos simplemente *están ahí*. Podemos pues traducir *Es gibt* con nuestro "hay" (según el uso corriente del lenguaje). Esto significa: si el ser-dado de Ser y Tiempo se entiende como donación, *Gabe*, ésta se entiende a su vez como algo "dado". Heidegger insiste en el carácter de envío, de destino (*Geschick*, de *Schicken*: destinar) de la donación del tiempo y del ser; insiste pues en su carácter *facutal*, en su *estar*. ¿Hay tiempo, hay ser, pues? ¿Pero cómo? ¿Cómo *hay* tiempo? El tiempo auténtico no es la sucesión de puntos-ahora (*Jetzt-Punkte*). El tiempo auténtico, real, es la unidad auto-extendida de pasado, presente y futuro. El futuro, en su ausencia, nos atañe, nos concierne, viene hacia nosotros: se tiende de antemano (protensión) hacia el presente. En cuanto ausente se hace presente (*anwest*): es Presente (*Anwesen*). Igualmente lo-que-ha-sido, *das Gewesene*, el pasado –que nunca es sólo *vergangen*, transcurrido– está también tendiendo al presente; también él, en cuanto ausente, está en el Presente (*Anwesen*). De la misma manera el presente, *Gegenwart*, que une pasado y futuro, en tension hacia el pasado y el futuro no es mero instante, un momento fugaz siempre imperceptible: también él es *Anwesen*, Presente, está en la Presencia que no pasa sino que está. En la Presencia constante, permanente. El tiempo pues, en la totalidad de sus *ek-stasis*, no sale nunca del círculo de lo eterno, del *anulus aeternitatis*, tal como había intuido el pensamiento más profundo de Nietzsche. No sale nunca del Ser. ¿Es entonces el Ser el continente del Tiempo? La relación puede ser invertida, si se observa que la Presencia permanente –el Ser– es una determinación del Tiempo. ¿Cuál es entonces la relación (*Sachverhalt*) entre Ser y Tiempo?

El juego de los tres desplazamientos temporales en el cual y por el cual se actúa la extensión (la unidad auto-extendida) del tiempo, suplica una *cuarta dimensión*: el *Zeit-Raum*. El espacio-del-tiempo donde sucede el juego *ek-statico* entre pasado, presente y futuro. Cuarta dimensión que es en verdad la *primera*, si es que es ella la que hace posible este juego del tiempo. *Zeit-Raum* (:*espacio* de tiempo); el término es absolutamente propio: él es el lugar del tiempo, el dónde *pre-espacial*. Pre-espacial en el sentido de que es el apriori del espacio del tiempo. El *Zeit-Raum* es lo que concede (*einräumt*) espacio al tiempo, lo que hace posible la *extensión* del tiempo. Hace falta distinguir pues entre el espacio abierto del juego de las extensiones temporales (la extensión que se extiende del tiempo) y el espacio que consiente esas extensiones. El primero es el espacio del ser tal como cada vez se determina e ilumina. Es la Presencia tal como se con-figura epocalmente. El ser en cuanto φύσις, ἰδέα *Causa sui*..., *Gegenständlichkeit*, *Wille zur Macht*. Todas estas determinaciones epocales del ser son determinaciones temporales en el sentido antedicho. El otro espacio, el espacio que es el lugar del tiempo, es la dimensión más profunda, en la que ocurren las distintas mutaciones epocales del ser. Este "espacio" es verdaderamente "pre-espacial", porque es *antes* (ontológica, no temporalmente) que cualquier configuración-iluminación epocal del espacio del ser. Esta distinción nos permite comprender mejor el entramado de relaciones entre tiempo y ser, que es variadamente articulado y complejo. Ser es tanto la Presencia epocalmente definida en el juego y por el juego de los desplazamientos temporales –y en este significado "ser" deriva de "tiempo"– como el lugar pre-espacial del juego del tiempo –y en este significado Ser tiene en sí Tiempo–. Pero lo que importa no es fijarse en los nombres y las denominaciones;

importa más bien ver cómo se configuran las relaciones entre el ser abierto-iluminado del juego del tiempo y el ser que es el espacio abierto al juego del tiempo. Ante todo hay que poner esto de relieve: el espacio abierto al juego del tiempo no está "en movimiento". Y no lo está porque es en él donde ocurre todo movimiento, incluyendo el movimiento lento, lentísimo, de la sucesión de las épocas. En el *Zeit-Raum* están, pues, todas las épocas, todos los horizontes de sentido que, de vez en vez, en el interior de las distintas épocas, definen las relaciones, combinaciones, derivaciones y distancias entre ellas. Toda época es una 'figura' de este espacio que a todas con-junta y a todas contiene. Múltiples son las épocas como múltiples los riachuelos que alimenta el río que está en todas partes y en ningún lugar. En ningún lugar, por ser el lugar de cada lugar particular. Toda época, pues, anuda su hilo al de las demás, cada una a su manera. Pero el hilo no lo toma cada una de las demás, sino del lugar que ocupa en el espacio del tiempo. Este espacio es entonces el ámbito de toda historia, y de toda filosofía de la historia. También, pues, de la última, la más reciente: la *Seinsgeschichte*, la historia del ser, cuyo hilo rojo –o tradición, o "sentido"– es el olvido del ser y cuya meta es la *Ueberwindung der Metaphysik*. De eso parece Heidegger plenamente consciente cuando, en la conclusión de *Tiempo y ser*, afirma que hay que pensar el ser sin retornar a la metafísica, ni siquiera para superarla. "Se trata —escribe— de abandonar la superación de la metafísica y de dejar ésta a sí misma" (p. 25). El pensamiento del último Heidegger pasa, pues, imperceptiblemente de la hermenéutica a la topología. En la hermenéutica hay aún demasiado historicismo: en la hermenéutica es aún demasiado estrecha la unión del pensamiento con la historia como movimiento en el tiempo. La topología sigue en cambio los movimientos de la historia en la cuarta dimensión del tiempo, en el *Zeit-Raum*. El trazado —o mejor: los múltiples trazados— que describe la topología forman el mapa de los lugares "ideales" —*los tópoi*— del ser. Estos *tópoi* son las épocas: figuras históricas, no sucesos o momentos; no períodos de tiempo ni hechos que surgen y perecen, sino figuras ideales, esencias, *eidé*. Comprender históricamente es llevar el hecho al *éidos*. Y ello, desde luego, sin disolver tal hecho en una universalidad vacía, sino captando su individualidad, determinada y singular, como "esencia". Se trata de *asumirlo* como hecho que nace y muere, y cuyo nacimiento es ya destino de muerte; asumirlo es relevarlo del movimiento del tiempo y disponerlo en el espacio quieto del tiempo, en el *Zeit-Raum* que recoge y contiene a todo tiempo. Ahí está la redención. La topología del ser histórico reivindica de este modo su proximidad a la fenomenología eidética. La topología es la ontología fenomenológica de la redención.

El espacio de la historia, la cuarta dimensión del tiempo que redime al tiempo del movimiento del nacer y del perecer, aproxima la historia a la naturaleza. Así como en ésta convive lo orgánico con lo inorgánico, lo animal con lo vegetal, lo vertebrado con lo invertebrado, así en el *Zeit-Raum* convive toda época con las demás. Cada una en su propio espacio histórico. Redimidas por el tiempo, Roma y Cartago viven cada una en su propio lugar ideal. Roma y Cartago, mas también su conflicto. La redención es precisamente esto: la transposición a lo eterno de lo que se mueve en el tiempo, de todo lo que se mueve en el tiempo.

Un pensamiento de Nietzsche –del Nietzsche del período "ilustrado"– asoma a la memoria: "Las distintas *culturas* son climas espirituales dispares, cada uno de los cuales es específicamente perjudicial o beneficioso para el organismo. La *historia* en su conjunto, en cuanto conocimiento que se tiene de las distintas culturas, viene a ser como la *farmacología*, pero no es la ciencia misma de la terapéutica. Hace falta aún el *médico* que se sirva de esa disciplina de los remedios para enviar a cada cual al clima que le conviene, temporalmente o para siempre. Vivir en el presente, dentro de una sola cultura, no basta como receta universal; bajo tales condiciones se extinguirían demasiadas especies utilísimas de hombres que no pueden prosperar en ella. Con la historia hay que procurarles desahogo y tratar de preservarlos; también los hombres de culturas atrasadas tienen su valor propio" (*M. II*, II, 603). El *Zeit-Raum*, el espacio del tiempo y de la historia, lo acoge todo: es el lugar de cada época y de cada horizonte de sentido. De cada valor. Es lo Abierto: el espacio de la libertad. En él no es posible ninguna constricción. Ahora se comprende en qué sentido es el "Hay" del tiempo y del ser una *donación*. Es la donación de la libertad. Frente al acaecer del tiempo, del *Ereignis* del tiempo: del "haber" tiempo, no hay para el hombre otra actitud que el abandono, la *Gelassenheit*. El abandono a la donación de la libertad que redime. Redime de la precariedad del ente, del tiempo, de la historia. El espacio que todo lo acoge no es la "doctrina de los remedios" ni la ciencia de la curación. Es ya la curación misma.

¿Qué queda por decir? Sólo esto, afirma Heidegger: *das Ereignis ereignet*. La supremacía de la tautología indica la *pietas* del pensamiento que se remite al Ser en cuanto destino de salvación. El pensamiento del *Ereignis* –su tautología suprema– es la redención.

Un escritor muy querido por Nietzsche, y que Heidegger recordaba entre sus lecturas fundamentales de los años 1910-1914:[20] Dostoievski, había concebido un pensamiento singularmente afín: "Todo está bien, todo.

---

[20] Véase *Frühe Schriften*, Francfort del Meno, 1972, p. x.

Cualquiera que sepa que todo está bien es feliz. Si los hombres supieran ser felices lo serían, pero mientras no lo sepan son infelices. ¡He ahí la idea, tal cual, no hay otra! [...] Yo le dirijo mis oraciones a todo. Mirad: si una araña trepa por la pared, yo la contemplo y le estoy agradecido porque trepa". Quien habla es Kirilof, uno de los demonios. Alguien que viene tras la muerte de Dios. Es el *Uebermensch*, el ultrahombre, el de la decisión extrema. Pero la decisión extrema no es el suicidio. Kirilof afirma, antes bien, su ilimitada libertad al sostener que: "cuando cada hombre haya alcanzado la felicidad, no habrá ya tiempo, porque no habrá necesidad de él".[21] El abandonarse a las cosas, el abandonarse al Ser, la aceptación del todo como *donación* presupone la más grande de las decisiones, la fundamental —la que está en la base del saber que libera, que redime—. Del saber por el cual todo está bien, todo es donación: la araña que trepa por la pared, el hombre que muere de hambre, la acción que ultraja y deshonra y la que castiga o perdona... En el espacio de la muerte de Dios, ver el orden donde reina el conflicto es el fruto de una decisión. Todo puede ser donación y bien, salvo el saber que todo es donación y bien. Este saber que está en el fondo de todo requiere una decisión: es una deci-

---

[21] Véase "...*dichterisch wohnet der Mensch*...", en VA II, 61-78; esp. pp. 77 y ss.

sión que nace de repente: cuándo, no importa. Dostoievski subraya la gratuidad de esta decisión. Nada explica, nada puede motivar esta decisión que es el saber que bendice. Porque es este saber el que todo lo explica, el que a todo da una explicación, aunque sea la explicación de la donación. Pero ¿no es precisamente contra este voluntarismo extremo, contra el decisionismo contra lo que habla el último Heidegger, el Heidegger que pronuncia la sublime tautología: "*Das Ereignis ereignet*"?

13. El discurso versa ahora sobre el *Es* del *Es gibtSein*, del *Es gibt Zeit*. Heidegger distingue el *Es* de la *Gabe*, de la donación del ser y del tiempo. Distingue el *Es* del acaecer, del destino del ser y del tiempo. El *Es* del "Hay" tiempo y ser. Hemos distinguido anteriormente entre el espacio abierto por el juego del tiempo y el espacio abierto al juego del tiempo. El *Es* no es el primero, no es la donación: no es ninguna "figura" del ser y del tiempo φύσις, ἰδέα... *Wille zur Macht, Gestell*). Pero tampoco es el segundo: el *Geben* o *Schicken*, el haber tiempo y ser, la Presencia constante, el espacio móvil de cada figura en movimiento. Lo que del *Ereignis* precisamente *entziehtsich*, lo que se sustrae, es el *Es*: el fondo escondido del espacio que está a la luz. ¿O es Otro? La pregunta es decisiva. Porque si es Otro, si es lo Otro que envía y destina, que dona, que se vuelve al hombre y lo interpela: el

Otro que da al hombre no sólo la donación del envío sino también la donación de la "posibilidad-capacidad" de acoger la donación misma, si el *Es* es eso Otro, entonces ello se parece en demasía a la Sustancia, a la Naturaleza divina, al *Deus absconditus* de la tradición metafísica. Quizás no sea una Sustancia que tiende a devenir Sujeto, a hacerse Conciencia, porque es un Dios que, como la φύσις de Heráclito, χρύπτεδθαι φιλεῖ incluso en la manifiesta apertura del cielo; pero no por ello deja de ser Esencia, *Wesen* y, por tanto, Fundamento. Como tal la lógica de Occidente, la lógica metafísica lo ha capturado ya de siempre en la trama de sus relaciones categoriales, en el nexo del juicio, del silogismo... Lo ha sustraído ya de siempre a su alteridad, remitiéndolo a lo Mismo, a la Identidad del concepto. ¿Quizás pueda apuntar a esto la sublime tautología del *Ereignis*? No queda entonces sino afirmar que el *Es* del *Es gibt Sein* es el lado oculto del espacio abierto al juego del tiempo. Es la λήθη de la Ἀλήθεια Pero la λήθη es pensada de verdad como tal. El fondo escondido es el espacio vacío de la muerte de Dios. El espacio vacío: la Nada. Pero no la Nada como posibilidad posibilitante, sino la nada como *Nihil negativum*. Y aquí el último Heidegger remite al primero como a la verdad de sí mismo.

14. La verdad del primer Heidegger es el ser como tiempo. Es la primacía, el *Vorrang* del tiempo. Primacía

que no es negada en absoluto sino, muy al contrario, puesta de relieve por el último Heidegger. Esto se entiende, obviamente, sólo si se consigue concebir el tiempo no sólo como "movimiento", sino ante todo como "origen" del movimiento. A saber, si se entiende que el origen (escondido, enigmático) del tiempo es tiempo. Que es tiempo –tiempo originario– la determinación primaria del tiempo: la *Gewesenheit*. La *Gewesenheit*, el haber-sido, con el que se abre la *Grundbefindlichkeit* de la angustia. Ya esto revela que la determinación originaria del tiempo es la Nada: el *Nihil negativum* del espacio vacío de la muerte de Dios. Y la angustia –que abre a la Nada– remite a la vez al hombre a la decisión. A la decisión por el Ser, sea cual sea o pueda ser el espacio abierto e iluminado de este Ser: el del libre juego del niño divino en el que todo es donación: azar y necesidad, orden y conflicto; o bien el otro espacio, el opuesto: el espacio del Ser como límite y valor, voluntad de poder y jerarquía.

La decisión por el Ser es el tiempo. Mejor: es la temporalización del tiempo, que puede asumir las formas o "figuras" más diversas, todas igualmente legítimas, porque todas emanan de una decisión inicial que es *ohne warum*, sin motivación. También el tiempo de la sucesión de los puntos-ahora, el tiempo del historicismo y del microhistoricismo: el tiempo de la irrelevante cronología, es un tiempo "decidido", y válido para la decisión, legítimo. Lo que se discute al historicismo no es la decisión por el tiempo lineal, por el tiempo-sucesión, sino la ignorancia de lo que ese tiempo presupone. La ignorancia de "su" decisión. La incapacidad de poner en cuestión la pretensión de verdad de "su" tiempo, del tiempo del que "hace uso". La grandeza de Weber está en eso: en haber lanzado al menos esa interrogación.

Ahora hace falta que esto quede absolutamente claro: que sólo el final de la historia, acontecido con la muerte de Dios, con la "ruptura" del círculo ético-religioso entre Sustancia y Sujeto, es quien lleva al nacimiento del historicismo. Un límpido testimonio de ello es la afirmación quizá más conocida de Weber: "La 'cultura' es una sección finita de la infinitud –carente de sentido– del devenir del mundo, a la cual se le atribuye sentido y significado desde el punto de vista del hombre".[22]

He aquí la consciencia del límite y la soledad del pensamiento. Ante el hombre no hay una naturaleza ordenada, inclinada o que incline al orden. El *Cogito* tiene ante sí al espacio vacío. El vacío, no el lugar natural de las cosas; no el espacio de la "proximidad", donde es posible reconocer lo otro en el interior de lo Mismo. El espacio del hombre es sólo el lugar de los

---

[22] *Op. cit.*, p. 96.

convencionalismos, más o menos duraderos, siempre *ohne warum*. Entre estos convencionalismos está el del tiempo histórico: el orden de la sucesión. Este orden no tiene más valor que el que la geometría tuvo: el orden matemático que Descartes pretendió imponer al espacio vacío. La oposición de Heidegger a Descartes, a la concepción cartesiana del mundo, nace del intento de descubrir, bajo el espacio convencional de la geometría, la realidad ontológica del espacio: bajo las matemáticas, la naturaleza, la φύσις. Pero si el libro de la naturaleza no está escrito con signos matemáticos, tampoco consiente lecturas mito-poiéticas. El *Es* del *Es gibt Sein* —ya se ha visto— remite a la *Unbedeutsamkeit der Welt*, a la insignificancia del mundo de que habla *Ser y tiempo*, pues de otra manera no sería sino la última variante del viejo Dios de la metafísica. Que Heidegger sintió profundamente, trágicamente, el sentido del vacío de Dios, queda testimoniado entre otras cosas por la afirmación que da título a la entrevista concedida a *Der Spiegel: Nur noch ein Gott kann uns retten*.[23] No hace falta subrayar que esta afirmación ha sido dictada por la "nostalgia de la Tierra", de la Tierra perdida o abandonada. Hay que poner en cambio de relieve que esa Tierra por la que se siente nostalgia no es la Patria

---

[23] La entrevista, de 1966, ha sido publicada en forma póstuma, por expresa condición de Heidegger, el 31 de mayo de 1976.

olvidada que hay que redescubrir, sino el lugar que siempre tenemos ante los ojos: el lugar de la metafísica. El problema, hoy, no está en afirmar –o en gritar, casi para esconder el propio miedo y la propia nostalgia–: "¡Ya no existe ninguna tierra!" Está más bien en preguntarse de forma nueva sobre el sentido de esa tierra y sobre lo que ella cubre. Está en preguntarse, en efecto, por la "posibilidad", por aquello que haya hecho posible la diferencia-decisiva de la que ha nacido el pensamiento metafísico, y en preguntarse cómo la ha hecho posible. Ahora bien, la diferencia-decisiva, la "posibilidad" de ésta, implica que exista ya un "límite" que separe el *Cogito* del espacio vacío. Lo que hay que poner en cuestión es precisamente ese límite. ¿Es él mismo lo originario? ¿Y en qué sentido es "originario"? El límite que separa al *Cogito* de la Nada, ¿no determina a la Nada, no la define, no la traduce en Ser? ¿Acaso es el Ser más originario que la Nada (el espacio vacío), que el *Cogito* y que el límite entre ellos? ¿Y cómo se debe entender este Ser que es más originario que el límite, este Ser en el que desaparecen todas las distinciones? ¿No es él, y justamente él –el Ser–, la nada del Cogito? ¿Cómo hay entonces *Cogito*: origen, nacimiento del pensar? Está claro que el problema no es "histórico", sino genealógico. Lo que se le pide al pensar es el esfuerzo de una *Er-innerung* que vaya mucho más allá de toda historia... si es que ha de saltar más allá de la propia diferencia-decisiva de la que nace la historia.

Una vez más hace el *Cogito* experiencia de su soledad. *Freilich ist es seltsam, die Erde nicht mehr zu bewohnen...* ("Ciertamente es extraño, no habitar ya la Tierra...")

CAPÍTULO III

Thomas Mann y Ernst Jünger: Entre mito y abstracción

1. De *El nacimiento de la tragedia*, de Nietzsche, § 23:

Toda cultura (*Kultur*), si le falta el mito, pierde su fuerza natural sana y creadora: sólo un horizonte rodeado de mitos otorga crecimiento y unidad a un movimiento cultural entero. Sólo por el mito quedan salvadas todas las fuerzas de la fantasía del sueño apolíeneo de su andar vagando al azar. Las imágenes del mito tienen que ser los guardianes demónicos, presentes en todas partes sin ser notados, bajo cuya custodia crece el alma joven, y con cuyos signos se da el varón a sí mismo una interpretación de su vida y de sus luchas: y ni siquiera el Estado conoce leyes no escritas más poderosas que el fundamento mítico, el cual garantiza su conexión con la religión, su crecer a partir de representaciones míticas.

Confróntese ahora con esto el hombre abstracto, no guiado por mitos, la educación abstracta, las costumbres abstractas, el derecho abstracto, el Estado abstracto; recuérdese la divagación carente de toda regla, no refrenada por ningún mito patrio, de la fantasía artística: imagínese una cultura que no tenga una sede primordial fija y sagrada, sino que esté condenada a agotar todas las posibilidades y a nutrirse mezquinamente de todas las culturas –eso es el presente, como resultado de aquel socratismo dirigido a la aniquilación del mito. Y ahora el hombre no-mítico está eternamente hambriento, entre todos los pasados, y excavando y revolviendo busca raíces, aun cuando tenga que buscarlas excavando en las más remotas Antigüedades. El enorme apetito histórico de la insatisfecha cultura moderna, el coleccionar a nuestro alrededor innumerables culturas distintas, el voraz deseo de conocer, ¿a qué apunta todo esto sino a la pérdida del mito, a la pérdida de la patria mítica, del seno materno mítico? Pregúntese si la febril y tan desazonante agitación de esa cultura es otra cosa que el ávido alargar la mano y andar buscando alimentos propios del hambriento –¿y qué podría dar todavía algo a tal cultura, que no puede saciarse con todo aquello que engulle, y a cuyo contacto el alimento más vigoroso, más saludable, suele transformarse en 'historia y crítica'?[1]

[1] F. Nietzsche, *Die Geburt die Tragödie*, Kritische Studienausgabe (=*KSA*), G. Colli y M. Montinari (eds.), Munich/Berlín-Nueva York, de

Mito *versus* abstracción. Mito significa aquí: vida, naturaleza, música, tragedia; abstracción, al contrario: dialéctica, historia, crítica, ciencia. Encontraremos después la misma oposición en el contraste entre *Seele* y *Geist* (Klages); o entre "destino" y "casualidad" (Spengler); o también, al más alto nivel, con Thomas Mann, entre *Kultur* y *Zivilisation*.[2] Son tres ejemplos –y sólo tres de una cadena mucho más larga– de un modo de pensar y, antes aún, de sentir que procede de la anterior página nietzscheana. La hemos elegido entre otras muchas que hubiésemos podido citar porque nos parece la expresión más elevada, a pesar de su concisión, de la crítica de la cultura contemporánea que el *joven* Nietzsche maduró desde

---

Gruyter, 1988, B. 1, pp. 145-146; ed. esp., *El nacimiento de la tragedia*, trad. A. Sánchez Pascual, Madrid, Alianza, 1978 (1ª ed., 1973, pp. 179-180).

[2] Véase L. Klages, *Der Geist als Widersacher der Seele*, Bonn, Bouvier-Grundmann, 1952 (1ª ed., Leipzig, 1929-32); O. Spengler, *Der Undergag des Abendlandes*, trad. it. de J. Evola, rev. de M. Cottone y T. Calabrese Conte, Introducción de S. Zecchi, Parma, Guanda, 1991 (1ª ed., Munich, 1923). Ed. esp. *La decadencia de Occidente*, Madrid, Espasa Calpe; Th. Mann, *Gendanken im Kriege* (=GK), trad. it. de M. Bataglia en *Scritti storici e politici*, vol. XI de *Opere* de Th. Mann, a cargo de I. Mazzuchetti, Milán, Mondadori, 1957, pp. 35-52; *id.*, *Friedrich und die grobe Koalition*, en *Altes und Neues*, Stockholmer Gesamtausgabe, Fischer, Francfort del Meno, 1961, pp. 37-96; *id.*, *Betrachtungen eines Unpolitischen* (=BU), Einleitung di Erika Mann, Stockholmer Gesamtausgabe, cit., 1956 (1ª ed., Berlín 1918).

los años de su formación "filológica"³ y que después, de distinta forma, desarrollará a lo largo de toda su vida, desde el escrito *El porvenir de nuestras instituciones de cultura* hasta la *Genealogía de la moral*. El aspecto más característico de esta crítica radica en el hecho de que implica también a su autor, quien, si tiene un oído tan agudo para percibir los síntomas de la enfermedad es porque está afectado también él por ella, si no él en primer lugar. ¿Quién, en efecto, más que Nietzsche, más que el *filólogo* Nietzsche padecía del alejandrinismo de nuestra época, del insaciable apetito de conocimiento, de la búsqueda incesante de raíces perdidas siendo consciente de que están perdidas *desde siempre*? La crítica tenía también funciones terapéuticas, según el antiguo precepto: ¡*Medice, cura te ipsum*!

Y la cura había tenido sus efectos. Los lectores de *El nacimiento de la tragedia* saben que detrás de la oposición "mito versus abstracción" –o, espíritu trágico contra espíritu dialéctico– existe otra, más originaria: la que separa a Dioniso de Apolo. Que es conflicto y a la vez colaboración. "Dioniso habla la lengua de Apolo, pero al final Apolo habla la lengua de Dioniso" (*KSA*, p. 140).

---

³ Véase en especial la reciente publicación de los *Appunti filosofici 1867-1869* de Nietzsche, a cargo de G. Campioni y F. Gerratana, Milán, Adelphi, 1933.

Esta es la cuestión: la crítica de nuestro tiempo sigue siendo fallida —una simple condena, como tal insignificante, que, repitiendo a Heidegger, excluye solamente a quien pretende excluir—[4] desde el momento en que no se consigue entrever *en la* ciencia el mito y *en la* abstracción la vida. Se trata de pensar una dialéctica *más allá* de la dialéctica; no simplemente una dialéctica *abierta* a la accidentalidad del futuro, dado que es precisamente el tiempo lo que en ella se pone en cuestión. Y no el *modo de ser* del tiempo, sino precisamente *el ser* del tiempo. La posibilidad misma de su *darse*. *Si todavía y siempre existe tiempo...*

2. Volvamos a Thomas Mann, a su oposición entre *Kultur* y *Zivilisation*. Dicha oposición se lee en *Gedanken im Kriege*, un escrito de polémica política aparecido en la *Neue Rundschau* de Berlín en 1914, con la guerra ya comenzada. Si no se tuviese en cuenta la atmósfera espiritual del momento, el espíritu antigermánico que se difundió por Europa después de la violación de la neutralidad de Bélgica, el escrito difícilmente parecería atribuible a Thomas Mann, dada la simplicidad de

---

[4] Véase M. Heidegger, *Die Zeit del Weltbildes*, en: id., *Holzwege*, Francfort del Meno, Klostermann, 1972, pp. 89-90 (ed. esp. *La época de la imagen del mundo,* en *Caminos de Bosque,* trad. de Arturo Leyte y Helena Cortés, Madrid, Alianza, 1995, pp. 75-109.

la contraposición. Por un lado la pasión, el arte y la moral, por otro la literatura y la política, la democracia; por un lado Lutero y Kant, por otro los ideales del 98; es decir, por un lado el artista que da "forma" al conflicto entre *eros y thanatos*, entendidos como potencias ctónicas; por otro la superficialidad del humanismo burgués de la *Zivilisationsliterat*.

¿Y este sería el autor del *Kröger*? ¿El artista que, aun concediendo que "die Bürger sind dumm", invitaba a los adoradores de la "gran, demoníaca belleza", a los que "desprecian al hombre", a reflexionar sobre el hecho de que "existe un modo de ser artista, más profundo, por origen y destino, que ningún deseo... aparece más dulce y digno de sentirse que el que aspira a las alegrías de la normalidad"?[5] Pocos años después será el propio Thomas Mann el que hará justicia de aquella elemental contraposición a la que le había conducido la polémica política –y que, en el escrito político-histórico posterior, el *Friedrich und die grosse Koalition*, había ya atenuado. En las *Betrachtungen eines Unpolitischen*, la reflexión política y la reflexión sobre el arte, o si se prefiere sobre su propia *moral* de artista se entrecruzan. Mann se siente profundamente alemán y, en

[5] Th. Mann, *Tonio Kröger*, en: *id.*, *Die Erzählungen*, Stockholmer Gesamtausgebe, cit., 1966, p. 337; ed. it, bilingüe a cargo de G. Baioni, Milán, BUR, 1877, p. 213; ed. esp. *Tonio Kröger*, trad. de F. Payrols y F. Oliver, Barcelona, Plaza y Janés, 1984.

cuanto alemán, profundamente europeo. La geopolítica había ejercido un papel fundamental en el proceso de formación de la nación alemana que, por su *centralidad*, se había convertido en el "campo de batalla fundamental para todas las contradicciones de Europa" (*BU*, p. 46). Por ello –había dicho– ser alemán "no es sencillo" ni "cómodo" como ser inglés; ni "alegre y distinto" como ser francés (*GK*, p. 51). El hombre germánico alberga muchas almas contrapuestas entre sí, que "se confrontan sin adecuarse en una síntesis". *Der Begriff "deutsch" ist ein Abgrund, bodenlos* –escribe Mann (*BU*, p. 47). Pero el abismo sin fondo al que alude no es la Noche romántica, el sentimiento puro, indivisible, la Vida inmediata del Uno-Todo; no es el pozo del pasado sin tiempo (*zeitlos*) vacío de historia. El abismo de lo alemán es su propia *centralidad*, que le impide tener una *sola alma*. El abismo está en el medio: "entre" *Kultur y Zivilisation*, arte y literatura, o vida y arte. *Entre* mito y abstracción. *Entre* Dioniso y Apolo.

Pero, ¿cuál es la dirección de esta "centralidad"? ¿La profundidad o la superficie? Es decir, ¿tiende Mann a remitir el fondo a la superficie, a mostrar el mito en la abstracción, o sigue el camino opuesto? Planteada así, con la forma de un rígido "aut/aut", la pregunta parece no dar espacio a las oportunas y necesarias diferencias entre las distintas obras y las distintas fases del arte de Mann; pero para eso habrá tiempo. De momento es indispensable plantear claramente la cuestión. Para responderla, o intentarlo al menos, con igual claridad.

Ahora hay que decir que desde las páginas introductorias de este *Unpolitischen Betrachtungen* Mann insiste en su "moralidad" de artista. "Yo –escribe– me he tomado en serio" (*BU*, p. 8). Tomado en serio en cuanto "artista", lo que aquí significa en cuanto experto en la técnica de la composición de una obra de arte, es decir, en cuanto... *literato*. Ya que en todo artista, por grande que sea, está siempre el "literato", el "técnico" de la composición. Y así debe ser. Para que el "producto" esté bien hecho. Mann llega a decir que la influencia que sobre él ejerció Wagner –una de las estrellas, junto con Nietzsche y Schopenhauer, de su firmamento espiritual– tiene que ver no con el lado "musical" y "dramático" –*dionisíaco*, para retomar al lenguaje nietzscheano– sino con el lado "técnico" del arte, como es la formación de los símbolos, la capacidad de adaptar "lo subjetivo a las cosas" y "dar cohesión orgánica a la obra concreta y unidad de vida al conjunto", en resumen: con el uso "de los medios compositivos" y "su eficacia" (*BU*, pp. 71-72).

Mann acentúa los motivos "intelectuales" y "europeos" que le habían *encantado* del arte de Wagner. Y esto explica también su relación con Nietzsche. Lo que de él tomó y aprendió. ¿Qué fue, propiamente? "La autonegación del espíritu a favor de la vida", responde sin inmutarse. Pero enseguida precisa:

Bajo el aspecto poético y espiritual, la experiencia de Nietzsche ofrece dos posibilidades afines. La primera es ese esteticismo de la perversidad y del renacimiento, ese culto histérico de la fuerza, de la belleza y de la vida del que se complace durante un cierto tiempo una cierta poesía. La otra posibilidad se llama *ironía*, y me refiero con esto a mi caso. En mi caso la experiencia de la autonegación del espíritu a favor de la vida se convierte en ironía, es decir, en un mecanismo moral que no sabría definir ni caracterizar sino como la negación, la traición a uno mismo, la renuncia del espíritu para ventaja de la vida: donde bajo el término 'vida' hay que entender –igual que en el esteticismo renacentista, pero con un matiz más leve y velado del sentimiento– la gentileza, la felicidad, la fuerza, la gracia, esa agradable normalidad que proporciona la ausencia del espíritu, la no espiritualidad. Ahora, la ironía es un estado ético que no implica precisamente sufrimiento. La auto-negación del espíritu no puede ser nunca totalmente seria e integral. La ironía sostiene, si bien ocultamente, la cura del espíritu, trata de procurarle simpatías, incluso sin esperanza. *No es un hecho animal, sino intelectual, no es sombría sino rica de espíritu...* (BU, pp. 17-18; cursivas mías).

La moralidad de la *ironía* es la moral del *Geist*, del espíritu, y no del alma, de la *Seele*. Ciertamente, del espíritu que se niega a sí mismo en favor de la vida, pero consciente de que ésta, la vida, no es un fin a conseguir sino una meta casi infinita: detrás de cada caverna hay siempre otra caverna, y detrás de cada máscara otra máscara.[6]

La moralidad del artista es la moralidad de la máscara, de la "mentira como condición de la vida" (*BU*, p. 16). Y es la "mentira" la que salva a Mann de la dialéctica hegeliana de la "verdad": de la *ética*. De la celebración de la historia como lugar de la *Offenbarung der Tiefe*, de la revelación de lo Profundo.[7]

Sutil, refinado concepto éste de la ironía como mentira del espíritu, que recoge en sí los opuestos –sobre todo seriedad ("yo me he tomado en serio") y no-seriedad ("la autonegación del espíritu no puede ser totalmente seria e integral")– sin conciliarlos. En el segundo decenio del siglo, "ironía" significó criticar como *Literat* al *Zivilisationsliterat*. Gran acróbata del es-

---

[6] F. Nietzsche, *Jenseits von Gut und Böse*, Af. 289, KSA, pp. 233-234 (ed. it. cit., vol. VI, t.II, pp. 200-201). Trad. esp. de A. Sánchez Pascual, *Más allá del bien y del mal*, Madrid, Alianza, 1978 (1ª ed. 1972).

[7] Véase G. W. F. Hegel, *Phänomenologie des Geistes*, J. Hoffmeister (ed.), Hamburgo, Meiner, 1952, espec. Einleitung y cap. final, Das absolute Wissen; trad. esp. de Wenceslao Roces, *Fenomenología del espíritu*, México, FCE, 1978, 1ª ed. 1966.

píritu –no por casualidad su familia le llamaba "el Mago"–⁸ estuvo siempre a punto de caer, y cayó. Pero no fue cuando, en la piel del joven Hans Castorp, después de los difíciles equilibrismos sobre la cuerda tendida entre el mistagogo Naphta y el pedagogo Settembrini, dejó la montaña mágica –parodia feroz del platónico *pedion tes aletheias*– para ir al encuentro no de la "normalidad burguesa", sino del fango de las trincheras en las que un "mundo", una *Kultur*, moría;⁹ sino mucho más tarde, cuando fuera ya de Europa se ilusionó, aunque por breve tiempo, con haber encontrado en la *justa pólis* la figura moderna, liberal y democrática de José el Proveedor, nuestro contemporáneo.¹⁰

⁸ Véase Klaus Mann, *Der Wendepunkt*, Fischer, Francfort del Meno 1958, trad. it. de B. Allason, Milán, Il Saggiatore, 1962, p. 25 ss.

⁹ Véase Thomas Mann, *Der Zauberberg*, Stockholmer Gesamtausgabe, cit., 1966, pp. 990-994; trad, it. de E. Pocar, vol IX de las *Obras*, cit., 1965, pp. 1203-1209; ed. esp. *La montaña mágica*, trad. de M. Berdaguer, Barcelona, Plaza y Janés, 1975.

¹⁰ *Joseph, der Ernährer* es la novela con la que concluye la trilogía *Joseph und seine Brüder*, Stockholmer Gesamtausgabe, cit., 2, 1966; (trad. it. de B. Arzeni, vols. VI-VII de *Opere* cit., 1954; ed. esp. *José, el proveedor*, trad. de H. del Solar, Barcelona, Labor, 1977). En la introducción a la edición americana de la obra Mann escribe: "José el Proveedor es la única parte de la obra que fue escrita de la primera a la última palabra en América, y no hay duda de que en ella hay alguna huella del espíritu del país". Más que alguna huella si su héroe "es la máscara de un Hermes americano y de un hábil mensajero de sabiduría, cuyo "New Deal" se refleja de un modo innegable en la mágica administración económica de José". (ed. it. cit., pp. 2280-2281).

Si recordamos esto es sólo para corroborar que para Mann el abismo está en el medio: entre Dioniso y Apolo. Tal y como él, pasado el tiempo, nuevamente en Europa, ilustró de nuevo mezclando, en su más alta prueba narrativa, *ironía* y *tragedia*, para significar que si ni siquiera el arte se salva, tampoco podemos encontrar consuelo en nuestro alejandrinismo, *demasiado viejo* ya para poder alimentar esperanzas de futuro.[11] *Entre* Dioniso y Apolo, *entre* mito y abstracción: dos peligros opuestos y ninguna promesa de salvación.

Bien distinto es el caso de Ernest Jünger. El 11 de abril de 1945, en Kirchhorst, mientras oía el ruido de los carros de combate americanos, escribe:

> Uno puede ver, entender, desear, e incluso amar lo necesario y al mismo tiempo hallarse traspasado, sin embargo, de un dolor inmenso. Es preciso saber eso si se quiere comprender nuestro tiempo y sus hombres. En este juego, ¿qué es dolor de parto, qué es dolor de muerte? Tal vez ambos son idénticos, de igual

---

[11] Véase el epílogo al *Doktor Faustus*, Stockholmer Gesamtausgabe, cit., 1967; trad. it. de E. Pocar, vol. VIII de *Opere*, cit., 1957; trad. esp. de E. Xammar, Barcelona, Edhasa, 1978. A este respecto, véase Vitiello, "La conciencia europea frente a la primera guerra mundial: Thomas Mann y Benedetto Croce", en *Revista de Occidente*, septiembre de 1994, pp. 37-56.

manera que el anochecer es simultáneamente el amanecer para mundos nuevos.

"La Tierra vencida nos dona las estrellas". Esta frase se hace verdadera espacialmente, espiritualmente y sobreterrenalmente en un sentido inaudito. El esfuerzo extremo presupone una meta extrema, todavía desconocida.[12]

No es una diferencia de temperamento, sino de *cultura*, la que separa a Jünger de Mann. Si para Mann el abismo está en el medio, para Jünger abismal es el origen: Dioniso –para continuar con la simbología nietzscheana. Parecería que en la "ironía" del primero existe todavía mucha confianza en el hombre y en su historia; que el mismo pesimismo final, de clara ascendencia schopenhaueriana, traiciona la nostalgia por la herencia "humanística"; allí donde en el segundo prevalece una más fría y separada visión de los límites del hombre y de su historia. *Parecería...*

3. "La Tierra vencida nos dona estrellas". Jünger quiere dar razón de esta esperanza. Desilusionado de los hombres, elevó los ojos hacia el cielo para escrutar

---

[12] E. Jünger, *Kirchborster Blätter*, en Sämtliche Werke, B. 3, Stuttgart, Klett-Cotta, 1979, p. 401; trad. it. de H. Furst, en E. Jünger, *Diario 1941-1945*, Milán, Longanesi, 1979, p. 527; ed., esp., E. Jünger, *Radiaciones II*, trad. de A. Sánchez Pascual, Barcelona, Tusquets, 1992, p. 368.

las estrellas. No es una imagen, ésta, o una metáfora. Describe la orientación de su reflexión teórica y de sus estudios entre lo literario y lo erudito, de los años cincuenta. Examinemos dos escritos de estos años, de distinto nivel e intención, significativos ambos a pesar de su diversidad o precisamente por ella. Uno, *Das Sanduhrbuch*, de 1954, es un ensayo de erudición histórica; reeditado en el vol. XII de los *Sämtliche Werke*[13] junto con otros escritos menores, comparte con estos la ligereza literaria y el gusto por la cita docta o rara. El otro, *Junto al muro del tiempo* de 1959, reeditado no casualmente junto a *El trabajador* en el volumen VIII[14] es un ensayo de reflexión teórica también muy ambicioso, que atraviesa varios planos problemáticos; desde la filosofía de la historia a la metafísica, de la mitología a la cosmología. El primero, *El libro del reloj de arena*, representa una óptima introducción al más comprometido *Junto al muro del tiempo*.

Sanduhr: reloj de arena. El tema del libro no es, sin embargo, la "clepsidra", sino el reloj en general, o bien los distintos instrumentos de medida del tiempo, desde el gnomon a los relojes solares, a los telúricos, que mi-

[13] Ed. cit., p. 1979, pp. 101-250 (sigla: *S*); trad. it. de A. La Rocca y G. Russo, Milán, Adelphi, 1994.
[14] Ed. cit., 1981, pp. 397-645 (sigla: *Z*).

den fuerzas terrestres como la gravedad, o a los mecánicos. El intento de Jünger es mostrar sobre todo cómo la invención del instrumento sigue las exigencias específicas de la actividad practicada. Al campesino le basta con mirar la posición del sol para calcular el tiempo en los trabajos del campo; para el artesano es necesario sin embargo un instrumento de medida utilizable en el espacio cerrado de su laboratorio; en la fábrica industrial la división del trabajo impone instrumentos de medida extremadamente precisos. El reloj, sin embargo, no es sólo un instrumento de cálculo. El reloj "crea" el tiempo, al medirlo. Con la invención de los relojes telúricos que miden las fuerzas de la tierra surgió el tiempo lineal, propiamente humano, del proyecto y de la esperanza, contra aquel tiempo celeste que es cíclico: tiempo de la repetición del recuerdo, tiempo del animal. Tiempos distintos: el telúrico que fluye, que se desliza, que se enriquece y se consuma a la vez, abierto a la novedad de la vida y a la inevitabilidad de la muerte, como la caída de la arena en la clepsidra simboliza y recuerda; el tiempo celeste que repite el incesante alternarse de la luz y de la sombra, del Día y de la Noche, de las estaciones. Los humanos −escribe Jünger− debemos armonizar *dentro de nosotros* estos dos tiempos. Distintos, pero no separados. También el tiempo celeste pertenece a la Tierra: la rotación de nuestro planeta es la causa de que el sol surja y decline.

La tierra transforma en medida del tiempo lo que, si nos separamos de él, sería sólo espacio y constante radiación, luz mortal. Muele para nosotros, como un gran molino cósmico, la riqueza del universo. Y esto la convierte en tierra nativa. Dentro de su ordenamiento encontramos nuestra ley (S, p. 130).

Jünger se detiene en especial en el volante del reloj, cuya oscilación regula el movimiento del engranaje principal (la llamada "rueda del tiempo") impidiendo que la fuerza que lo mueve (la tracción del peso o la tensión del muelle) creciendo, provoque su aceleración. ¿Por qué esta atención especial al mecanismo de detención (*Hemmwerk*) del reloj mecánico? Porque dicho mecanismo produce un hecho totalmente nuevo: la fragmentación del tiempo. "La manilla no se mueve deslizándose sobre el cuadrante como la sombra, sino a saltos. Se detiene para después seguir adelante, se para de nuevo y de nuevo sigue" (S, p. 157). El tiempo ya no fluye, no transcurre, sino que procede por sucesivas interrupciones o suspensiones, a saltos. Quien ha inventado semejante mecanismo le parece a Jünger digno de "estar entre nuestros héroes, porque su empresa ha sido más grande que la de Jasón con los toros y la de otros domadores de monstruos: ha puesto bridas al tiempo" (S, p. 158). El gusto de Jünger por la enfatización literaria es indudable, no menos que su perspicacia al captar la unidad de origen de técnica y cultura también en el examen de "descubrimientos" o "invenciones" consideradas menores. Y *unidad de origen* significa no sólo y no simplemente que ningún instrumento técnico es culturalmente *adia-foro*, sino también –y es lo más importante– que el instrumento técnico es, como tal, productor de cultura.

> Si nuestros relojes fuesen sólo máquinas que miden el tiempo, el cambio no sería tan importante. Es determinante el hecho de que son máquinas que crean el tiempo, que producen el tiempo (S, p. 176).

De aquí la grave amenaza que acecha a nuestro tiempo: la reducción del hombre a autómata por el predominio del tiempo mecánico, dividido, fracturado, del tiempo de la división del trabajo y de la parcelación de las competencias. Para contrarrestar este peligro el hombre "debe elevarse por encima de sí mismo" para valorar todo el proceso que ha llevado al predominio del tiempo mecánico. "Sólo entonces podrá llevarlo bajo su propio control y en la dirección deseada". Pero podrá llegar a esto no retrocediendo hacia un pasado idealizado en la imaginación, sino teniendo la fuerza y el coraje de ir hacia delante incluso a costa de enormes sacrificios. Algo que por otra parte puede exigirse sólo a esos nobles "espíritus en los que están ya vivas las leyes de un nuevo tiempo del mundo" (S, p. 176).

En este punto es necesario un momento de reflexión. Al comienzo, la "medida" del tiempo parecía ser más una obra del cielo que del hombre. El hombre, incluso cuando no se ha limitado a escrutar la posición del sol, sino que ha construido sus instrumentos de medida, se ha conformado a lo que acaece en la naturaleza, o bien calculando la longitud de la sombra que un cuerpo proyecta en el suelo o bien explotando las fuerzas de la naturaleza. De esta manera ha "creado" algo suyo: el tiempo lineal, el tiempo de la espera y de la esperanza, y también el tiempo de la angustia. La posición del hombre adquiere un relieve todavía mayor cuando Jünger añade que al hombre se remite la armonización entre los dos tiempos, el animal del retorno y de la repetición y el propiamente humano, "espiritual", abierto a la novedad del futuro. Esta *centralidad* del hombre será después confirmada, e incluso mucho más exaltada, por la observación de que únicamente debido a la rotación de nuestro plantea Tierra, la pura espacialidad de los movimientos celestes se traduce en escansiones temporales. En fin, al hombre se le reconoce un poder absolutamente autónomo e independiente tanto de la tierra como del cielo, el poder de crear un tiempo totalmente nuevo, *no-natural*, puramente mecánico.

Y el hombre no puede cobijarse de los efectos negativos de este poder sino recurriendo a sus fuerzas. *Homo faber fortuna suae*. ¡Si no es humanismo y antropocentrismo esto!

Verdaderamente cuesta reconocer en todo esto al agudo crítico del historicismo liberal, a la última figura del humanismo europeo, al autor de *El trabajador*, para quien la "forma histórico-metafísica" del Trabajador se impone no sólo sobre –por encima y más allá de– la voluntad de los individuos sino también de la época presente en cuanto que es el ineludible destino.[15] Y *cuesta* con razón: ya que el presunto antropocentrismo realiza sólo la lectura incompleta, defectuosa: los dos distintos tiempos –el tiempo cíclico y el tiempo lineal– no están a disposición del hombre para armonizarlos o no a su gusto, sino que son las determinaciones fundamentales del ser hombre: "son los dos edificadores de su morada" (*S*, p. 135).

No obra el hombre, sino las fuerzas que actúan en él. Que crean tiempo e historia. Que inventan "relojes". Incluso los relojes de engranajes: aquellos que producen, "crean", el tiempo mecánico.

---

[15] Véase V. Vitiello, *Topologia del moderno*, cit., I/1.1: "Ernst Jünger; l'urto del tempo", espec. pp. 55-59.

4. Entre las fuerzas que actúan *en el* hombre está el "intelecto calculador" que en *Junto al muro del tiempo* es definido, en efecto, "zoologisches Kennzeichen". Verdaderamente es más que un "carácter zoológico", si el hombre lo posee en común además de con los animales con las plantas. Por otra parte, no sólo no existe salto sino gradual paso de la astucia y de la habilidad técnica (*Kunstfertigkeit*) del animal al intelecto humano, sino que a veces el órgano animal es más refinado que el del hombre, hasta el punto de que sólo el progreso del saber científico nos permite conocerlo, y jamás de un modo completo. "El murciélago –ejemplifica Jünger– ha utilizado los ultrasonidos mucho antes de la existencia del hombre" (Z, p. 406).

Habla aquí el estudioso de ciencias naturales, atento a las variaciones de color de una planta o a las metamorfosis de un animal no menos que a las revoluciones de la historia humana, para quien el vínculo entre lo natural y lo histórico, antes aún que un objeto de reflexión y de estudio, es una experiencia de vida, un sentimiento. Y esto nos hace entender mejor el sentido de la crítica que Jünger, siempre en esta obra, dirige a un espíritu en muchos aspectos afín a él, Spengler (véase Z, pp. 453 ss.). Este, ciertamente, ha tenido el mérito de ampliar enormemente el horizonte de la historia, pero su morfología se resuelve en una forma elevada de alejandrinismo y nada más. Su analogía se detiene en los nexos exteriores, no capta las relaciones entre la superficie y el fondo. Jünger reconduce la fisonómica histórica spengleriana dentro de los límites de la "lógica" tradicional, contra la que, ya en sus años juveniles, había hecho valer la exigencia de una "lógica" distinta, de la *lógica combinatoria* que muestra no sólo los vínculos de superficie, sino también la "genealogía de las cosas", las analogías que se originan desde el fondo.

La facultad combinatoria se distingue de la facultad lógica en que se mueve siempre en contacto con el conjunto y no se dispersa nunca en los eventos esporádicos. Allí donde toca lo particular, se parece a un compás de dos tiempos distintos de metal, que con la punta de oro penetra en el centro de un círculo. La facultad combinatoria, sin embargo, se vale de una cantidad de datos mucho menor que la facultad lógica: domina una matemática superior a la que basta multiplicar y elevar a potencia, mientras que la habitual aritmética se sirve de simples adiciones.[16]

Contra la riquísima pero superficial *aritmética* spengleriana, Jünger hace valer la exigencia de una *ma-*

[16] E. Jünger, *Das abenteurliche Herz*, en Sämtliche Werke, cit., B. 9. 1979, Erste Fassung (1929), pp. 31-176, Zweite Fassung (1938), pp. 177-329, para el párrafo cit. véase p. 194; trad. it, de la 2ª ed., a cargo de Q. Principe, Milán, Longanesi, 1986, p. 22.

temática superior, de una lógica que no se limite a contemplar toda la superficie de la historia, sino que sea capaz de traspasar su horizonte. Y esto es posible sólo remitiéndonos al origen. Sólo reconstruyendo la genealogía de la historia misma, de nuestro modo de entender la historia. "La medida originaria es el nucléolo germinal de la raíz" (*ibid.* p. 195).

Veamos este nucléolo germinal. Pero antes evitemos un malentendido. En la página de *Junto al muro del tiempo* donde se afirma la continuidad naturaleza-hombre, leemos también que la poesía, perteneciendo exclusivamente al hombre, marca la línea de separación entre lo humano y lo natural. ¿Si no es cálculo del intelecto, es ahora la poesía la que atribuye al hombre un espacio reservado en el orden cósmico? ¿Una excelencia que le separa del mundo de los demás seres, que hace de él algo único? ¿No se representa aquí el más antiguo rostro del humanismo? ¿No es ésta la vía maestra que lleva al antropocentrismo?

Nada de todo esto: la poesía no separa al hombre del mundo, no le asigna un espacio exclusivo. La poesía, en el momento mismo que separa al hombre de los animales y de las plantas, lo sitúa más íntimamente en el mundo. La poesía libera al hombre de la inmediatez de los concretos y determinados vínculos vitales que en el vivir cotidiano lo unen a la naturaleza, sólo porque lo introduce en la totalidad de lo existente. Y ello sucede y puede suceder porque la poesía no es una *potencia* del hombre. Una vez más contra Spengler, Jünger afirma que no puede compartir su "exhortación a la nueva generación a 'dedicarse a la técnica y no a la lírica, a la marina y no a la pintura, a la política y no a la crítica del conocimiento'". *Das Gedicht gehört zum Wessen des Menschen, nicht zum Gepäck* (Z, p. 407): la poesía es la esencia del hombre, no un bagaje: y de la propia esencia –de aquello que nos hace ser– no se dispone. A la esencia se pertenece.

5. Intelecto calculador y poesía son los dos brazos del compás de la comprensión humana: el uno traza el horizonte de la superficie, el otro fija su punta de oro en el centro de la Tierra. El círculo dibujado por el primero es posible por la estabilidad del segundo. Más allá de la metáfora esto significa que la abstracción es hija del mito, la *Zivilisation* de la *Kultur*. Es decir: el origen no es un inerte 'desde donde': pro-cedencia es potencia, *dynamis*.

Pero todo esto no sólo hay que enunciarlo, hay que mostrarlo. Y del único modo posible: recorriendo todo el círculo trazado por el intelecto, es decir, todo el círculo de la historia. Sólo de este modo se mostrará que también el alejandrinismo –el hambre insaciable de orígenes cada vez más antiguos y de cada vez más profundos espacios históricos– es hijo del mito.

Jünger funda en el "objeto" de la investigación su método, su "matemática superior", su "silogismo combinatorio". Recorrer todo el horizonte de la historia, hemos dicho. Pero ¿de qué historia? Sobre todo de la historia humana, a partir de Herodoto, que todavía vio la luz nocturna del mito:

> Durante un viaje a Egipto, Herodoto quiso iniciarse en los Misterios que todavía se celebraban por todas partes: señala el hecho, pero calla respecto a lo que conoció. Lo mítico era para él un poder que se había retirado a los santuarios, cuyos límites debían respetarse (Z, pp. 468-469).

El mito conserva memoria del pasado pre-histórico del hombre, del pasado de la historia del mundo, de las edades geológicas, de la historia cosmogónica. Dirigir la mirada a las estrellas y sumergirla en los abismos de la Tierra son *unum et idem*. Un único abrazo estrecha Cielo y Tierra. El mito se abre así a la profecía. También esto dicen *Herkunft bleibt stets Zukunft*: si "procedencia es porvenir", quien ve el comienzo lee el futuro.

Los astrólogos están convencidos de que una nueva época espiritual está a punto de nacer. Según ellos la edad del Padre está bajo el signo de Aries, la del hijo bajo el signo de Piscis, y con el signo de Acuario, en el que vamos a entrar, comienza una gran era del Espíritu (Z, p. 644).

En las últimas páginas de *Junto al muro del tiempo* reaparece el nombre de Joaquín de Fiore: la fe expresada en las horas terribles del 11 de abril de 1945 es ahora sosegada reflexión:

... existe por encima de la muerte otra gran potencia, la armonía. De ninguna de las dos podemos huir. Cada crepúsculo, cada desarmonía tiene un campo de juego restringido, circunscrito por una armonía inconmensurable e inagotable, por el ser indestructible. Esto vale también para el hombre y para su ámbito histórico: si sobrepasa dicho ámbito, se encontrará en el espacio de acción de una armonía inesperada y quizá también insospechada (Z, p. 552).

Las huellas del futuro se leen en el subsuelo de la historia, por ello Jünger al preguntarse por la esencia no nihilista del nihilismo –*id est*: sobre la esencia poética de la técnica, o también: sobre el carácter mítico de la abstracción– no se detiene como Heidegger *sobre* la línea, sino que trata de ir *más allá*, sobrepasarla.[17] Y

---

[17] Véase E. Jünger, *Ueber die Linie*, en *Sämtliche Werke*, B. 7, 1980,

no por un residuo de fe humanista: bien al contrario, sólo el limitado horizonte del humanismo hace que se oscile entre exaltación del hombre y desesperación. El pensamiento ultra-histórico que ha verdaderamente superado los conflictos del humanismo, sabe que los hombres somos *hijos de la Tierra*, creados por ella para fecundarla, para llevar a la luz su fondo oculto. Si el hombre puede cambiar el destino geológico de la Tierra —como está sucediendo con la deforestación de la Amazonia (véase Z, pp. 558 ss.)— no es por él, sino porque es *provocado* por la tierra misma. A lo que coresponde no con la inteligencia calculadora que, aunque natural, tiende a separarlo de la naturaleza, sino con el espíritu (*Geist*) que le hace consciente de que todo actuar y preguntar humano "deriva de un movimiento primario de la Tierra", del *Ur-grund*, del fondo primordial (Z, pp. 640-641).

La visión del subsuelo no sólo es una apertura a la certeza *no-humanista* del futuro, sino que muestra a la vez, en el *presente*, la unidad profunda de técnica y mito, de abstracción y poesía. Así Jünger, al describir los cambios determinados por la electricidad, "la nueva

---

pp. 237-280; trad. it. de A. La Rocca en E. Jünger-M. Heidegger, *Oltre la línea*, a cargo de F. Volpi, Milán, Adelphi, 1989, pp. 47-105; ed. esp. E. Jünger y M. Heidegger, *Acerca del nihilismo*, trad. de J. L. Molinuevo, Barcelona, Paidós, 1994, pp. 11-69.

fuerza", la "nueva propiedad" de la Tierra que "su hijo inteligente ha descubierto", dice:

Si tuviésemos ojos similares a los de la luz para percibir las corrientes y los campos magnéticos, la gran transformación sería inmediatamente visible; el hecho de que nuestras ciudades se hayan convertido en castillos de luz es sólo un reflejo, una consecuencia. Veríamos cómo la envoltura terrestre, después de un breve crepúsculo, se haría fosforescente. Veríamos bajo esta atmósfera de luz una red incandescente y una trama de movimientos de rotación. Su resplandor estaría atravesado por emanaciones de un número indefinido de volcanes que, especialmente en la zona templada del planeta, desprenderían una luz cada vez más intensa, un cegador flujo de fuerzas. Se comprendería que aquí ya no tiene lugar la historia del mundo sino la historia de la Tierra y que la imagen misma de la historia es superada.

Para encontrar algo comparable a esta improvisada erupción (*Ausbruch*) debemos volver la mirada muy atrás, a los paisajes prehistóricos. Pero la nueva luz es más sutil, más afín al espíritu del calor magnético. Su rayo penetra más profundamente en el cosmos, atravesando también el velo de la materia, conjugándose con elementos de los que desvela su terrible fuerza (Z, p. 576).

6. El final de *Junto al muro del tiempo* es un alto elogio del optimismo. El de los espíritus fuertes, claramente, que no ignoran ni se ocultan los peligros y las pruebas extremas que la historia exige a los hombres, y que sin embargo nos dejan caer, en el tiempo del crepúsculo, la espera de una nueva alba. Tal optimismo caracteriza para Jünger la salud del alma que es el indudable signo de la íntima relación que une al hombre con la Tierra Madre: "Si no cedemos, ni siquiera nuestra Madre, la Tierra, nos abandonará" (Z, p. 645).

Hay que preguntarse, sin embargo, si este optimismo superior es el reconocimiento de la finitud del hombre, de su enraizamiento en un orden superior que lo comprende y lo destina, o bien una forma más sutil y engañosa de humanista *hybris*; si se llega a atribuir las metas del hombre al Ser mismo; si, ocultándose detrás de una fingida modestia, osa elevar al hombre a la categoría de destino del universo.

Pero aunque Jünger trate de cruzar el umbral de la historia del hombre, algunas determinaciones de ésta permanecen en la historia ultra-humana. Historia del hombre, del mundo, de la Tierra serán estratos diferentes de tiempo, pero entre ellos existe un orden, una sucesión –aunque no lineal– que traicionan la presencia humana, demasiado humana de la idea de la filosofía de la historia: la idea de progreso. Basta con recordar aquí la sucesión, ya arriba mencionada, de las tres edades cosmológicas, la de Aries, Piscis y Acuario, y la referencia a Joaquín de Fióre. Atribuir a la tierra este orden progresivo, concebir a la Madre como incesante creadora de "Formas" siempre nuevas, y al hombre como llamado por la tierra misma para fecundarla: todo esto es humanismo, más aún, hipertrofia del humanismo.

Jünger no se ha preguntado nunca dónde y cómo surge el orden, el orden del tiempo y de la historia, –pregunta que sí se hicieron Vico y Hegel, aunque rápidamente la cubrieron con una respuesta que traicionaba su *thauma*. Ahora es únicamente esta pregunta la que impide a la meditación sobre la historia pararse, satisfecha, en la rica morfología de la historia que el más "alejandrino" autor de nuestro tiempo ha sabido construir y que Jünger ha justamente criticado. Pero esta pregunta impone que al interrogarse sobre el origen no se sepa custodiar su *alteridad*, y con ella el sentido de nuestra radical finitud.

Hemos citado ya más de una vez el dicho de Heidegger: *Herkunft bleibt stets Zukunft*. Ahora queremos darle una interpretación en sintonía con la declarada finitud que caracteriza la reflexión topológica de la historia. *Zu-kunft* no dice: futuro; no expresa una certeza, la certeza que de cualquier modo habrá un futuro. Indica lo que no-siendo, está *por venir*, es decir: *puede venir. Puede. Es posible*. El "por-venir" del origen, su posible futuricidad se pliega también sobre sí misma. Es-

tá siempre por venir, quiere decir: mañana podría no ser mañana.[18] Así habla la verdadera consciencia del ser finito (sea hombre o dios).

Desde este punto de vista la afirmación de Heidegger de que el hombre no está sólo *sobre* la línea sino que es la línea,[19] adquiere todo su profundo sentido. Meditar sobre la línea y no pretender sobrepasarla es custodiar el sentido de la finitud.

Thomas Mann lo había comprendido y expresado, meditando sobre su destino de alemán, de hombre al que la geo-política del espíritu europeo había destinado a la *centralidad*, al estar en medio: *Das Deutsche ist ein Abgrund*. Sí, en el medio está el abismo; en la línea que separa allí donde une. Cuando los alemanes, para ir más allá (*Ubergehen*) de su inevitable escisión, pretendieron colmar el abismo y develar, como hijos privilegiados, los secretos de la Madre Tierra, sobre nuestra historia cayó la Noche de la Infamia.

El abismo está en el medio, allí donde está la fini-

---

[18] Véase V. Vitiello, *Elogio dello spazio. Ermeneutica e topologia*, Milán, Bompiani, 1994, pp. 31 ss.
[19] Véase M. Heidegger, *Zur Seinsgrafe*, en Wegmarken, Francfort del Meno, Klostermann, 1978, pp. 379-419, espec. 406 (trad. it. de F. Volpi, Milán, Adelphi, 1987, pp. 335-374, espec. p. 360). El título original de este texto retoma el de Jünger, *Über die Linie*, del que es una respuesta: véase *Oltre la línea*, pp. 107-167; ed. esp. *Acerca del nihilismo*, cit., pp. 73-127.

tud. Abismal es lo finito, que no sabe donde está su comienzo ni su fin.

Y el olvido de la finitud es el sueño de la razón.

PARTE II

Lenguaje y poesía

CAPÍTULO I

De la *Tragödie* al *Trauerspiel*. Walter Benjamin y el lenguaje de la modernidad

1. Antes incluso de abordarlo como tema de investigación, el lenguaje fue para Benjamin un observatorio privilegiado desde el cual estudiar los fenómenos históricos. Esto explica por qué la "diferencia" entre la tragedia y el *Trauerspiel* –dos formas eminentes de lenguaje– ha sido el punto focal de su meditación sobre lo moderno. Sin embargo, para evitar que la elección del observatorio parezca arbitraria, y por el contrario, resulte dictada por las "cosas mismas", es oportuno comenzar con el análisis de un texto que no trata específicamente de problemas lingüístcos. El texto es *Destino y Carácter*: un ensayo tan breve como denso.

Leamos las tres primeras frases:

> Destino y carácter son concebidos comúnmente en relación causal, y el carácter es definido como una causa del destino. La idea que está en la base de tal concepción es la siguiente: si por un lado el carácter de un

hombre, es decir su modo específico de reaccionar, fuese conocido en todos sus detalles, y si por otro acontecer cósmico fuese conocido en todos los campos en que entra en contacto con ese carácter, se podría decir con exactitud ya sea lo que le ocurriría a ese carácter o lo que ese carácter cumpliría. En otras palabras, el destino sería manifiesto (II-1, p. 171; 201).

¿A quién se refiere Benjamin con ese "comúnmente" inicial (*gemeinhin*)? La segunda frase recuerda, extrañamente, un pasaje del Sistema de la Lógica de John Stuart Mill. Éste: "si tuviéramos un conocimiento completo de una persona, y conociésemos todas las influencias en torno suyo, podríamos predecir su conducta con una certeza igual a aquélla con la que podemos predecir un fenómeno físico cualquiera" (p. 1114). Se dice "extrañamente", porque es difícil imaginarse a Benjamin como lector del *Sistema de Lógica*. Sin embargo, no debe olvidarse que las ideas de Mill circulaban en la cultura alemana incluso en ambientes no positivistas, aunque sólo fuera por la atención que le dedicaron Dilthey y Husserl.[1] Por tanto, aun no siendo

---

[1] Véase W. Dilthey, *Einleitung in die Geisteswuissenchaften, Gesammelte Schriften*, Stuttgart-Göttingen 1966, vol. I, L. I, cap. XVI; *Idee über eine beschreibende und zergleidernde Psychologie, ibid.,* vol. V, pp. 162-163; *Das wesen der Philosophie, ibid.,* pp. 362-363; trad. esp. de Eugenio Imaz,

directa a Mill, la referencia conecta con ideas que aparecen con él (esto explicaría lo genérico del adverbio inicial). Lo cual parece confirmarse en la continuación del discurso, donde Benjamin destaca que los "hombres modernos", aun aceptando la idea de que pueda deducirse el carácter de una persona de sus rasgos físicos, se muestran poco dispuestos a admitir que se pueda leer el destino futuro de un hombre en las líneas de la mano. Por tanto, dado que los indicios del destino son infinitos, cualquier acontecimiento o fenómeno del mundo externo podría ser uno de esos indicios. De modo que, por un lado, los "modernos" reconocen la fuerza (causal) del carácter y, por el otro, no niegan lo imprevisible del futuro. ¡Y éstas son precisamente las ideas de Mill!.[2]

Sin embargo, aun sin excluir esta referencia indirecta, es necesario reconocer que el verdadero referente —el más significativo— no puede ser Mill. Lo que Benjamin propone, ya sea con respecto al carácter como al destino, es un rechazo a la validez del principio de causa sobre el cual se basa toda la *Lógica* milliana. "Un

---

México, FCE, 1944; *Psicología y teoría del conocimiento* (vol. IV de *Obras de Wilhelm Dilthey*): "Ideas acerca de una psicología descriptiva y analítica".

[2] Que, de hecho, unas líneas después del pasaje citado, continúa así: "Y esta plena seguridad [sc.: en la predicción de la conducta futura de la persona] no está, ni siquiera mínimamente, en conflicto con lo que se llama nuestro sentimiento de libertad" (*op. cit.* y *loc. cit.*).

contexto significativo (*Bedeutungszusammenhang*) –escribe– no puede ser nunca motivado causalmente ni siquiera cuando, como en el caso en cuestión, esos signos hayan sido determinados causalmente en su realidad por el destino y el carácter" (II-1, p.172; 202). Carácter y destino se revelan a través de los signos y "la relación entre signo y designado constituye en ambas esferas un problema igualmente difícil y distinto". Entonces ¿cómo debe leerse la primera frase del fragmento citado al principio? ¿Cuál es el sentido de la causalidad que vincula el destino al carácter? O sea: ¿se limita Benjamin a rechazar el nexo causal, o tiene en mente *otra* concepción de causa que no contrasta con la relación *signum-signatum*? ¿Cuál es?

A partir de una lectura atenta, parece claro que la causalidad que vincula el destino al carácter no es empírica sino trascendental. Este vínculo "causal" debe ser, por tanto, interpretado a la luz de la relación entre carácter inteligible y carácter empírico, este último ya teorizado por Kant (*Krv*. A 538-541, B 566-569). Para los "modernos", el destino –en realidad la *Erscheinung*– es el fenómeno, la manifestación del carácter. Benjamin nos recuerda a Nietzsche: "quien tiene carácter, tiene también una experiencia que siempre vuelve" –es decir, tiene un destino "constante".

Pero, ¿por qué cita Benjamin a Nietzsche y no a Kant, su verdadero punto de referencia? De hecho,

Benjamin no tiene nunca sólo un autor en mente; en su diálogo aparecen siempre más voces. Y así, si el pensamiento de Kant está presente en este texto, lo está solamente como objeto de crítica. Lo que Benjamin rechaza es precisamente la separación kantiana entre "interno" y "externo", entre libertad moral y necesidad natural, noúmeno y fenómeno. "Ningún concepto del mundo exterior –afirma– se deja delimitar con claridad en relación con el concepto de hombre actuante. Entre el hombre que obra y el entero mundo externo hay más bien interacción recíproca, en la cual los círculos de acción se esfuman el uno en el otro; por más que sus representaciones puedan ser distintas, sus conceptos no son separables" (II-1, p. 173; 203). El mismo lenguaje de Benjamin, en particular la distinción entre *Vorstellungen* y *Begriffe*, revela ascendencias hegelianas. Sin nombrarlos jamás, Benjamin no dice otra cosa que ¡la verdad de Kant es Hegel! Hegel es, por tanto, el punto de referencia último; Hegel y su concepción de eticidad. Pero, incluso en el caso de Hegel, la referencia no implica acuerdo; ¡todo lo contrario! Hegel es el verdadero objeto de la crítica benjaminiana.

2. Lo que Benjamin rechaza es la coincidencia entre destino y carácter: "donde hay carácter, no habrá destino, y en el cuadro del destino no se encontrará carácter" (II-1, p. 173; 203). Si los modernos no distinguen

los dos conceptos, es porque los reconducen a ámbitos que no son los suyos propios: el carácter a la ética, el destino a la religión. Esto sucede debido a un malentendido concepto de culpa. Se considera que el hombre es infeliz porque se ha manchado con un crimen por el que los dioses lo castigan. Sin embargo, en la genuina concepción griega, aparte de ser un premio a una vida inocente, representa para el hombre "una tentación para la culpa más grande, la *hybris*". Por tanto, no existe relación entre inocencia y destino, o sea, no es verdad que no exista un destino adverso reservado para el inocente, del mismo modo que no existe relación entre felicidad y destino. Benjamin nos recuerda a Hölderlin: los dioses beatos, *die selingen Götter*, son *Schicksallos*, libres, no sujetos al destino. El destino, por consiguiente, y con él la infelicidad y la culpa, caen fuera de la esfera religiosa, reinscribiéndose en el derecho. Un derecho que, sin embargo, no se identifica con la justicia. El derecho "es sólo un residuo del estadio demónico de la existencia de los hombres –durante el cual los estatutos jurídicos no regularon sólo las relaciones entre ellos, sino también la relación con los dioses"; un residuo que "se ha conservado más allá de la época que inauguró la victoria sobre los demonios" (II-1, p. 174;205). De este modo, Benjamin relega a un estadio de existencia pre-ética aquel "derecho de las sombras" que en Hegel, aunque contrapuesto a la ley del día", al derecho del estado, constituía una "masa ética". O sea: allí donde en Hegel el conflicto entre los dioses antiguos y los nuevos se concluía no sólo con la victoria de los segundos sobre los primeros, sino incluso con la elevación de éstos a la esfera de aquéllos –según el esquema esquíleo de la *Orestiada*, que prevé la conversión final de las Erinias a Euménides– para Benjamin no hay ninguna elevación del dercho "natural" antiguo a la esfera espiritual. Prometeo es vencido pero no redimido. Llevando el derecho hasta la edad histórica no se lo eleva a la categoría de justicia. Benjamin escribe: "el dercho no condena al castigo sino a la culpa. El destino es el contexto culpable (*Schuldzusammenhang*) de lo que vive" (II-1, p. 175; 206). No debe desdeñarse aquí un eco paulino "pecatum non cognovi nisi per legem" (*Rm* 7,7). Sin embargo, se le ha dado la vuelta a su sentido original. "El juez –continúa Benjamin– puede ver destino donde quiere; en cada pena debe infligir ciegamente (*blindlings*) destino". El hombre pagano se sustrae de este destino mediante la experiencia trágica. Sin embargo, la tragedia no conlleva redención, ni siquiera conciliación con el dios "puro". Es más, el hombre pagano alcanza conciencia de ser "mejor que sus dioses" a través de la experiencia trágica. Esta es, sin embargo, una conciencia que le priva de la palabra, una conciencia muda, inactiva, *dumpf*. De este mutismo inerte, de la in-fancia moral del héroe trágico, Benjamin extrae lo sublime (*das*

Erhabene) de la tragedia. La idoneidad del término kantiano –*das Erhabene*– no es casual. Parece como si en el breve espacio de dos páginas la postura benjaminiana se hubiera invertido. ¡Hegel no es ya la verdad de Kant!, pero no es que Benjamin niegue o contradiga lo que poco antes había afirmado. En la "lógica" del vínculo causal (en el sentido trascendental) del destino al carácter, en la lógica "moderna" que no separa carácter y destino, la "verdad" de Kant es Hegel; sin embargo, ahora, Benjamin crítica precisamente esa lógica. Y la critica *ab imis*, desde su raíz. La in-fancia del héroe trágico –*die moralische Sprachlosigkeit*– es el signo de la separción absoluta, de insuperable *chorismos* entre *religio* y *saeculum*. Todas las categorías de interpretación histórico-filosóficas elaboradas por Hegel desde los escritos teológicos de juventud –es decir: no sólo la concepción del dios cristiano que es tal dios en la medida en que se manifiesta en el mundo, en la comunidad, sino también en la visión clásica del dios pagano próximo al hombre– son rechazadas por Benjamin. Con la tragedia –escribe– "no se puede decir que esté restablecido el 'orden ético del mundo'". Al contrario, el silencio del héroe trágico acentúa, aún más, junto con la ceguera de la condena, la gratuidad del destino. "El juez puede ver destino donde quiera... El hombre no es golpeado nunca, sólo lo es la vida desnuda (*das blosse Leben*) en él, que participa de la culpa natural y de la desventura por causa de la apariencia (*kraft des Scheins*)" (II-1, p. 175; 206). Benjamin no contrapone Kant a Hegel, sino lo hebraico a lo cristiano, la infinita distancia de lo natural hasta lo divino, hasta la conciliación de Dios con el mundo.

3. El análisis del carácter le permite a Benjamin lanzar una mirada aún más profunda a la naturaleza del hombre. Pero, en este caso, el lugar de observación cambia: ya no es la tragedia antigua, sino la moderna comedia de caracteres. En particular, Molière. ¿Por qué este cambio? ¿Quizá Benjamin quiera sugerirnos que el destino pertenece al mundo antiguo –si no a la prehistoria, al estadio demónico de la existencia humana– y el carácter a la edad moderna? Semejante conclusión será precipitada. La referencia a la comedia moderna puede, sin duda, significar que el reconocimiento de la "natural inocencia del hombre", o sea de la naturaleza premoral del carácter, es un "descubrimiento" de la edad moderna; de aquí que la definición benjaminiana de "carácter"[3] se aproxime al concepto de lo útil (más tarde, lo vital) de Croce. Pero, aunque ese descubrimiento sea moderno, su contenido pertenece a todas las épo-

---

[3] Véase B. Croce, *Filosofia della pratica. Economia ed etica*, Bari, Laterza, 1957 (1ª ed. 1908). La "positividad de lo útil" será notablemente *atenuada* en el curso de los años, véase en partic. *Filosofia e storiografia*, ibid. 1949, pp. 303-319, y *Indagine su Hegel e schiarimenti filosofici*, 1952, las páginas dedicadas a lo "vital".

cas. Por eso, Benjamin, sin entrar en un debate consigo mismo, puede afirmar sus preferencias, no por las teorías fisiognómicas modernas influidas por conceptos morales, sino por las doctrinas antiguas y medievales, las cuales sostienen que "el carácter puede ser captado sólo bajo pocos conceptos fundamentales,moralmente indiferentes" (II-1, p. 179; 210). La naturalidad del carácter, su esencia premoral, se expresa bajo la forma de una libertad inmediata, espontánea, no "interior", psicológica, porque la psique, el "alma", aún no ha nacido: la interioridad es fruto de la culpa y de la moral. La libertad del carácter es una libertad vital, una libertad que coincide con la vida misma. Sin embargo, el carácter no tiene la complejidad y la variedad de la *persona moral*, dividida entre instinto y razón, inclinación sensible y deber. La naturalidad del carácter se distingue precisamente en ese punto, en que no tiene más que un único rasgo, dentro del cual, cualquier otro aspecto del hombre es ofuscado o borrado. Es, al mismo tiempo, individual y anónimo: "La sublimidad de la comedia de caracteres reposa sobre el anonimato del hombre y de su moralidad incluso mientras el individuo se despliega al máximo en la unicidad de su rasgo característico" (II-1, p. 178; 209). No menos que la tragedia antigua, la comedia moderna de caracteres revela la separación de la condición humana, la infinita distancia de lo divino. La no evaluabilidad moral del carácter, la visión de la inocencia natural del hombre", que el "genio" opone al "dogma" de la "culpa original", no expresa un valor *positivo*: la vida pura, la naturaleza no culpable, la mera vitalidad, no es, sin embargo, un valor *negativo*; simplemente, no es un valor. Es significativo que el carácter, en el momento en que se le considera fuera de su valor escénico, asuma una connotación *negativa*: el "protagonista de la comedia de caracteres [es] a menudo un hombre al que, si en lugar de encontrarnos frente a él en el teatro nos encontramos en la vida frente a sus acciones, llamaríamos un canalla" (II-1, p. 177; 208).

Destino y carácter no están "más allá" del bien y del mal, están "más acá"; un "más acá" de la historia que rechaza cualquier posibilidad de "ordenación ética del mundo", que se sustrae a cualquier conciliación. ¿Es ésta la imposibilidad que convierte en *dumpf* —mudo e inerte— al héroe trágico?, ¿es el héroe trágico mejor que sus dioses?, ¿se sabe mejor, porque no conoce su beata —*selige*— indiferencia con respecto al destino del hombre? ¿Es la infelicidad del héroe trágico, expresada en su sublime in-fancia (*Sprachlosigkeit*), el signo de su superioridad?

La concepción hegeliana de la historia resulta más conveniente que la de Benjamin sólo si su conciliación de lo divino con el *saeculum*, si la recomposición del ordenamiento ético del mundo, es capaz de soportar el peso de la infelicidad del héroe trágico.

4. Dentro del sistema jerárquico de las artes elaborado por Hegel, la poesía ocupa el lugar más elevado, ya que su medio expresivo –el lenguaje– es interior, como su contenido espiritual. Sin embargo, las artes figurativas (la arquitectura, la escultura, la pintura) se valen de *medios materiales* para expresar su *contenido interior*. Además, el lenguaje poético, en cuanto que significante, en cuanto que dotado de "determinación cualitativa" –el contenido significado– es superior al lenguaje musical, al sonido, cuya determinación no es más que númerica, "cuantitativa", y sin embargo exterior, hecha de tonos, intervalos, vibraciones, de armonía general (es aquí donde Hegel retoma y profundiza en la distinción entre *phone* lingüística y *phone* musical, ya presente el *Crátilo* platónico [423 c-d]. El lenguaje poético realiza cumplidamente, y sólo *simbólicamente* (o sea, bajo forma de transferencia a otro), la totalidad, en la medida en que concilia los extremos: el interno y el externo, el tiempo y el espacio. Y, de hecho, no expone la simple co-presencia de las partes, como la pintura, ni, como la música, expresa sólo la sucesión, sino que recoge en un todo, "en una única imagen", el desarrollo de cada una de las partes singulares (*E*, p. 1075).

Si la poesía es la forma más elevada del arte, el drama es la forma más elevada de la poesía. ¿Por qué? Porque el lenguaje dramático está más cerca del lenguaje perfecto: el lenguaje de la filosofía, del saber puro. El *dialeghestai* es la forma lingüística que aproxima el drama a la filosofía.

El lenguaje poético es, no obstante, más *libre* (lo cual aquí significa: más exterior, o menos interior) que el lenguaje filosófico. De hecho, la poesía no conoce las firmes conexiones, los estables vínculos de los juicios o los silogismos. En la épica, en particular, el desarrollo de la acción principal queda interrumpido por digresiones; el relato, más que proceder linealmente, se desvía deteniéndose en problemáticas colindantes. Cabría decir que en el *epos* la conciliación entre tiempo y espacio tiene lugar bajo el signo de este último; es la determinación "objetiva" la que prevalece. Sin embargo, en el drama, y en la tragedia en particular, es el lenguaje de la *acción* el que habla, un lenguaje más cercano al concepto, al pensamiento puro. Es oportuno detenerse a considerar brevemente la relación entre *epos* y *drama*, y la identidad y diferencia de sus contenidos.

Ya en el *epos* está presente el conflicto entre dos masas éticas, la ley del día y la ley de las sombras, o entre el *Volksgeist* y la individualidad (uso intencionadamente las categorías de la *Phänomenologie des Geistes*, que iluminan estas páginas de la *Estética*, para ser a su vez iluminadas). Tal conflicto encuentra expresión o bien en dos figuras contrapuestas –Agamenón y Aquiles, por ejemplo–, o bien en el mismo personaje, Héctor, entre las razones de la familia y las de la patria.

Conviene subrayar que el conflicto se produce entre dos masas éticas, y no entre instituciones estatales y autoconciencia. La autoconciencia, como la institución estatal, no está aún formada, al menos no completamente. Ahora bien, se ha dicho que en el *epos* predomina lo "objetivo", lo exterior, el espacio. ¿Qué significa esto, pero ahora no ya desde el punto de vista de la forma-relato, sino desde el del contenido espiritual, o sea del acontecimiento, de la historia narrada?

Significa, por decirlo de nuevo con el lenguaje de la *Fenomenología*, que el mundo del *epos* es el mundo ético todavía en estado de perfecto equilibrio, aún "durch keine Zwiespalt verunreinigte" (p. 330), todavía sin la mácula de ninguna escisión; en el mundo del *epos* no existe aún *Handlung*, acción. Ethos y Eros, masculino y femenino, ley del día y derecho del hombre, están inmóviles: "los dioses inmóviles, en vez de actuar, permanecen felizmente sumergidos en sí como impasibles imágenes escultóricas" (*E*, p. 834). Pero ésta es una inmovilidad que "prepara" para la acción, que es premisa del hacer histórico efectivo. Y así es como en la poesía dramática, en la tragedia, logra su expresión la *Handlung* –y, con ésta, la escisión y el contraste, *verdaderos*, factuales. Y de aquí la culpa; y el destino.

Culpa y destino –oposición que señala el ingreso de la factualidad histórica en el lenguaje de la poesía. Claro, puesto que la tragedia expresa la conciencia de la historia, que en cuanto acción (*Handlung*), en cuanto hacer (*Tun*), es siempre historia de escisiones, de conflictos, y de culpas: "Unschuldig ist nur das Nichttun wie das Sein eines Steines" (*PhG*, p. 334). Y la primera escisión, aquella que se halla en el origen de todas las demás y de todos los conflictos que surgen de las esciciones, es la separación de la autoconciencia de la "sustancia", de la obtusa naturalidad e inmediatez del espíritu, separación de la que ya el *epos* representa una liberación inicial. El poema épico –afirma Hegel– "se ubica esencialmente en el período intermedio en que un pueblo despierta ciertamente del letargo y el espíritu está ya en tal medida en sí fortalecido para producir su propio mundo y sentirse a gusto en el mismo" (*E*, p. 753-754); el drama surge después, en "épocas tales en que la autoconciencia subjetiva ha alcanzado ya un alto grado de refinamiento" (*E*, p. 845). Una *misma* historia mantiene juntos los dos *momentos*: el inicial del *epos* y el postrior del drama. Una misma historia conecta el drama antiguo y la tragedia moderna. Cierto es que la autoconciencia propia de la tragedia de Sófocles –la autoconciencia que se expresa en Edipo o Antígona (sobre todo –para Hegel– en ésta última)– no es la autoconciencia que se revela en las tragedias de Shakespeare, la autoconciencia de Hamlet, de Macbeth, de Lear. Entre ambas existe un mundo representado por la comedia, el mundo del extrañamiento de la conciencia singular del mundo, así como entre el *epos* y el drama antiguo estaba el mundo de la pura interioridad *lírica*. Sin embargo, comedia y lírica no constituyen fracturas, interrupciones, sino más bien mediaciones, transiciones: una única historia que discurre del *epos* al drama antiguo, y de éste a la tragedia moderna. Una misma historia que bien podría llamarse "destino" –que no es sólo *Ananke*, destino que se revela en la tragedia ática como el retorno de la potencia ciega de la naturaleza en la cual se hunde al final la autoconciencia de los singulares, destino que se contrapone a culpa, a la culpa de la autoconciencia, que es culpable en cuanto tal *auto*conciencia y, por tanto, en cuanto autónoma–; este *destino* es la historia misma. Una historia, en fin, más fuerte que lo humano y lo divino, que el tiempo y lo eterno, si es eso lo que les une en un único acontecer. Destino es aquí lo eterno que se manifiesta en el tiempo y que, de ese modo, se hace tiempo. Es la sustancia que se convierte en sujeto, el cristianismo realizado: el Viernes Santo especulativo visto a la luz de la *Versöhnung* pascual.

En esta *religión* completamente tra-ducida en el *saeculum*, en este "destino", en esta historia, en la que "la dureza de la ausencia de Dios" es sólo un "pasaje" –por más que sea necesario–, la verdad trágica, la *Versöhnung*, llevada a cabo por la muerte del héroe, es solamente una verdad incompleta, *ateles*, o sea, es tal que no se posee al final, que no se alcanza a sí misma, que no se sabe a sí misma, que no conoce la verdad. En realidad, ¿por qué un destino infeliz? "Debo admitir —proclama Hegel— que por mi parte prefiero un desenlace feliz. ¿Y por qué no?" (*E*, p. 880). La conciliación *perfecta*, completa, de lo divino con lo humano no puede pensarse bajo el signo de la infelicidad. "La conclusión no tiene por qué ser trágica", afirma Hegel; y verdaderamente, a través de la óptica de la *Versöhnung*, no debe, no puede ser trágica.

Sólo relegando al "pasado" la experiencia trágica, se concilia lo eterno con el tiempo. ¿A qué *pasado*? He aquí el nudo de las ambigüedades en la concepción hegeliana de la historia: que en un verso lo trágico es pasado histórico, una época, y en otro es "momento dialéctico", un pasado que siempre lo ha sido, un pasado eterno, eternamente inactual, si la infelicidad no llega a ser nunca expresión de una conciencia adecuada de la historia, ni siquiera de sí misma. El Viernes Santo —sea religioso o especulativo— revela su sentido sólo en la alegría del acontecimiento pascual: "el dolor infinito... mero momento de la idea suprema... no es más que un momento" (*GW*, p. 432; 252).

5. Benjamin se libera de esta ambigüedad rompiendo todo vínculo entre historia y tragedia, entre tragedia y *ethos* (véase *Udt*, I-1, p. 243; 47). Refiriéndose a Nietzs-

che –no sin criticar al estetismo del *El nacimiento de la Tragedia*– y, por consiguiente, a Rosenzweig y al Lukács de *El Alma y las formas*, Benjamin pone de relieve las relaciones entre lo trágico y el mito y la saga (*ibid.*, p. 280 y ss.; 90 y ss.). El tiempo es, por tanto, proyectado "detrás" de la historia: "La *hybris* trágica, que paga con la vida del héroe su derecho a permanecer callada, sólo era posible en épocas arcaicas" (*ibid.*, p. 294; 105). Con el tema del silencio, vuelve el otro vínculo entre derecho y tragedia; en particular, se pone a la luz "la afinidad entre proceso judicial y tragedia: "también en ella tiene lugar un debate con vistas a la conciliación. De ahí que en Sófocles y Eurípides los héroes no aprendan 'a hablar, sólo a debatir'" (*ibid.*, p. 295; 106; la cita es de Rosenzweig, *Der Stern der Erlösung*). No obstante, para comprender el lenguaje de la tragedia y el papel que en ella juega el silencio, es necesario interrogarse sobre el tiempo propio de la experiencia trágica.

Se ha dicho que no es el tiempo de la historia, ni el tiempo de la historia ético-religiosa, y ni siquiera el de la profana. El tiempo histórico es, como tal, incompleto, siempre abierto al futuro del proyecto y al pasado de la memoria. El tiempo mítico, pre-histórico, de la tragedia es, por el contrario, tiempo cumplido, "pleno" –*erfüllte Zeit*–, como el tiempo mesiánico. Pero, si la consumación del tiempo mesiánico se comprende por sí misma –o sea la *plenitudo temporum*, la consumación de la totalidad, de la historia en cuanto que totalidad–, ¿cómo se podría entender la consumación del tiempo trágico, si éste es siempre tiempo del individuo? ¿Puede consumarse alguna vez el tiempo del individuo?

Ciertamente. El tiempo del individuo se cumple con la muerte. ¿Se cumple o más bien termina? Para que la muerte sea *eschaton*, y no simplemente fin, es necesario que todas las acciones del individuo sean, por así decirlo, encerradas en "un círculo mágico". Y esto es precisamente lo que sucede al héroe trágico. "El significado del tiempo pleno, consumado, del destino trágico –afirma Benjamin (*TT*, II-1, p. 135; 169)– sale a luz en los grandes momentos de pasividad". Esta "pasividad", este ser-por-otro, esta total dependencia de lo Otro que caracteriza el hacer del héroe trágico –un hacer que es más bien ser hecho, como dice de sí mismo Edipo: "mis acciones, más que cumplirlas, las pacto" (*Edipo en Colona*, vv. 266-267)– se revela plenamente en la muerte, con la muerte. La muerte cierra el círculo mágico, une fin con inicio, dando así sentido al todo. Un sentido, éste, que se revela al final, pero que está presente desde el inicio, que es el "principio" mismo del ciclo de los acontecimientos, del destino trágico. "Su vida [la del héroe trágico] se despliega, de hecho, a partir de la muerte, que no constituye su final, sino su forma" (*Udt*, i-1, p. 293; 103). Al cumplir el destino, la muerte da inmortalidad al héroe: "Er stirbt an Unsterblichkeit" (*TT*, ii-1, pp. 134-135; 169). Pero, ¡qué "irónica inmortalidad"!

¡Qué lejos de Hegel! Sin embargo, la distancia puede expresarse con las mismas palabras de Hegel, para quien, al igual que para Benjamin, *la verdad de lo finito es el infinito*. Con la salvedad de que para Benjamin el in-finito de la tragedia no es la conciliación de lo humano con lo divino, no es la historia que comprende en sí misma vida y muerte; es el no-finito, el "no" pronunciado contra lo finito, el "no" que aniquila lo finito dándole forma absoluta, definitiva. He aquí la ironía trágica y junto con ella la irónica *Umstülpung* del hegelismo: en el punto en que encuentran para coincidir, totalidad y finito se separan definitivamente. La muerte sella un destino, no restaura ni crea un orden ético-histórico.

En esta absoluta separación se halla el significado del *mutismo* del héroe trágico. El lenguaje de la tragedia tiende al "lenguaje puro": aquél "que ya no significa ni expresa nada, sino que, como palabra creadora e inexpresiva [*ausdruckloses*, en el sentido del vínculo de la expresión,] es lo que se piensa (*das Gemeinte*) en todos los idiomas"; aquél que "llega al fin, como mensaje de todo sentido y de toda intención, a un estrato en el que está destinado a extinguirse" (*AU*, iv-1, p. 19;

140). El lenguaje de la tragedia lleva hasta su expresión la absoluta *Ent-scheidung* de lo finito desde el in-finito, la imposibilidad de la palabra finita de co-responder al in-finito. El héroe trágico renuncia a la palabra debido a la inadecuación del lenguaje finito. Cuando Edipo ve su destino, se provoca la ceguera. La *hybris* trágica está en eso –por valernos de nuevo de las categorías hegelianas–, en el convertirse en sustancia el sujeto. Más allá de la *natural* sustancia divina –de la divina sustancia *naturaliter*–, está el sujeto trágico que se hace sustancia, que "cumple" su tiempo espiritual, subjetivo, con la muerte en la naturalidad sustancial.

La *hybris* trágica es pre-histórica porque traslada "detrás" la historia. La *hybris* del héroe trágico, su no responder, es negación del tiempo histórico, del tiempo de la palabra finita, del tiempo inconcluso. Pero, ¿no dice Benjamin que "no existe lo trágico, si no es en el diálogo (*Wechselrede*) entre los hombres"?, ¿No dice que "en la tragedia la palabra y lo trágico nacen juntas, simultáneamente, de vez en cuando en el mismo lugar"? (*BSTT*, II-1, pp. 137-138; 172). Cierto, solamente la palabra que no es charlatanería (*Geschwätz*), la palabra no vana, la palabra consciente de su propia finitud puede renunciar a sí misma, rechazarse, refutarse. Callar.

En la conclusión de *Die Aufgabe des Uebersetzers*, Benjamin observa que las "traducciones de Sófocles fueron la última obra de Hölderlin. En ellas, el sentido salta de abismo en abismo hasta que amenaza con hundirse en las simas insondables del lenguaje" (IV-1, p. 21; 143). Aquí, la proximidad del trraductor con el poeta griego es tal que se advierte el peligro de que se cierren las puertas de la lengua– "y condenen al traductor al silencio". Benjamin ilumina indirectamente la diferencia entre traductor y poeta trágico: aquél tiene la tarea de rescatar "ese lenguaje puro confinado en el idioma extranjero, para el idioma propio" (*ibid.*, p. 19; 141); esto tiene como meta el poeta trágico, la experiencia extrema del lenguaje: alcanzar la pureza de la lengua pura, allá donde *die Tore einer Sprache fallen zu*.

Sin embargo, Benjamin no se detiene en el hecho de que la pureza de la lengua pura no es alcanzada, por el héroe trágico, de otro modo que en el hundimiento de la lengua sonora, acústica, nominal –o de origen nominal– en la lengua muda de la naturaleza, de las cosas. El silencio del héroe trágico es, en última instancia, la no palabra del cadáver. Es verdad que para Benjamin existe un lenguaje más allá del lenguaje de la tragedia: el lenguaje del texto sagrado que, "sin la mediación del sentido", sino directamente "en su literalidad" (*in seiner Wörtlichkeit*), *habla* la lengua verdadera, la lengua que "corresponde a la verdad", la lengua de la revelación (*ibid.*, p. 21; 143).

6. Sin embargo, si el tiempo trágico es el tiempo cumplido del individuo, el tiempo pre-histórico que, haciendo definitiva la propia finitud, rechaza y borra su tra-ducción en tiempo in-cumplido (siempre en cumplimiento) de la historia, ¿de qué modo se comprende y explica después el tiempo histórico? He aquí la "diferencia" entre la tragedia y el *Trauerspiel*: el juego luctuoso, la recitación, la presentación, el *espectáculo* del luto (véase *UdT*, I-1, p. 260; 67), del luto del tiempo histórico.

Contra Hegel –contra la continuidad del historicismo hegeliano, contra el "pasaje" de lo antiguo a lo moderno– Benjamin afirma la rotura, el "salto" de la pre-historia trágica a la historia del *Trauerspiel*, el juego luctuoso, del espectáculo en el que se representa, se recita la muerte. Historia-juego, historia-espectáculo, porque en la medida en que se representa el luto, se recita la muerte, "la historia ha quedado reducida a una presencia perceptible en la escena" (*ibid.*, p. 353; 171). Por esta razón prevalece la ostentación, la "pompa": en el *Trauerspiel*, la vida de la corte representa "el decorado eterno y natural del curso de la historia" (*ibid.*, p. 271; 79). En el *saeculum sin religio*, los rígidos confines entre lo cómico y lo trágico se disuelven, "el *Lustspiel* penetra en el *Trauerspiel*" (*ibid.*, p. 306; 118). Sin embargo, y siempre bajo la máscara del bufón, del loco, descubre la mueca maliciosa del diablo (*Teufelfratze*).

Por tanto, la ostentación, la ausencia de "gravedad" o fundamento, no quita "seriedad" ni profundidad a la representación. Pero ésta es una profundidad totalmente "subjetiva", psicológica; es la profundidad del melancólico que se cierra en sí mismo, que "traiciona" al mundo "por amor al saber" (*ibid.*, p. 334; 149). "El Renacimiento explora el universo, el Barroco las bibliotecas" (*ibid.*, p. 319; 133). No obstante, el saber, la sabiduría del melancólico no va más allá de "las cosas creadas y nada debe a la voz de la revelación" (*ibid.*, p. 330; 144). La melancolía tiene como aliada la *acaedia*, la indecisión. Pero, ¡qué lejos se halla esta *inacción subjetiva* de la *pasividad ontológica* del héroe trágico! La primera tiene como consecuencia tal ausencia de vínculos, tal libertad, que en el vacío de su existir no sabe decidirse; la otra es la revelación de la absoluta dependencia. Esta oposición se muestra precisamente en los aspectos exteriores, "técnicos", de la representación teatral: en la tragedia "el escenario es un topos cósmico"; en el *Trauerspiel*, "[el escenario] sigue a la corte de ciudad en ciudad" (*ibid.*, p. 298; 109).

La movilidad de la escena del *Trauerspiel* es también signo de la movilidad de su 'contenido'. Separada de lo eterno, del ἀψςὶ ὄν de, del siempre ser, la historia *secular* es el lugar de lo fugaz, de lo caduco, de aquello que es y, al mismo tiempo, no es, del μὴ ὄν. Es la historia de un decaer incontenible y, sin embargo, de intrigas, delitos, acciones tiránicas y perfidias; es una historia destinada *naturaliter* a la catástrofe, y no a causa de una transgresión, de una culpa –como en la tragedia–, sino por la 'condición de criatura' (*ibid.*, p. 268; 72). "Mientras que en la Edad Media presenta la precariedad de la historia y la caducidad de la criatura como etapa en el camino de la salvación, el *Trauerspiel* alemán se asume por completo en el desconsuelo (*Trostlosigkeit*) de la condición terrena" (*ibid.*, p. 260; 66).

La separación de lo eterno conlleva que la historia esté en sí misma dividida. Lo eterno, el siempre ser, no es solamente un vínculo externo, trascendente, es también un nexo interno, inmanente. Lo eterno es aquello que da continuidad al devenir. Pero, si la historia es el lugar de lo caduco, del *occiduo*, entonces no se efectúa en ella ningún desarrollo real. La historia-naturaleza se espacializa, se reduce a unidades de espacio-tiempo (*Jetztpunkte*), sólo extrínsecamente correlativas. El único *continuum* que esta historia conoce es el de la agregación espacial (véase *ibid.*, p. 274; 79).

Este tiempo reducido a espacio (véase *ibid.*, p. 273; 79), esta naturaleza-historia, encuentra su expresión adecuada en el lenguaje fragmentado, dividido, reducido a palabras aisladas, singulares. Benjamín cita de *El mayor monstruo del mundo* de Calderón los versos en que Mariene, recogiendo fragmentos de una carta del marido Herodes, lee tres palabras fatales: "muerte", "honor" y el propio nombre; fatales, porque en ellas se vislumbra su destino. Comenta Benjamin: "el lenguaje en sus pedazos (*die zertrsümmerte Sprache*) ha dejado de servir como mero medio de comunicación y, en cuanto objeto recién nacido, adquiere su dignidad igual a la de los dioses, de los ríos, de las virtudes y de formas naturales análogas transfiguradas en alegoría" (*ibid*., p. 382; 203).

Aquí, en la extrema deyección de la historia y el lenguaje, historia y lenguaje son redimidos. Redimidos en su ser deyectos; redimidos en su ser espacio, naturaleza, fragmentos. Es una redención que no transforma. Las ruinas permanecen como ruinas. El Ángel de la historia no recompone la rotura; y sin embargo, historia y lenguaje son redimidos, en la medida en que son reducidos a escombros. Hace falta comprender el modo en que sucede esto y cómo podría suceder.

7. "Si con el *Trauerspiel* la historia entra en escena, lo hace en cuanto escritura" (*ibid*., p. 353; 170). En la escritura, el lenguaje se encuentra con el espacio. De interno se hace externo, cumplidamente, totalmente. El lenguaje humano pierde su carácter esencial, el de ser sonido, para convertirse en *material*, como el lenguaje inacústico de las cosas. No obstante, la palabra escrita, la palabra sin sonido, "no comporta nada de utilitario, no se elimina en la lectura en cuanto escoria" (*ibid*. , p.

388; 210). No es la "envoltura del ser", ni es el "monograma". La escritura es constitutivamente *alegórica*. "La fisionomía alegórica de la naturaleza-historia, que sube al escenario con el *Trauerspiel*, está efectivamente presente en forma de ruina... Las alegorías son en el reino del pensamiento, lo que las ruinas en el reino de las cosas. De ahí el culto barroco a las ruinas" (*ibid.*, pp. 353-354; 171); junto a los "anagramas", a las "locuciones onomatopéyicas" y a muchas otras construcciones lingüísticas "emancipadas de cualquier otra asociación de sentido heredada" (*ibid.*, p. 381; 202).

Es así, tratando con la alegoría, como Benjamin revela el verdadero, el auténtico significado de las palabras-fragmento, del lenguaje especializado o escritura. El lenguaje alegórico es la *forma* perfecta para el *contenido histórico* del *Trauerspiel*, y esto es así, precisamente, porque en la alegoría no hay ningún vínculo necesario con aquello a lo que se refiere. El signo de la escritura puede mutar *ad libitum*. A la ausencia de valor del contenido, le corresponde la más libre convencionalidad de la forma. El vacío de la forma se corresponde con el vacío del contenido. Son dos "irrealidades" que se conjugan y esto significa lo siguiente: el dominio de la alegoría –tanto en forma como en contenido de la alegoría– es el dominio del *chorismos*, del mismo modo que el ámbito de lo simbólico es aquel de la *methexis*, de la participación. El antagonismo con Hegel no podría ser más claro: es la oposición de la palabra-fragmento al lenguaje del silogismo; de la palabra vacía de realidad al concepto que es la cosa (*res*) misma.

Sin embargo, es precisamente aquí, en el *chorismos* más radical, donde se hace patente la participación. En la medida en que es *alegórico*, en cuanto que transfiere libre, arbitrariamente al otro, el signo de la escritura "no cae al suelo como una escoria". En esa transferencia arbitraria, fuera de cualquier conexión necesaria, en su alteridad radical con respecto a lo eterno, el tiempo-escritura es *alegoría* de lo eterno.

Aquello que salva la escritura es lo mismo que la condena, que la despoja de valor: su exterioridad, su carácter extrínseco; igualmente, lo que salva el tiempo histórico es su carencia de sentido, su extrañamiento para con lo divino, con lo eterno. La no entidad de escritura y de historia –su común ser vacío– salva a ambas, historia y escritura. Sí, porque los males del mundo, los *mala mundi* –los delitos de los poderosos, las intrigas de los cortesanos, las miserias de los débiles y los pobres– *no son*, no tienen ser, consistencia, *realitas*. Son, en sentido eminente, negativos, no-entes, no-existentes. En el extremo del abandono, de la deyección, en la vida reducida a apariencia –*la vida es sueño*– sobre el escenario de la historia, el no-ente se aniquila. Paradójicamente, la criatura se redime por su pecado, en su pecado: en y por su no entidad. Porque esta no entidad del no ente, esta apariencia de la apariencia, sólo permite *ser* a lo eterno, a lo divino. El aplazamiento de la alegoría se realiza a través de la reducción a la nada de la apariencia, del signo, a través del aniquilamiento del fenómeno. Pero es un aniquilamiento que lleva hasta la manifestación del ser verdadero, de lo divino de las cosas. Esto sucede porque al liberarse la palabra-escritura de cualquier sustancialidad, vaciándose de sí, se libera a su vez espacio para la morada de las cosas. La exterioridad de la escritura es la exterioridad del espacio que todo acoge. La palabra-fragmento, la palabra *vacía*, alegórica, es el espacio puro donde habitan los dioses y los ríos, las virtudes y las formas naturales.

Este espacio puro, vacío, este *nihil*, no vincula las cosas entre sí, del modo en que lo hacen los jueces y los silogismos. En él se refleja la discontinuidad de las "ideas", a pesar de su condición de no-ser, de no-objetos, de no ser términos de conocimiento, sino fuentes de cada acto de conocer y de cada [objeto] conocible.

La *kínesis* del tiempo revela lo eterno, la alteridad de lo eterno. La fenomenalidad del fenómeno, la pura semejanza del mundo, la negatividad de lo negativo, no arrebata la distancia, la diferencia, el *chorismos*; al contrario, la muestra. Y, no obstante, en un pasaje, y no secundario, del *Ursprung des deutschen Trauerspiels*, allí donde habla de la diferencia de relación existente entre lo singular y la idea con respecto a la diferencia entre lo singular y el concepto, Benjamin parece seguir una dirección opuesta. De hecho, afirma que mientras el concepto mantiene lo singular en su singularidad, la idea lo transforma: lo singular "llega a ser lo que no era (totalidad)". Y concluye: "Das ist seine platonische 'Retung'" (*ibid.*, p. 227; 30). ¿Lo singular hecho universal? ¿Elevado a "idea"? ¿Despojado de lo "negativo"? ¿No lleva a Benjamin esta "salvación" platónica del fenómeno a la fuente del más ortodoxo hegelismo? El paso –es bien evidente– debe leerse de un modo diferente. Lo que se extrae de lo singular es su pretendida "positividad", su sustancialidad singular, su ser-siendo; se extrae lo positivo, el *positum*, no negativo. La "totalidad" en la que *se convierte* es precisamente la negatividad que se autoniega, lo negativo de lo negativo, que no es un positivo, sino precisamente la no-entidad del no-ente, el *nihil*, el vacío puro de aquella *kínesis* incondicional que en sí misma revela la otra alteridad, la elteridad que permanece otra, la de lo eterno, la de la "idea". Lo eterno sólo reluce en la miseria de las criaturas. La gloria del Señor *es*, *habita*, solamente en el pecado del mundo, en la miseria de la creación, que es abandono, desapego, en este sentido, di-ferencia.

Quizá se trate de la tempestad que abre las alas del Ángel de la historia para llevarlo al futuro de las nuevas ruinas, para impedirle estancarse en el pasado, "despertar a los muertos y recomponer lo despedazado" –como se dice en un célebre fragmento de un ensayo *Ueber den Begriff der Geschichte* (1-2, pp. 697-698; 183)–; ¿quizá será que esta tempestad no sopla en el paraíso? Si "cada segundo es la pequeña puerta por la que puede entrar el Mesías", entoces el Mesías ha entrado ya a través de todas las pequeñas puertas. Cada segundo es una "mónada", una "parada mesiánica del acontecer histórico", para quien sepa, al menos, discernir el anuncio entre las ruinas, en la faz miserable de la criatura, el *signo*, el reflejo de lo divino.[4] No se sale del "burdel del historicismo" con la voluntad de imponer al acontecer histórico una nueva y diferente consumación, una nueva y diferente continuidad –la supuesta consumación y continuidad del tiempo mesiánico–; el tiempo mesiánico se halla solamente en las esquirlas del *Jetztzeit*, del tiempo-ahora, en el tiempo monádico, donde el "presente" no es "pasaje" sino parada e inmovilidad del tiempo (*ibid.*, pp. 702-704; 78-80). El tiempo mesiánico es las ruinas, los escombros del tiempo

---

[4] No me parece posible compartir la idea de G. Scholem, según la cual Benjamin habría "subdividido la función del Mesías, cristalizada de la visión hebraica, en la del ángel que debe fracasar en su tarea y la del Mesías que puede llevarla a cabo" (*Walter Benjamin e il suo Angelo*, trad. it. de M. T. Mandalari, Milán, Adelphi, 1981, p. 63); el esfuerzo de Benjamin –y la originalidad de su lectura de la historia– está contenido precisamente en concebir el "fracaso" del ángel como la "revelación", el cumplimiento, del Mesías: la catástrofe como redención.

histórico. El tiempo mesiánico es la esencia no nihilista del nihilismo. Es el no-ente, el vacío, en cuanto que re-velación –junto con el des-cubrimiento y el cubrimiento– del ser.[5]

8. Y he aquí, en la oposición extrema, el auténtico vínculo –y vínculo estrecho– con la posición de Hegel. Secularizado, reducido a mera naturaleza y espacio, vaciado de cualquier contenido "positivo", interpretado como mera semejanza, fenómeno de fenómeno, apariencia de apariencia, el tiempo histórico es, sea como sea, "salvado". Redimido en la "idea" platónica, salvado en lo incondicionalmente otro. Si Hegel redime el tiempo natural elevándolo a historia, conciliándolo con lo eterno y lo divino, Bejamin salva el tiempo histórico manteniéndolo en su natural, creatural basura. Y sin embargo, los dos itinerarios se encuentran en un punto, que después es el punto de su *común* origen. Ambos parten de un idéntico concepto: el de revelación.

En el centro de la filosofía hegeliana está el *Deus Revelatus*, el Dios que es espíritu sólo en la comunidad

---

[5] He aquí la proximidad entre la concepción benjaminiana de la historia con la heideggeriana. De Heidegger véase en partic.: *Nietzsches Wort "Gott ist tot"*, en *Holzwege*, Klostermann, Francfort del Meno 1972, pp. 193-247; *Zur Seinsfrage*, en *Wegmarken*, *ibid.*, 1978, pp. 379-419; y sobre todo *Beiträge zur philosophie (Vom Eireignis)*, *ibid.*, 1989.

en que se muestra, en que aparece (véase *LRF*, pp. 106-107). Para Benjamin, "el concepto de revelación" se halla en el centro de la "teoría del lenguaje" (*Sprachphilosophie*), acordando su íntima relación con la filosofía de la religión (*Religionsphilosophie*) (*SSM*, II-1, p. 146; 65). Solamente este concepto puede fundamentar y explicar la equiparación entre ser espiritual y ser lingüístico, la posibilidad que tiene el hombre de dar nombre a las cosas, la posibilidad de las cosas de manifestarse, a través de su lengua innominal (*namenlose*), ante el hombre, y del hombre a Dios, en el nombrar las cosas. Ciertamente, lo que en Hegel es identidad dialéctica, en Benjamin es diferencia; lo que en Hegel es participación, *methexis*, en Benjamin es escisión, *chorismos*; aquello que en Hegel se expresa como triunfo del bien sobre el mal, en Benjamin asume el tono luctuoso de la decadencia, de la caída: "toda la naturaleza comenzaría a lamentarse, si le fuera concedida el habla" (*BSTT*, II-1, p. 138; 174).

Sin embargo, el luto y la muerte del tiempo natural, espacial, secularizado, de Benjamin es, al final, aún *más redimido*, *salvado*, no como el tiempo histórico, progresivo de Hegel. En éste es todavía *real* el conflicto entre positivo y negativo, bien y mal, aunque la victoria no pueda más que sonreír al primero; en aquél, todo es apariencia y apariencia de apariencia –todo es igual. Es un *igualmente eterno morir*, *caer*, *pudrirse*. De este eterno morir y caer viven las cosas. Vida espectral, y no obstante necesaria, si el ser es en su no-ente. El ser no es otra cosa que su eterno aniquilarse. Diferente el tono de la voz: severo en Hegel, que no niega la lucha y los conflictos pero que, no obstante, gusta del "final feliz"; luctuoso en Benjamin. Sin embargo, el contenido de la voz –lo dicho– es el mismo. El tiempo eternizado, la palabra como lugar de acogida del todo. Dejemos la joroba al jorobado, de otro modo se le quita el espíritu –podría repetir Benjamin con Zaratustra-Nietzsche (véase Z, pp. 177-182). Es más: Benjamin no es ni siquiera contrariado por las hipertrofias de los *umgekehrte Krüppel*, de los lisiados a la inversa. Sabe que incluso las hipertrofias espirituales son "naturaleza". Allí donde Nietzsche le habla todavia al futuro,[6] Benjamin logra hablarle al presente. Pero el presente, el presente que no pasa, la hora que siempre es, es el tiempo del lenguaje de Hegel (véase *VPhG*, p. 105); el tiempo del lenguaje de la modernidad hegeliana, de cuyo círculo mágico –más amplio y absorbente de lo que suele sospecharse– ni siquiera Benjamin sale.

---

[6] Véase V. Vitiello, "Ethos e natura", en *Paradosso*, 1992/2, pp. 9-62 (espec. pp. 58-61).

BIBLIOGRAFÍA*

Benjamin, W., *Trauerspiel und Tragödie* (=*TT*), en *Gesammelte Schriften*, R. Tiedemann u. H. Schweppenhäuser (eds.), Francfort del Meno, Suhrkamp, 1974, II-1, pp. 133-137.

——, *Die Bedeutung der Sprache in Trauerspiel und Tragödie* (= *BSTT*), cit., pp. 137-140.

——, *Über Sprache überhaupt und über die Sprache des Menschen* (= *SSM*), cit., pp. 140-157; trad. esp. de Roberto Blatt, "Sobre el lenguaje en general y sobre el lenguaje de los humanos", en Walter Benjamin, *Para una crítica de la violencia y otros ensayos: Iluminaciones IV*, Eduardo Subirats (ed.), Madrid, Taurus, 1991, pp. 59-74.

——, *Schicksal und Charakter*, ibid., pp. 171-179; trad. esp. de H. A. Murena, "Destino y carácter", en Walter Benjamin, *Angelus Novus*, prólogo de Ignacio de Sol-Morales, Barcelona, Edhasa, 1971, pp. 201-210.

——, *Die Aufgabe des Übersetzers* (= *AU*), en *Gesammelte Schriften*, cit., IV-1, pp. 9-21; "La tarea del traductor", trad. esp. de H. A. Murena, *op. cit.*, pp. 127-143.

——, *Ursprung des deutschen Trauerspiels* (= *UdT*), en *Gesammelte Schriften*, cit. I-1, pp. 203-430; trad. esp. de José Muñoz Millanes, en Walter Benjamin, *El origen del drama barroco alemán*, Madrid, Taurus, 1990.

* No se citan aquí las obras mencionadas en las notas. En citas de obras donde se indiquen original y trad. esp., el primer número corresponde a la página del texto base y el segundo a la página de la edición española. (Esta indicación se provee incluso en los casos en que la traducción no sigue a aquella citada.)

——, *Über den Begriff der Geschichte*, en *Gesammelte Schriften*, cit. I-2, pp. 693-704; trad. esp. Jesús Aguirre, "Tesis de filosofía de la historia", en Walter Benjamin, *Discursos interrumpidos*, I, Madrid, Taurus, 1973, pp. 177-191.

Hegel, G. W. F., *Glauben und Wissen* (= *GW*), en *Werke in zwanzig Bänden*, 2, Jenaer Schriften 1801-1807, Francfort del Meno, Suhrkamp, 1970, pp. 287-433.

——, *Phänomenologie des Geistes* (= *PhG*), J. Hoffmeister (ed.), Hamburgo, Meiner, 1952, trad. esp. de Wenceslao Roces, *Fenomenología del Espíritu*, México, FCE, 1966 y ss.

——, *Vorlesungen über die Aesthetik* (= *E*), Trad. esp. de Alfredo Brotóns Muñoz, Akal, 1989.

——, *Vorlesungen über die Philosophie der Geschichte* (= *VPhG*), en *Werke*, cit. B. 12, trad esp. de Ricardo Ferrara, *Lecciones sobre filosofía de la religión*, (= *LFR*), Madrid, Alianza, 1987 (2 vols.).

Kant, J., *Kritik der reinen Vernunft* (= *KrV*), en *Kants Werke*, Akademie Textausgabe, Y de. (= *A*) vol. IV, II de (= *B*), vol. III, Berlin, de Gruyter, 1968.

Mill, J. S., *Sistema de logica deduttiva e induttiva*, trad. it. de M. Trinchero, Turín, UTET, 1988, vol. 2.

Nietzsche, F., *Also sprach Zaaratustra* (= *Z*), de Gruyter, Munich-Berlín/Nueva York 1988. Trad. esp. de Andrés Sánchez Pascual, *Así habló Zaratustra*, Madrid, Alianza, 1972.

Platón, *Cratilo*, París, Les Belles Lettres, 1989.

CAPÍTULO II

"La muerte verdadera, antes de la vida…"
Los *Requiem* de Rainer Maria Rilke

> "Los versos no son, como la gente cree, sentimientos (algo que desde muy pronto ya se tiene), no, –son experiencias. Para un solo verso, es preciso ver muchas ciudades, hombres y cosas, es preciso conocer los animales, es preciso sentir cómo vuelan los pájaros y conocer los gestos con los cuales se abren, cuando amanece, las flores más pequeñas.
>
> (Rainer Maria Rilke, *Werke*, vol. 5, p. 124)

> "¿Quién daría aún algo por una muerte bien elaborada? … El deseo de tener una muerte propia se hace cada vez más raro. Un poco más y llegará a ser tan raro como una vida propia."
>
> (Rainer Maria Rilke, *Die Aufzeichnungen des Malte Laurids Brigge*, p. 12)

1. 1904: iniciado en Roma y terminado en Jonsered, Suecia, el poema titulado "Orfeo, Eurídice. Hermes" permanece entre las más altas realizaciones de la obra

de Rilke,[1] inspirada según parece en la contemplación de un antiguo bajorrelieve. Como siempre, la ocasión externa, cuando no irrelevante, es de hecho secundaria. A fines de la comprensión, es relevante en cambio la confrontación de Rilke con dos grandes poetas de la antigüedad clásica: Ovidio y Virgilio. Ya desde el inicio se hace patente el recuerdo de ambos, no tanto en la descripción de los *inamoena regna* –por más que sea espontáneo el aproximar "*jener grosse graue blinde Teich*" al "*tardaque palus inamabilis unda*" (Virgilio), o el "*des einen Weges blasser Streifen*", que aparece, como todo allí, "*in Dunkel*", al "*adclivis per muta silentia trames, / arduus, obscurus, caligine densus opaca*";[2] las citas podrían multiplicarse fácilmente –que son imágenes sobradamente ligadas a la tradición literaria como para tener necesidad de referente directo, y que además difícilmente vendrían suscitadas por la contemplación de un bajorrelieve si no se guardase memoria de esta tradición; no tanto en estas descripciones,

[1] Véase *Neue Gedichte*, en R. M. Rilke, *Werke* (=W), 6 vols., Francfort del Meno, Insel, 1982, 2, pp. 298-301. Es de señalar que el segundo y el tercer *Requiem* cierran dicha colección (véase pp. 399-412 y 413-420).

[2] "Aproximar aquel 'gran, gris y ciego estanque' a la 'odiosa laguna de onda lenta' (Virgilio), a la 'pálida banda del camino', que aparece, como todo allí, 'en lo oscuro', al 'entre silente quietud la empinada senda / ardua, oscura, colmada de umbrosa tiniebla'." (Ovidio.) Véase Virgilio, *Geórgicas* (=G), IV, v. 479, y Ovidio, *Metamorfosis* (=M), X, vv. 53-54.

decíamos, cuanto en la predominante atención al retorno, al resurgir, al *revocare gradum*, que constituye el núcleo de este *mito*. Mas ya aquí se desvela una diferencia: Ovidio canta el himno al amor con el que Orfeo –haciendo regar de lágrimas, *tunc primum*, por vez primera, el rostro de las Euménides– convence a los Señores de los Infiernos de dejar libre a Eurídice; cosa que Virgilio apenas toca:

...*Manisque adiit regemque tremendum
nesciaque humanis precibus mansuescere corda.*[3]

En cuanto a Rilke, nada dice de lo anterior, sino sólo del ascenso y su fracaso. Cierto que antes del ascenso del poeta y la doncella Rilke describe el ascender penoso, *schwer*, de la sangre, como pórfido de las raíces infernales que sube *zu den Menschen*, a los hombres. El oscuro Averno es para él *das der Seelen wunderliche Bergwerk*, "la prodigiosa mina de las almas". Las vicisitudes de Orfeo y Eurídice son pues sólo humano ejemplo de la *apocatástasis* del ser. ¿Ejemplo? ¿O simple caso –si el mito narra el fracaso de *esta* vuelta? El hombre –y el poeta, que representa la humanidad del hombre–

---

[3] "Descendió hasta los Manes y el tremendo rey, / a los corazones que no aciertan apaciguar las plegarias humanas" (Virgilio, *G*, IV, vv. 469-470).

¿es quizá una carencia, un defecto del ser? ¿O es la pretensión del hombre de una segunda subida, de un renovado *ascensus*, la *hybris* que ni siquiera el veredicto favorable de las potencias catactonias podría consentir? A la primera diferencia que acerca a Rilke a Virgilio antes que a Ovidio le sigue una segunda en la que las relaciones se invierten. Es un punto esencial que requiere una escucha directa de las voces de los dos poetas. Virgilio:

> *Iamque pedem referens casus evaserat omnis,*
> *redditaque Eurydice superas veniebat ad auras*
> *pone sequem (namque hanc dederat Proserpinam legem),*
> *cum subita incautum dementia cepit amantem,*
> *ignoscenda quidem, scirent si ignoscere Manes:*
> *restitit, Eurydicenque suam iam luce sub ipsa*
> *immemor heu! victusque animi respexit. Ibi omnis*
> *effusus labor atque immitis rupta tyranni*
> *foedera, terque fragor stagnist auditus Averni.*
> *Illa: "Quis et me" inquit "miseram et te perdidit, Orpheu,*
> *quis tantus furor? en iterum crudelia retro*
> *fata vocant conditque natantia lumina somnus.*
> *Iamque vale; feror ingenti circundata nocte*
> *invalidasque tibi tendens, heu non tua, palmas"*.[4]

---

[4] "Remontando sus pasos, ya había evitado todos los peligros / y la rescatada Eurídice alcanzaba los aires de lo alto / avanzando tras él (tal

Ovidio:

Nec procul afuerunt telluris margine summae:
hic, ne deficeret, metuens avidusque videndi
flexit amans oculos: et protinus illa relapsa est
bracchiaque intendens prendique et prendere certans
nil nisi cedentes infelix adripit auras.
Iamque iterum moriens non est de coniuge quicquam
questa suo (quid enim nisi se queretur amatam?)
supremumque "vale", quod iam vix auribus ille
acciperet, dixit revolutaque rursus eodem est.[5]

condición impuso Proserpina) / cuando una súbita demencia asaltó al desprevenido amante, / excusable por cierto si excusar los Manes supieran: / se detuvo, y hacia su Eurídice –ya bajo la luz misma– / desmemoriado ¡ay! y con rendido ánimo, se volvió a mirar. Ya toda / la labor perdida, y quebrantados del cruel tirano / los pactos, por tres veces el fragor resuena del pantanoso Averno. / Y dijo ella: ¡Ay, mísera! ¿Qué nos perdió, a ti y a mí, Orfeo, / qué gran locura? A rehacer el camino los crueles / hados me llaman, y cierra el sueño mis vacilantes ojos. / Adiós pues, envuelta en la inmensa noche que me lleva, / no tuya ¡ay! mas tendiéndote mis impotentes manos" (Virgilio, G, IV, vv. 485-498).

[5] "Ya no estaban lejos del límite de la tierra de arriba: / allí, temiendo que desfalleciese y ávido de ver, / volvió el amante los ojos y ella cayó al punto, / y tendiendo los brazos e intentándose asir y ser asida / nada coge, infeliz, sino los blandos aires. / Ya muriendo de nuevo, en nada se quejó de su esposo / (¿de qué se quejaría sino de ser amada?) / y el supremo adiós que él apenas escucha / dijo, y se volvió al mismo lugar sobre sus pasos" (Ovidio, M, X, vv. 65-73).

Antes que la inmensa noche que la circunda la invada de nuevo con su sueño eterno, la Eurídice virgiliana tiende las palmas y encuentra fuerzas para hablar, para alzar su lamento contra la triste suerte, la suya y la de Orfeo. En cambio, en Ovidio, apenas Eurídice profiere el último "vale", sus palabras no se oyen: la débil voz de Eurídice testimonia que *nueva* muerte la atrapa cuando aún no ha salido del sueño de la muerte primera.

Rilke procede de Ovidio. Va ansioso Orfeo, tratando de oír los leves pasos de los dos transeúntes –Eurídice y Hermes– que tras él caminan; mas *ella*, la tan amada, en torno a la que Orfeo había creado un mundo, el mundo-del-lamento, *die Klage-Welt*, con tierra y sol y cielo estrellado, cielo-del-lamento, *Klage-Himmel*, sí, mas *ella*...

Sie aber ging an jenes Gottes Hand,
den Schritt beschränkt von langen Leichenbändern,
unsicher, sanft und ohne Ungeduld.
Sie war in sich, wie eine hoher Hoffnung,
und dachte nicht des Mannes, der voranging,
und nicht des Weges, der ins Leben aufstieg.
Sie war in sich. Und ihr Gestorbensein
erfüllte sie wie Fülle.
Wie eine Frucht von Süßigkeit und Dunkel,
so war sie voll von ihrem großen Tode,

der also neu war, daß sie nichts begriff.
Sie war in einem neuen Mädchentum
und unberührbar; ihr Geschlecht war zu
wie eine junge Blume gegen Abend,
und ihre Hände waren der Vermählung
so sehr entwöhnt, daß selbst des leichten Gottes
unendlich Leise, leitende Berührung
sie kränkte wie zu sehr Vertraulichkeit.[6]

Aquí Eurídice no ha salido de la muerte. No todavía. Y ningún interés tiene por el hombre que la precede y por el camino que la lleva "hacia la vida". *Sie war in sich* –dice por dos veces el poeta. "In sich" es expresión plena de significado, pero lo que aquí más cuenta es el tiempo del verbo: el imperfecto "war". Era –el tiempo de la esencia: *to ti* en *einai, quod quid* erat esse. De la plenitud, por tanto. Pero de una plenitud completamente recogida "en sí", *in sich*, se dice. Una pleni-

---

[6] "Mas ella iba de la mano de aquel dios, / con corto paso por las largas bandas fúnebres, / suave, insegura y sin impaciencia. / Ella era en sí, como una alta esperanza, / sin pensar en el hombre precediéndola, / ni en el camino que la alzaba hacia la vida. / Ella era en sí. Y aquel su estar-muerta / la colmaba como una plenitud. / Igual que un fruto de oscuridad y dulzura, / llena era de aquella su gran muerte, / tan nueva que ella nada comprendía. / En una nueva mocedad era, intangible. / Cerrado estaba su sexo / como una joven flor hacia la noche, / y sus manos estaban de las bodas / ya tan ajenas, que del dios ligero / el leve roce con que la guiaba / la atormentaba, por íntimo en exceso."

tud no desenvuelta, no desarrollada. Sin futuro, por ser del todo plena. "Cerrado estaba su sexo / como una joven flor hacia la noche". Plena pues de su muerte, de su ser-muerta, de la gran muerte que entera la invadía; y así todo era nuevo para ella. E incluso el leve roce de la mano del dios le era casi una ofensa. Su *plena* identidad no consiente otra cosa. Por eso *ohne Ungeduld*, sin impaciencia: ya *era* Todo.

Pero esta plenitud, este Todo, venía a turbarlo la lira de Orfeo. Pues ella ya no era la mujer que se cantaba en los versos del poeta,

Sie war schon Wurzel

El verso clave no ha sido casualmente separado de los otros. Era raíz, y ese "ya" (*schon*) es el último vínculo que aún queda con la vida. Vínculo de una relación ya rota. Vínculo, pero sólo en la memoria. Mas memoria ¿de quién? No de Eurídice, que ya no es Eurídice, pues cuando el dios, deteniéndola, con dolor le dice: *Er hat sich umgewendet*: "Él se ha vuelto", ella ya ni lo entiende:

begriff sie nichts und sagte leise: Wer?

La débil voz de la Eurídice ovidiana es ahora voz de extraña, que ni siquiera se acuerda ya de Orfeo: "no comprendió y dijo quedo: ¿Quién?".

¿Memoria pues de Orfeo? Los versos finales parecen, en efecto, sugerirlo:

Fern aber, dunkel vor dem klarem Ausgang,
stand irgend jemand, dessen Angesicht
nicht zu erkennen war. Er stand und sah,
wie auf dem Streifem eines Wiesenpfades
mit trauervollem Blick der Gott der Botschaft
sich schweigend wandte, der Gestalt zu folgen,
die schon zurückging diesen selben Weges,
den Schritt beschränckt von langen Leichenbändern,
unsicher, sanft und ohne Ungeduld.[7]

¿Sólo sugerirlo? ¿Quién más podría estar en aquel paisaje desolado sino el cantor Orfeo? Ya más sólo que nunca, próximo a la salida, a la *clara* salida, el rostro aún en lo oscuro, entre dos mundo. Pero ¿por qué indicarlo con ese indefinido *"irgend jemand"*? ¿Y por qué ni una palabra de desesperación? Quizás en ese rostro aún en lo oscuro, no visible y no reconocible, también se esconderá el *otro* poeta: Rilke, sí, perplejo. Y presa de una perplejidad opuesta y contraria a la desesperación del fracasado amante. Perplejo no por la recaída, sino por el retorno. Y no el de Eurídice, sino el de

---

[7] "Pero lejos, oscuro, ante la clara salida / estaba alguien cuyo rostro / no era reconocible. Estaba allí, mirando / cómo en la línea del sendero, entre los prados, / con compasivo mirar el dios de los mensajes / se volvía en silencio para seguir a la figura / que retornaba ya el mismo camino, / con corto paso por las largas bandas fúnebres, / suave, insegura y sin impaciencia."

aquello que surge entre las raíces –que también ella, la tan-amada, era *Wurzel*, raíz.

Das war der Seelen wunderliches Bergwerk.
Wie stille Silbererze gingen sie
als Adern durch sein Dunkel. Zwischen Wurzeln
entsprang das Blut, das fortgeht zu den Menschen,
und schwer wie Porphyr sah es aus in Dunkel.[8]

La raíz no permanece en su plenitud. Germina, rebrota, retorna a vida. Pero ante la *apocatástasis del ser* el poeta se queda perplejo. Pues muchos son los interrogantes que ahora surgen.

2. Rilke ha tocado aquí el tema de fondo de su poética, y por tanto de su concepción de la vida y del mundo, más aún: de su *visión del ser*. Una visión que lo pone en fuerte contraste con su tiempo y con la expresión quizá más consecuente de entre las más altas de su época: la de Charles Baudelaire. La tesis es "fuerte", y debe ser argumentada sin premura. Y avanzando, si no desde el inicio, desde un punto muy próximo: a partir del primero de sus *Requiem*, aquel con el que Rilke de-

---

[8] "Era la prodigiosa mina de las almas. / Cual silenciosa plata corría, como venas / a través de lo oscuro. Entre raíces / surgió la sangre, e iba hacia los hombres; / grávida como pórfido aparecía en lo oscuro."

cidió rematar *Das Buch der Bilder*. Lleva fecha del veinte de noviembre del año 1900, y está dedicado a Clara Westhoff, elegida por el poeta como su voz.[9] La Westhoff habla de ella, y al tiempo con su amiga, Gretel Kottmeyer:

...von allem Anbeginn
war dir bestimmt, sehr zeitigt zu sterben,
blond zu sterben.[10]

Mas ¿cuál es el sentido de este "morir joven"? También Eurídice era una joven muerta. En las *Elegías* se nos dice que "la Naturaleza exhausta retoma en sí a los amantes" –entiéndase: a los *jóvenes* amantes– y que desde ellos, *von jenen jungen Toten*, "de esos jóvenes muertos", como aliento o susurro un rumor nos alcanza.[11] Pero de todo aquello –de comprensión difícil– nada hay aquí todavía, nada más que un lejano presentimiento. Ahora, la joven muerta enseña esto a la amiga: *que hay algo que "puede" no ser ya*. Morir joven –*blond zu sterben* (es decir, cuando el cabello

[9] Este *Requiem* cierra la segunda parte del Lib. II de *Das Buch des Bilder*. Véase R. M. Rilke, W, 1, pp. 225-232 (sólo le sigue un breve *SchluBstück* de seis versos).
[10] "Desde el principio / estabas destinada a morir pronto, / a morir rubia."
[11] R. M. Rilke, W, 2, pp. 439-482. *I Elegie* (=*EI*), vv. 43-44 y 61.

aún es rubio, sin haber encanecido)– hace patente *la posibilidad* de la muerte, la muerte como *posibilidad*. La realidad de la muerte es experiencia común que en nada extraña. ¿Cómo podría hacerlo? La muerte del anciano es como el ocaso: es *normal*, entra en la norma, es Ley de la vida. Esa muerte es un momento de la vida, está en el movimiento de la vida. Se nace, se muere. Es el círculo eterno de la Vida. El filósofo diría que la muerte del viejo no es nada más extraño que la aparición de arrugas en su rostro, la caída del cabello, el irse encaneciendo de la barba. En la muerte del viejo hay más cambio que fin, más *accidente* que *sustancia*. La "rubia muerte" en cambio nos muestra que una cosa –algo, *etwas*, y no un mero accidente de ese *etwas*– "puede no ser ya". ¿Pero qué significa ese "no ser-ya" referido a *etwas*, al algo: a la *substancia*? O bien: ¿puede *etwas* "*no-ser-ya*"?

Blond zu sterben no es un *momentum* del ciclo de la vida, es una fractura, una interrupción. Y además, y esto es lo prodigioso, esta fractura, esta interrupción, ha sido largo tiempo preparada.

> *Für deinen Tod*
> *sind Leben erstanden;*
> *Hände, welche Blüten banden,*
> *Blicke, welche die Roses rot*
> *und die Menschen mächtig empfanden,*

hat man gebildet und wieder vernichtet
und hat zweimal das Sterben gedichtet,
eh es, gegen dich selbst gerichtet,
aus der verloschenen Bühne trat.[12]

Toda la Vida, el ciclo entero, existe pues *para* esta muerte joven, para que así se sepa que *das ist nicht das Ganze*. "Ello": la Vida, y con la vida el amor, el encanto de que "entre dos poseen *un* mundo y *una* voz", no son Todo. Y no porque sean una mitad –una parte– del Todo, como con demasiada simplicidad se ha dicho a propósito de las *Elegías* respecto de los Ángeles.[13] No es *todo* porque ni siquiera es un todo la suma de "ambos ámbitos". Porque ni siquiera es *todo* aquella *ewige Strömung*, aquella eterna corriente que siempre nos arrastra.[14] Este *blond zu sterben* nos enseña que el círculo de la Vida "no es el Todo".

[12] "Para tu muerte / fueron surgiendo vidas; / manos que trenzaban flores, / miradas que rojas rosas / y poderosos hombres percibían / fueron formadas y de nuevo aniquiladas, / y así dos veces el morir se compuso / antes de que, vuelto contra ti, / abandonara la apagada escena."
[13] Véase M. Heidegger, *Wozu Dichter?*, en Id. *Holzwege*, Francfort del Meno, Klostermann, 1982, pp. 248-295. Para la interpretación heideggeriana de Rilke remito a mi "Heidegger/Rilke: un incontro sul 'luogo' del linguaggio", en *aut aut* 1990/235, pp. 97-120.
[14] R. M. Rilke, *I. El.*, vv. 83-84.

Leben ist so nur der Traum eines Traumes,
aber Wachsein ist anderswo.[15]

Pero ese *en otra parte* no alude otro lugar, fuera de la vida: se da en la vida misma... en tanto que *se da*.

Aber sehr viel
warst du.[16]

De nuevo el "*warst*", el "eras": el tiempo del pasado ya de siempre pasado, del pasado siempre sido. El tiempo de la *esencia*. De la *raíz*:

Die Erde ist voller Gleichgewicht,
deine Erde.[17]

Y aún más explícitamente todavía:

Dien Tod war schon alt,
als dein Leben begann;
drum griff er es an,
damit es ihn nicht überlebte.[18]

---

[15] "Vivir es pues tan sólo el sueño de un sueño, / estar despierto, en cambio, es de otra parte."

[16] "Mas tú eras / muchísimo."

[17] "La tierra está colmada de equilibrio, / tu tierra."

[18] "Tu muerte ya era antigua / cuando empezó tu vida; / por eso la agredió, / para que no la sobreviviera."

La muerte antes de la vida, la *raíz*. La interrupción que nos muestra la posibilidad de la muerte *verdadera*, de la que no es *momentum*, que no entra en el *movimiento* de la Vida, sino que es ella, justamente, la que nos vuelve a la Vida, a sus raíces; a la fuente: la "prodigiosa mina de las almas". Estamos de este modo en el lugar a donde nos había conducido el canto de "Orfeo. Eurídice. Hermes", el lugar donde éste se había iniciado. En el círculo platónico del alma.

Pero ahora sabemos algo más, algo que se ha dicho con esa "voz" del poeta: Clara Westhoff; y tan explícitamente como era necesario para comprender aquel repetido "*ohne Ungeduld*" del poema de 1904. Oigamos esta voz, que nace de lo hondo, como si la amiga viva participase del saber de la joven muerta:

Jetzt weißt du das Andre, das uns verstößt,
so oft wir's im Dunkel erfaßt;
von dem, was du sehntest, bist du erlöst
zu etwas, was du hast.[19]

Etwas: algo. Algo que tú tienes. Pero este "tienes" no se refiere aquí a algo que *posees*. Este "tienes" no

---

[19] "Ahora conoces lo otro, lo que nos repudia / tan pronto como lo asimos en lo oscuro; / de lo que ansiabas ya estás redimida, / por algo que ya tienes."

puede significar tal cosa, porque aquí ya no hay deseo, ni siquiera deseo satisfecho. El deseo no deja de ser tal por estar satisfecho. Al contrario, la satisfacción acentúa el sentido, el placer del desear. Sólo por eso, satisfecho un deseo nacen otros. *Ahora* en cambio, Gretel ya no desea: se encuentra redimida del deseo y, aún más y sobre todo, de aquello que lo enciende. *Was du hast* significa: *was du bist*. Aquí, tener es *ser*. Eres algo. Substancia, ya no mero accidente. Substancia, ya no *momentum*. Y ya no movimiento. *Eres, aber sehr viel warst du*, mas ya eras muchísimo.

3. "*Imprimir* al devenir el carácter del ser: ésta es la *suprema voluntad de poder.*" Así aparece en el fragmento 617 de *Der Wille zur Macht*. Heidegger lee en él la interpretación auténtica de la doctrina del eterno retorno: "*Die ewige Wiederkehr ist die beständigste Beständigung des Bestandlosen*".[20] Claro intento el de Heidegger: reconducir a Nietzsche por el cauce de la tradición metafísica occidental. Pero el esfuerzo de Nietzsche, según resulta de la lectura completa del fragmento, era exactamente lo contrario. Pues trataba de referir totalmente el ser *al* devenir, sustraer su carácter al ser para

---

[20] M. Heidegger, *Nietzsche*, Neske, Pfullingen, 1961, II, p. 287. ("El eterno retorno es la más estable estabilización de lo inestable".) En cuanto a Nietzsche, véase *Wille zur Macht*, Stuttgart, Kröner, 1980, pp. 418-419.

atribuírselo al devenir. Hacer del devenir el *lugar* de todo. Nietzsche era bien consciente de que la devaluación del devenir deriva justamente de haber atribuido el valor al ser, y esto es lo que dice con toda claridad en el citado fragmento. Que luego ese *proyecto* –"imprimir al devenir..."– sea factible, o se haya llevado a término por Nietzsche, eso es ya otra historia. En todo caso, el filósofo de *La voluntad de poder* se encuentra en línea con el pensamiento típico de la contemporaneidad, a saber: que el "ser" del ente, de todo ente, que lo "real" es devenir. Un pensamiento que Hegel había expresado diciendo que el ser *no pasa* a la nada, ni la nada al ser, sino que *han pasado* (*übergegangen sind*).[21] Entonces, ¿qué significa que ni el ser ni el no-ser sean? ¿Acaso que lo único que es real sea el devenir?

Ahora y aquí, preciso es que escuchemos la voz del poeta de nuestra contemporaneidad. La del poeta del devenir: de Baudelaire. Y quizá en su poema más famoso, el de sus famosísimas *Correspondances*.[22] Allí no existen "cosas determinadas", sino palabras –confusas– y símbolos y ecos; perfumes y colores y sonidos. Todo aquí es accidente, no hay substancia alguna. Las mismas columnas del Templo-Naturaleza son móviles, vi-

---

[21] Véase G. W. F. Hegel, *Wissenschaft der Logik* (=WdL), en *id.*, *Werke in zwanzig Bänden*, Francfort del Meno, Suhrkamp, 1969, I, pp. 83.

[22] Véase *supra*, en "La palabra de cruce", el poema citado.

vientes. La noche y la claridad son semejantes, igualadas por ese su ser vastas. Las *cosas* allí nombradas son "infinitas", carecen de determinación. Cantan el abandono del espíritu y de los sentidos. Además, estas "cosas" no-cosas, estas cosas accidentes, no son proyecciones nuestras, de nuestro espíritu en-fermo (*in-firmus*); al contrario, son los "símbolos" los que nos observan con miradas familiares, con una familiaridad que nos convierte en semejantes a ellos, o mejor: que nos revela nuestra afinidad con ellos. Somos como las "cosas": no substancias, sino accidentes.

El ciclo de la Vida se ha mutado en un continuo desvanecer que, a su vez, se desvanece. El devenir —había dicho Hegel— es "*das Verschwinden des Werdens*", el desvanecer del devenir, y aún "*das Verschwinden des Verschwindens*", el desvanecer del desvanecer mismo.[23]

Pero Baudelaire no es Hegel, es *ein verkehrter Hegel*, un Hegel al revés. Lo que para Hegel es triunfo —cierto que triunfo *trágico*, porque conlleva en sí dolor y muerte; si fuese de otro modo se trataría sólo de necia *Shwärmerei*, de exaltación del alma bella— para Baudelaire es abandono, perdición y caída. Y no es posible, apoyándose en algún verso suyo donde se celebre la Belleza venga de donde venga, del Cielo o los Infiernos, sostener que lo que canta es el origen de lo simbólico,

[23] G. W. F. Hegel, WdL, I., pp. 113.

de la energía creadora de la Vida, que estaría *más allá del bien y del mal* por producir a ambos.[24] Baudelaire no es un tardorromántico, un Hegel que llega fuera de su tiempo a la escena del mundo. Su canto al amor y la belleza es un himno a la prostitución.

El amor es el gusto por la prostitución. No hay placer tan noble que no pueda ser remitido a la prostitución.[25]

La *esencia* no aparece, sino que decae, o mejor: se *degrada*. La musa de Baudelaire es la *Verfallenheit* y no de la existencia, sino del ser. *Verfallenheit y no Vergessenheit*: caída, no olvido. La diferencia es fundamental, porque sólo la caída, el caer, la decadencia, puede custodiar en sí memoria –y con memoria nostalgia– de la *esencia*, del *pasado* íntegro, del pasado que *nunca ha sido* presente.

Avancemos un pensamiento aforístico:

---

[24] Véase S. Zecchi, "Baudelaire: il destino dell'arte, il destino della modernità", en *Estetica 1991, Sul destino*, al cuidado de S. Zecchi, Bolonia, Il Mulino, 1991, pp. 139-169.
[25] Ch. Baudelaire, *Fusèes*, en *Journaux intimes, Oeuvres complètes* (=*OC*), vol. I., pp. 649.

El amor puede derivar de un sentimiento generoso: la propensión a la prostitución; pero en seguida se corrompe por la propensión a la propiedad. / El amor quiere salir de sí, confundirse con la víctima, como el vencedor con el vencido, y sin embargo conservar los privilegios del conquistador.[26]

Y luego la conclusión de un poema a Venus:

Dans ton île, ô Vénus! je n'ai trouvé debout qu'un gibet symbolique où pendait mon image...
—Ah! Seigneur! donnez-moi la force et le courage de contempler mon cœur et mon corps sans dégout![27]

Fundamentales los dos versos finales: la diferencia —la diferencia entre decaer, degradarse, y olvidar: entre *Verfallen* y *Vergessen*— sólo se da en su unidad.

Decaer, degradarse, es perderse por siempre. Perderse como esencia y, sin embargo, querer apropiarse de lo único permanente: del *Schein*, de la vacía aparien-

---

[26] Ch. Baudelaire, *Fusèes*, *OC*, vol I., pp. 649-650.

[27] "¡Oh Venus!, en tu isla, en pie sólo he encontrado / una horca simbólica donde colgaba mi imagen... / ¡Ah, Señor!, dadme valor y fuerza / para contemplar sin repugnancia mi corazón y mi cuerpo." Ch. Baudelaire, *Les Fleurs du Mal*, *OC*, vol. I, p. 119 [*Las flores del mal*, Buenos Aires, Losada, 1997, 13ª ed., p. 187].

cia. La prostitución termina siempre en la propiedad. Lo "útil" es el destino del amor. Si no, la prostitución no sería prostitución. "Señor –invoca el poeta– dadme valor y fuerza para contemplar *sin* repugnancia mi corazón y mi cuerpo". ¡Qué ambición! Si esto fuera posible, corazón y cuerpo se hallarían ¡*redimidos!* Aquí, en cambio, no hay redención alguna. El *dégout*, la repugnancia, es justamente lo *esencial*. Y lo es en el sentido más literal de la expresión: eso es la *esencia*, lo que de la esencia nos queda. Todo el resto es engaño e hipocresía. Por eso el poeta alaba la mentira, la máscara vacía, la *apariencia* pura:

> *Je sais qu'il est des yeux, des plus mélancoliques,*
> *qui ne recèlent point de secrets précieux;*
> *beaux écrins sans joyaux, médaillons sans reliques,*
> *plus vides, plus profonds que vous-mêmes, ô Cieux!*
> *Mais ne suffit-il pas que tu sois l'apparence,*
> *pour réjouir un cœur qui fuit la vérité?*
> *Qu'importe ta betise ou ton indifference?*
> *Masque ou décor, salut! J'adore ta beauté.*[28]

---

[28] "Bien sé que existen ojos, entre los más melancólicos, / que en absoluto ocultan ningún precioso secreto; / bellos cofres sin joyas, medallones sin reliquias, / más vacíos y profundos que vosotros, ¡oh cielos! / Pero, ¿quizá no basta que seas apariencia / para alegrar un corazón que la verdad rehuye? / ¿Qué importa tu necedad, o tu indiferencia? / Máscara

También por eso ama profanando, es decir, del único modo en el que ahora es posible amar:

> *Enfin pour compléter ton rôle de Marie,*
> *et pour mêler l'amour avec la barbarie,*
> *volupté noire! des sept Péchés capitaux,*
> *bourreau plein de remords, je ferai sept Couteaux*
> *bien affilés, et, comme un jongleur insensible,*
> *prenant le plus profond de ton amour pour cible,*
> *je les planterai tous dans ton Cœur pantelant,*
> *dans ton Cœur sanglotant, dans ton Cœur ruisselant!.*[29]

A su modo, al modo de la poesía que con obstinación sólo pareja a la lucidez del conocimiento ha soportado el peso de la superficialidad, Baudelaire nos dice lo que un siglo más tarde dirá Heidegger cuando habla de la tachadura en cruz del *Sein*.[30] Justamente la

---

o decorado, ¡salud! Tu belleza adoro" (Ch. Baudelaire, *Les Fleurs du Mal, OC*, vol. I., p. 99 [ed. Losada, p. 154]).

[29] "Y para completar tu papel de María, / y mezclar el amor con la barbarie, / ¡oh negra voluptuosidad!, de los siete Pecados capitales, / verdugo lleno de remordimientos, haré siete Puñales / bien afilados, y como un saltimbanqui insensible, / tomando lo más hondo de tu amor por diana / ¡he de clavarlos todos en tu Corazón jadeante, / en tu Corazón sollozante, en tu Corazón chorreante!" (Ch. Baudelaire, *Les Fleurs du Mal, OC*, vol. I. p. 59 [ed. Losada, p. 102]).

[30] Véase M. Heidegger, *Zur Seinsfrage*, en *id.*, *Wegmarken*, Francfort del Meno, Klostermann, 1878, espec. pp. 404 y ss.

cancelación del ser, es decir, la negación *técnico-científica* del "mundo", lleva en sí los signos de la Tierra y del Cielo, de los seres divinos y de los mortales. Lo sagrado está en esta cancelación. Lo sagrado está en la muerte de Dios, en la locura de la ciudad metropolitana: en el *Spleen* de París. En la "inefable alegría", en la "santa prostitución del alma que se da entera, poesía y caridad, a lo imprevisto que se muestra, al desconocido que pasa". La perdición es sagrada, y sagrada la tentación de Satán o de la Diablesa, que sólo es posible rechazar en el ensueño y en el sueño;[31] en el sueño, cuando la conciencia se apaga; en el ensueño, en la edad de la nostalgia. O, con otro lenguaje: sagrados son los signos, las señas que remiten a Tierra y Cielo, a divinos y mortales, y que son solamente signos de signos: que son meros reflejos. Ninguno, ningún ente, es ya en sí. Todos y toda cosa: Tierra y Cielo, divinos y mortales son reflejo del otro, reflejo del reflejo. Apariencia de apariencia. Y esto sólo porque la esencia se ha ido al fondo (*"zu Grunde gegangen ist"*), pero no por el surgir mismo de la "cosa" (*a fin de que ella surja*), sino por el aparecer del accidente (es decir, por su *causa*).[32]

---

[31] Véase Ch. Baudelaire, *Le spleen de Paris, OC*, vol. I., pp. 291-292 y 307-310.
[32] Para la referencia a Hegel véase *WdL*, II, pp. 122-123. Sobre Baudelaire, y también para la necesaria confrontación con Hegel, es fundamental el ensayo de Félix Duque, "Il satanismo nell'estetica romantica",

Este *verkehrter Hegel* fascinó a Benjamin. Era su alma gemela.[33] No menos melancólica, pero más tenebrosa; y también más nietzscheana, más hábil para danzar entre las tumbas; para ocultar en la risa, aun desabrida, el sufrir más profundo. Y, sobre todo, para dar voz e imagen a los íncubos del presente: a *Les métamorphoses du vampire*.[34]

---

en *id.*, *Il fiore nero. Nichilismo e modernità*, Lanfranchi, Milano 1995, Parte I, cap. II.

[33] Hago aquí referencia no sólo, y no tanto, a las páginas críticas de Benjamin sobre Baudelaire (véase la antología *Poesía y capitalismo, Iluminaciones 2*, al cuidado de J. Aguirre, Madrid, Taurus, 1972, págs. 21-170), cuanto a su obra "inacabada" *Das Passagen-Werk*, (ed. de Rolf Tiedermann, Suhrkamp, Francfort del Meno 1983, 2 vols.), ni siquiera concebible sin *Le Spleen de Paris*.

[34] Les metamorphoses du vampire

> *Le femme cependant, de sa bouche de fraise,*
> *en se tordant ainsi qu'un serpent sur la braise,*
> *et pétrissant ses seins sur le fer de son busc,*
> *laissait couler ces mots tout imprégnés de musc:*
> *—"Moi, j'ai la lèvre humide, et je sais la science*
> *de perdre au fond d'un lit l'antique conscience.*
> *Je sèche tous les pleurs sur mes seins triomphants,*
> *et fais rire les vieux du rire des enfants.*
> *Je remplace, pour qui me voit nue et sans voiles,*
> *la lune le soleil, le ciel et les étoiles!*
> *Je suis, mon cher savant, si docte aux voluptés,*
> *lorsque j'étouffe un homme en mes bras redoutés,*
> *ou lorsque j'abandone aux morsures mon buste,*
> *timide et libertine, et fragile et robuste,*

4. ¿Qué es, entonces, el mundo de Baudelaire?

Le Printemps adorable a perdu son odeur"
El le temps m'engloutit minute par minute,
comme la neige immense un corps pris de roideur;

> *que sus ces matelas qui se pâment d'émoi*
> *les anges impuissants se damneraient pour moi!"*
> *Quand elle eut de mes os sucé toute la moelle,*
> *et que languissamment je me tournai vers elle*
> *pour lui rendre un baiser d'amour, je ne vis plus*
> *qu'une outre aux flancs gluants, toute pleine de pus!*
> *Je fermai les deux yeux, dans ma froide épouvante,*
> *et quand je les rouvris à la clarté vivante,*
> *a mes côtés, au lieu du mannequin puissant*
> *qui semblait avoir fait provision de sang,*
> *tremblaient confusément des débris de squelette,*
> *qui d'eux-mêmes rendaient le cri d'une girouette*
> *ou d'une enseigne, au bout d'une tringle de fer,*
> *que balance le vent pendant les nuits d'hiver.*
> (Ch. Baudelaire, Les Fleurs du Mal;
> ed. Losada, pp. 184-185.)

"Las metamorfosis del vampiro."
No obstante, la mujer, de su boca de fresa, / retorciéndose como una serpiente entre las brasas / y modelando sus senos con el hierro de su corsé, / hacía fluir estas palabras impregnadas de almizcle: / "Tengo húmedos labios y conozco la ciencia / de perder sobre un lecho la antigua conciencia. / Seco todas las lágrimas en mis senos triunfantes / y hago reír al viejo con la risa de los niños. / ¡Sustituyo, para quien me ve desnuda y sin velos, / la luna, el sol, el cielo y las estrellas! / Soy, mi querido sabio, tan docta en los placeres / cuando hago ahogarse a un hombre en mis brazos temidos, / o cuando abandono a los mordiscos mi busto, / tímida y li-

*Je contemple d'en haut le globe en sa rondeur
et je n'y cherche plus l'abri d'une cahute.
Avalanche, veux-tu m'emporter dans ta chute?*[35]

La redondez del globo nos reenvía a otro círculo, y a otra repetición, allí donde todo es movimiento, *momentum*; allí donde la Tierra misma —"*le globe en sa rondeur*"— es sólo un pequeño círculo, *momentum* también ella: *Kreis von Kreisen* (círculo de círculos)[36] —para recordar de nuevo el gran, el inmenso *alter ego*, contra el cual, pero no sin el cual, y, más aún, *dentro* de cuyos

---

bertina, y frágil y robusta, / que sobre estos colchones que de emoción desfallecen / ¡por mí se condenarían los impotentes ángeles!" / Cuando ya había chupado toda la médula de mis huesos / y yo, languideciente, me volvía hacia ella / para devolverle un beso de amor, ya no vi / sino ¡un odre de flancos viscosos, todo lleno de pus! / Cerré los dos ojos, en mi frío espanto, / y cuando volví a abrirlos a la viva claridad, / a mis costados, en lugar del poderoso maniquí / que parecía haber hecho su provisión de sangre, / temblaban confusamente los restos de un esqueleto / que además emitían un chirriar de veleta / o el de un rótulo colgado de una varilla de hierro / que el viento balancea en las noches de invierno.

[35] "¡La adorable Primavera ha perdido su olor! / Y el Tiempo me devora minuto tras minuto, / como la nieve inmensa a un cuerpo ya rígido; / desde lo alto contemplo el globo en su redondez / y renuncio a buscar el abrigo de una cabaña. / Avalancha, ¿quieres llevarme a tu caída?" Ch. Baudelaire, *Les Fleurs du Mal*, OC, p. 76 (ed. Losada, pp. 126-127). Se incluye el poema completo en el artículo titulado "Baudelaire: invitación a la música", de E. Lisciani-Petrini.

[36] G. W. F. Hegel, *WdL*, p. 571.

pensamientos continuamos hablando, pensando. Y aquí, en este círculo de círculos tan semejante al Caos, no hay refugio ni búsqueda de tal. Baudelaire pide a la avalancha que lo lleve con ella. Extraña petición, que pide lo que no puede dejar de suceder. Y sin embargo tiene su sentido. La petición debe *permanecer* después que "la adorable Primavera ha(ya) perdido su olor". *Correspondencias,* ¿dónde estáis ahora? ¿Dónde perfumes, sonidos y colores? Queda tan sólo el eco solitario de un mundo que es ya sólo nostalgia y recuerdo. Nostalgia de nostalgia, recuerdo de recuerdo. La Nada, la tremenda Nada es lo que es esto: y no un vacío impensable, sino ¡la contrahechura del Ser!

Freilich ist es seltsam die Erde nicht mehr zu bewohnen,
kaum erlernte Gebräuche nicht mehr zu üben,
Rosen, und andern eigens versprechenden Dingen
nicht die Bedeutung menschlicher Zukunft zu geben;
das, was man war in unendlich ängstlichen Händen,
nicht mehr zu sein, und selbst den eigenen Namen
wegzulassen wie ein zerbrochenen Spielzeug.[37]

[37] "En verdad es extraño no habitar más la Tierra, / no seguir ya costumbres apenas adquiridas, / a las rosas y a cuantas cosas contienen en sí una promesa / no darles el significado del futuro humano; / lo que éramos en manos siempre ansiosas / no serlo ya, e incluso el propio nombre / abandonar, como un juguete roto" (R. M. Rilke, 1. *EI,* vv. 69-74).

Es el canto de Rilke que se eleva *contra* este presente, aunque no sólo se eleve contra él, y es además un punto álgido de cuanto venimos diciendo, porque habitar la tierra es tener-ser un pasado, una tradición, usos consolidados, relaciones con *cosas*. Tema constante en Rilke. En 1925, un año antes de su muerte, se expresaba por carta de este modo contra el *american way of life*, nuestro in-mundo (*Un-Welt*) presente:

"Una casa según el espíritu americano, una manzana americana una de sus vides *nada* tienen en común con la casa, el fruto o el racimo en los que la esperanza o la meditación de nuestro abuelos había penetrado lentamente. Las cosas vivas, vividas y admitidas en nuestra intimidad, desaparecen poco a poco y ya no pueden ser sustituidas. Quizá seamos los últimos en haber conocido tales cosas. Sobre nosotros pesa la responsabilidad de conservar no sólo su recuerdo (sería poca cosa y no induciría a la menor confianza), sino su valor lárico y humano" ("lárico" en el sentido del *lar*: las divinidades domésticas).[38]

Con esta óptica leeremos el segundo y quizá más alto, de los *Requiem* de Rilke, pero comenzando por otro, empezando por el tercero, que le sigue. En efecto, el *Requiem por una amiga* fue compuesto entre el 31 de

---

[38] R. M. Rilke, *Briefe aus Muzot*, ed. de R. Sieber Rilke y C. Sieber, Leipzig, Insel, 1936, p. 335 y ss.

octubre y el 2 de noviembre de 1908, y el *Requiem por el conde Wolf von Kalckreuth* en los siguientes días 4 y 5 del mismo mes y año.

Extraño *Requiem* este que ahora leeremos en calidad de introducción al otro: suena a reproche al muerto; el poeta suicida no habría comprendido que *Nichtmehrleben*, no-vivir-ya, es cosa bien distinta que *Totsein*, distinta que estar-muerto. ¡Qué áspero viento de impaciencia lo había arrebatado![39] Algo en él, en el poeta, andaba preparándose, cuando de un solo golpe fue cortado, impidiendo el lento curso de su maduración. El juicio es severo, suena a condena eterna:

Daß du zerstört hast. Daß man dies von dir
wird sagen müssen bis in alle Zeiten.[40]

Luego este reproche se atenúa. El suicida ha muerto joven, ese fue su error, propio de adolescente. Pero, tomando a este joven como ejemplo, el reproche se extiende a todos los poetas que, en vez de *decir*, se *lamentan*, y que en vez de *formar* su sentimiento, optan por

---

[39] Sobre el tema de la "paciencia" y de la "lentitud" véase las *rápidas* pero finas consideraciones de M. Cometa en *Gli dei della lentezza. Metaforiche della "pazienza" nella letteratura tedesca*, Milán, Guerini, 1990, pp. 69-74.
[40] "Que has destruido. Eso de ti / se dirá hasta el fin de los tiempos."

juzgarlo. "Formar", *bilden*, tiene aquí el sentido fuerte de esculpir: el *Bild-Werk*, la talla, da forma a la piedra, traduce la forma en piedra. *Die Dichter*, los poetas

> ...*Wie die Kanken*
> *gebrauchen sie die Sprache voller Wehleid,*
> *um zu beschreiben, wo es ihnen wehtut,*
> *statt hart sich in die Worte zu verwandeln,*
> *wie sich der Steinmetz einer Kathedrale*
> *verbissen umsetzt in des steines Gleichmut.*[41]

"Esta era la salvación", la que el joven poeta no había comprendido. Y sin embargo, allí estaban dispuestos los "sillares", y el silencio y el orden de una cantera, un *Bau-Werk*, que él no había visto en torno suyo. De nada le sirvió alzar aquellas piedras, tempranamente arrojadas a una "cueva" donde tampoco podían alojarse, agrandadas como estaban por su corazón. La cantera y la piedra aluden al trabajo, quizás a las palabras y los textos de los que el joven, traduciéndolos, se había nutrido. Y si pensamos que se trata de las palabras de Baudelaire y Verlaine, podremos comprender por qué se acusa al joven de "impaciencia": no

---

[41] "Igual que enfermos / usan un habla llena de lamentos / para describir dónde les duele, / en vez de transformarse duramente en palabras, / como el cantero de una catedral / se transmuta obstinado en la imperturbabilidad de la piedra."

esperó a que de aquel desvanecerse, en el mismo esfumarse de las "cosas", madurase otro ser; otro ser de las cosas, más puro y más estable. No esperó a que el cincel se transmutase en la piedra esculpida y tomara de ella la dureza que es posible modelar, *formar*; pero no crear, *hacer*.

Esa pétrea dureza, difícil de conquistar, es la *muerte*: el *Totsein*, el estar-muerto. Algo bien distinto de un no-vivir-ya. Como que esta muerte *la vivimos* nosotros. "*Totsein ist mühsam*", dirá en las *Elegías*, "Es laborioso estar muerto". Por eso, "en ningún sitio estamos más cerca que aquí" –"*wir nirgends näher sind als hier*"– de esta muerte, *eigne*, verdadera, "que nos es tan necesaria".

La muerte, así, se sustrae al círculo de la vida, al nacer y perecer. Muerte es aquí la piedra que rechaza toda talla, la piedra en la que se deben convertir nuestros cinceles. *Der eigne Tod*, la muerte verdadera, es el alma platónica que atraviesa *génesis y phthorá*, nacimiento y muerte, y a la vez los posibilita porque ella nunca nace, y tampoco nunca muere. Es la substancia de los accidentes.

Llegados a esta altura, cualquier reproche sería algo mezquino. Especialmente si se considera que "las grandes palabras no están dirigidas a nosotros". Y, en efecto:

Wer spricht von Siegen? Ueberstehen ist alles.[42]

"*Ueberstehen*", sobrepasar, ir más allá: "más allá" de la lógica del "vencer", más allá de la lógica del conseguir –y, sobre todo, más allá de la lógica del perseguir. *Stehen*: permanecer... en movimiento; *permanecer* en el acto de pasar "al otro lado", de *seguir siendo* en el nacer y en el perecer... pero no de las cosas, sino de sus cualidades; de sus colores, sus sonidos, sus perfumes, sus primaveras y veranos, sus otoños, sus inviernos. De los signos y los símbolos: de los *accidentes*. Seguir siendo como sólo las *cosas* –las *substancias*, las *ousiai*– saben.

Ich habe Tote

La *ouverture* del Réquiem *Für eine Freundin* es majestuosa. Luego, súbitamente, el tono se atenúa, como si de una voz que narra se tratase:

und ich ließ sie hin
und war erstaunt, sie so getrost zu sehn
so rasch zu haus im Tostein, so gerecht,
so anders als ihr Ruf.[43]

---

[42] "¿Quién habla de victoria? Ir más allá, eso es todo."
[43] "Sí, tengo muertos, mas los dejé marchar, / asombrado de verlos

Pero lo que más le sorprende al poeta es el *retorno* de ella, de su amiga Paula Modershon-Becker, muerta pocos días tras el parto. *Ella*, aquella artista que, aún en vida, ya traducía en colores el "peso" de las cosas, de los frutos, y que en su retraerse no decía "esto soy yo, sino esto es"; *ella*, que de cincel se había transformado en piedra, vuelve ahora en el tiempo numerable, ese "*abgezählte Zeit*", "*wo alles noch nicht ist*", donde todo aún no es.
¿Qué inquietud la arranca de su quietud?

...*Ich habe recht; du irrst
wenn du gerührt zu irgend einem Ding
ein Heimweh hast.*[44]

¿Puede acaso tener nostalgia de algo? Extraño término el que aquí utiliza Rilke cuando escribe: *Heimweh*; como si la casa del origen, la materna, fuese el mundo, donde sólo se tiene deseo y nostalgia de algo. Como si fuese este mundo de *deseos* y *posesiones*, en el cual nada *es*. Y sin embargo, sigue habiendo *Heimweh*, ya que la muerta retorna.

---

consolados / tan pronto ya en su casa, en su estar-muertos, tranquilos, / tan diferentes de su fama."
[44] "Tengo razón; tú yerras / cuando rozada por alguna cosa / tienes nostalgia."

Ich glaubte dich viel weiter. Mich verwirrts,
dass du gerade irrst und kommst, die mehr
verwandelt hast als irgend eine Frau.[45]

"Te has transformado...", dice, mas, ¿en qué? Unos versos después escribe Rilke que cambiamos las cosas "reflejándolas desde el interior de nuestro ser". ¿Serán ellas, las cosas, *reflejos* nuestros? ¿Revoca esto la creencia precedente de que somos nosotros los que debemos transformarnos en cosas, como los cinceles en la dura piedra? No, de ningún modo; transformamos las cosas cuando las percibimos en tanto que *sustancias*, no como los meros *accidentes* o *apariencias* que creíamos eran. De este cambio, *ella*, Paula, fue el experto *artifex*, hasta el punto de que su nostalgia no proviene de ella, sino de alguna *cosa* que ella aún no había transformado; por eso se atormenta y desea seguirla:

...Hast du irgendwo
ein Ding zurückgelassen, da sich quält
und das dir nachwill?[46]

---

[45] "Te creía más lejos. Me confunde / el que yerres y vengas, tú que más / te has transformado que mujer alguna."

[46] "¿Quizá en algún lugar / algo has dejado atrás que se atormenta / y quiere ir tras de ti?"

El retorno de la artista muerta nos trae a la memoria su pasado. Fue *arrancada en vida* a su *Totsein*, a su "fatigoso" y, para ella, *laborioso* estar-muerta al flujo del *acaecer*, al *momentum* del tiempo numerable, del tiempo de los signos y los símbolos, de los perfumes y colores sin *substancia*. Arrebatada, arrojada

in eine Welt zurück wo Säfte wollen.[47]

Arrebatada ¿a qué? Al amor que la había poseído y hecho crecer en su interior la nueva vida. Al amor *culpable*, porque si existe alguna culpa es ésta: no dar la libertad, toda la libertad de que seamos capaces, sino, al contrario, querer ligar el tiempo, atenazar el tiempo que crece, que es largo.

...Doch jetzt klage ich an:
den Einen nicht, der dich aus dir zurückzog,
(ich find ihn nicht heraus, er ist wie alle)
doch alle klage ich in ihm an: den Mann.[48]

La acusación es dura. Explícitamente, se acusa al varón. Implícitamente, a la vida. Ya que aquí la oposi-

---

[47] "De nuevo al mundo, al que la savia aspira."
[48] "Pero ahora yo acuso: / no a aquel que te sacó de ti / (no logro descubrirlo, es como todos), / en él acuso a todos: al Varón."

ción arte/vida –*irgendwo ist eine alte Feindschaft / zwischen dem Leben und der grossen Arbeit*–[49] no puede dejar de reducir el estar-muerto, la muerte verdadera, a un no-estar-ya-vivo; de reducir el *Totsein* al *Nichtmehrleben*. Rilke comprende bien que la *substancia* no se puede reducir a *esencia*, a aquello que hace ser, al *Wesen* y al *Anwesen*, sin reducir con ello todo a movimiento, a *momentum*, a tiempo y devenir, accidente; y, sin embargo, tampoco puede limitarse a la simple oposición entre muerte y vida, *substancia* y accidentes, *ser* y movimiento. Aquí es precisa otra forma de relación irreductible tanto a la conciliación hegeliana como a la mera disyunción. Es precisa una relación que no sea *mediación*. Formulemos la paradoja en toda su extensión: es precisa una relación no-relación. Y ello justamente para comprender que *Tote sind beschäftigt*. Que los muertos son laboriosos. Los muertos, en cuanto muertos. No la esencia que es Vida, sino la *substancia*. Y no la substancia hegeliana, que ya está de siempre en el círculo, que es ella misma el círculo ya de siempre *sujeto*, aun cuando en principio sólo lo sea *an sich*, en sí, sino la *substancia* que se sustrae al círculo, al movimiento y a la Vida; y que aún así no está *contra* el círculo, *contra* el movimiento ni *contra* la Vida.

[49] "En algún sitio hay una vieja enemistad / entre la Vida y la gran Labor."

Rilke entrevé el camino. Mas sólo lo entreví, cuando nos dice:

...*Lieben heißt allein sein.*[50]

5. *Fänden auch wir ein reines, verhaltenes, schmales Menschliches, einen unseren Streifen Fruchtlands zwischen Strom und Geisten.*[51]

Corriente y roca dicen aquí lo mismo –aunque no propiamente la misma cosa– que devenir y ser, accidente y substancia; Vida y *Totsein*. "¡Ah, si también nosotros encontráramos...!": esta esperanza expresa el ánimo de Rilke en los años de las primeras tentativas y esbozos de las *Elegías*. Anda en busca de un *átopon*: un lugar que *no ha lugar*. Y no está sólo en ello en estos años.[52] Como poeta mantiene al principio, igual que otros, que ese lugar que busca debe tener lugar en una vivencia privilegiada.

---

[50] "Amar significa estar solo."

[51] "¡Ah, si también nosotros encontráramos una pura, contenida, pequeña, / humana franja, nuestra, de tierra fértil / entre corriente y roca." R. M. Rilke, *II. El*, vv. 74-77.

[52] Pienso en Thomas Mann, especialmente en dos de sus cuentos, *Tristan y Tonio Kröger*. Al respecto remito a mi ensayo "Lo spirito e la carne", en *Filosofia '93*, al cuidado de G. Vattimo, Roma-Bari, Laterza, 1994, pp. 137-160.

Febrero de 1913: Rilke compone un breve escrito en prosa titulado *Erlebnis*.[53] Narra allí un evento prodigioso, *etwas wunderliches*. Caminaba por un prado con un libro abierto entre las manos. Se apoya en un árbol, en el punto en que dos ramas se bifurcan; absorto en la lectura, de pronto advierte una extraña sensación, como si las vibraciones del árbol, el respirar de la naturaleza y sus ondas, lo atravesaran. Tras un momento, advierte que su cuerpo no tiene ya contornos, que se ha dilatado al infinito, y nota sobre el pecho el palpitar de las estrellas. Ha caído *al otro lado* de la naturaleza, caído a su *interior*.

¿Tiene algo en común esta *Erlebnis*, este evento prodigioso, con *der eigne Tod*, la muerte *verdadera*?

Mucho... y nada.

¿No es quizá la naturaleza omniabarcante la totalidad de los accidentes, el círculo de todas las posibles *correspondances*, tanto pasadas como presentes y futuras? ¿No es lo eterno del tiempo? ¿No se da la muerte —la muerte del individuo— en la infinita Vida del Todo? ¿No es ésta la verdadera, única y eterna *raíz*? ¿No es la real, la efectiva "mina de las almas"? Y en cuanto vivencia privilegiada, ¿no realiza justamente aquello mismo que exige —aún más, que *es*— el *amar* verdadero: estar solo, *allein sein*? ¿Y no explica esta experiencia privile-

[53] R. M. Rilke, W, 6, pp. 522-527.

giada el sentido del "*Totsein ist mühsam*", el significado de la afirmación "*Tote sind beschäftigt*"?

Cierto que lo explica, mas a su *modo*. Pues esta Naturaleza no es ni puede ser aquella contenida, estricta y sólo "humana franja de tierra fértil" que Rilke anda buscando, sino la Tierra misma, el infinito de la esencia. Muerte, sí, del individuo, pero Vida del todo; eternidad, mas como movimiento. El Todo, el Uno-Todo, el *En panta*, pero como *río*, y río eterno; no en tanto que *roca*. La brevedad, la instantaneidad, y su *incomunicabilidad* declarada, no podrían salvar la *humanidad* (a la finitud, la mortalidad, la *accidentalidad*) de esta vivencia, al contrario, convertirían lo finito tan sólo en mero espejo de lo infinito; en *apariencia*, sí, pero *esencial*. Es decir: en accidente sustancial. En resumen: Hegel redivivo. O bien: *die Verkehrung des verkehrten Hegels* –la inversión del Hegel al revés–. Pero Rilke no es esto; no quiere serlo.

El último *Requiem* –por la muerte de un niño– es del 13 de noviembre de 1915.[54] Hace tiempo que la composición de las *Elegías* se encuentra detenida. La feraz vena poética de Rilke está paralizada. No seca, mas bloqueada, como si no encontrase la vía por donde fluir ni su orientación. Así sucederá por largos años, hasta el extraordinario febrero de 1922, cuando, en

---

[54] R. M. Rilke, W, 3, pp. 104-107.

menos de un mes, Rilke logra terminar las *Elegías*, escribiendo de golpe todos los *Sonetos a Orfeo*. Cómo sucedió esto, cómo pudo ocurrir, es tema para otro y más complejo discurso. Volvamos pues, de nuevo, sobre el significado de aquel último Requiem en el horizonte de la poética rilkeana.

El tema, como se avisa desde el título, es aquel ya *antiguo* de la "muerte joven". Señalaremos al respecto que la "solución" de la *Erlebnis* –de dos años antes– no le convencía. "*Blond zu sterben*" e inmersión en la naturaleza son incompatibles. Así, el niño dice:

war ich der Kern.
Ein kleiner Kern; ich gönne ihn den Straßfen,
ich gönne ihn dem Wind. Ich gebe ihn fort.[55]

La raíz permanece cerrada, rehusa germinar. Y esto lo dice Rilke aludiendo al "*Lieben heißt allein sein*" del segundo *Requiem*, reforzándolo aún con lo que sigue:

...Keinen hatt ich lieb.
Liebhaben war doch Angst.[56]

---

[55] "Yo era la semilla, / una pequeña semilla; a la calle la doy, / la doy al viento. La echo fuera."
[56] "No amé a ninguno. / Amar era angustia."

Esto puede significar dos cosas opuestas: puede significar de nuevo *Nichtmehrleben* (no-vivir-ya), o mejor: *Nichtmehrlebenwollen*, lo que hay que rechazar si debemos atribuir un valor al tercer *Requiem*, o bien... O bien puede querer decir lo todavía no dicho, por no haber sido entendido todavía, y que aquí, anticipándonos, podríamos expresar recordando el parangón que realiza Rilke en la *Elegía Primera*, el parangón de la flecha que "rige la cuerda, recogida en el salto / para ser *más* que ella misma". Permanece cerrada la raíz, para no decaer: pero debe entenderse que permanece cerrada *en el acto de abrirse*. "*Denn bleiben ist nirgends*", "pues permanecer es (no estar en) ningún sitio": no hay ningún sitio donde permanecer.[57] Lo hemos aprendido en el tercer *Requiem*: la muerte verdadera, la *vivimos* nosotros. No hay substancia sin accidentes, muerte sin vida, roca sin corriente, –pero aún así, siguen siendo dos. No se unen. No se con-funden.

La diversificación se hace más neta y penetra en otro ámbito. El niño muerto sabe que, con el nombre, dio substancia a las cosas, y habla así de su caballo de madera:

Warum war das nicht Lüge, wenn man dies
"Pferd" nannte? Weil man selbst ein wenig

[57] R. M. Rilke, I. *EI*, vv. 53-54.

als Pferd sich fühlte, mähnig, sehnig,
vierbeinig wurde –(um einmal ein Mann
zu werden?[58]

En forma interrogativa se expresa la conciencia de que, en el nombre, hombre y cosa son lo mismo. Una conciencia luego remachada de modo taxativo:

Sah ich den Bach, wie hab ich da gerauscht,
rauschte der Bach, so bin ich hingesprungen.
Wo ich ein Klingen sah, hab ich geklungen,
und wo es klang, war ich davon der Grund.[59]

Luego, al pronto, una distinción entre hombre y cosa, palabra humana y cosa, se insinúa:

Und war doch alles ohne mich zufrieden
und wurde trauriger, mit mir behängt.[60]

---

[58] "¿Por qué no era mentira cuando a esto / se llamaba 'caballo'? Porque uno, un poco, / se sentía caballo, con su crin, nervudo, / y puesto a cuatro patas –(¿para de nuevo en hombre / transformarse?)"

[59] "Veía el arroyo y yo ¡cómo murmuraba! / Murmuraba el arroyo, y entonces lo saltaba. / Donde veía un sonar, ahí yo sonaba, / y donde se producía el sonido era yo su causa."

[60] "Y sin embargo, todo sin mí era alegre, / entristeciéndose con mi contacto."

A lo que corresponde esta otra constatación:

So wie ihr alle schwanktet, schwankte weder
die Zuckerdose, noch das Glas voll Wein.
Der Apfel lag.[61]

Señas, tan solo señas que apuntan al gran tema de las *Elegías* y los *Sonetos*: el lenguaje. Sólo una larga, *lenta*, meditación sobre el lenguaje (¿es necesario precisar: "meditación poética"?) permitirá a Rilke comprender

Weil Hiersein viel ist, und weil uns scheinbar
alles das hiesige braucht, dieses Schwindende, das
seltsam uns angeht. Uns, die Schwindendsten.[62]

Así se comprende el sentido profundo y verdadero del "*Lieben heißt allein sein*":

Und waren doch, in unserem Slleingehn,
mit Dauerndem vergnügt und standen da
im Zwischenraume zwischen Welt und Spielzeug,

---

[61] "Todos vosotros vacilabais, pero no vacilaban / el azucarero ni el vaso lleno de vino. / La manzana, estaba."

[62] "Por qué estar aquí es mucho, y por qué, en apariencia, / todo lo de aquí nos necesita, y siendo efímero / tan extrañamente nos concierne. A nosotros, los más efímeros de todo." R. M. Rilke, IX. *EI*, vv. 10-12.

an einer Stelle, die seit Anbeginn
gegründet war für einen reinen Vorgang.[63]

Y se comprende la muerte, la gran muerte, la muerte verdadera, algo que es muy distinto del *Nichtmehrleben*, o aún peor: del *Nichtmehrlebenwollen*. Y se comprende también el "*blond zu sterben*", el hecho de que vivamos:

...Mörder sind
leicht einzusehen. Aber dies: den Tod,
den ganzen Tod, noch vor dem Leben so
sanft zu enthalten und nicht bös zu sein,
ist unbeschreiblich.[64]

[63] "Y sin embargo, en ese nuestro ir solos, / nos complacíamos en lo duradero, y allí estábamos / en un espacio intermedio entre Mundo y Juguete, / en un lugar que, desde el principio, / fundado fue para un suceso puro." R. M. Rilke, IV, *EI*, vv. 71-75.

[64] "Los asesinos / son fáciles de entender. Pero esto: la muerte, / la completa, antes aún de la vida / contener dulcemente, y no ser malo, / eso es lo indescriptible." R. M. Rilke, IV, *EI*, vv. 81-85.

CAPÍTULO III

Contravoz. Paul Celan y el lenguaje de la poesía

"Aunque se diga que la contradicción es algo impensable, lleva ella incluso, por el contrario, en el dolor del ser viviente, una existencia realmente efectiva."

HEGEL

I. LA CONTRAVOZ COMO ABSOLUTO CONTRAGOLPE EN SÍ MISMO

Contravoz es la voz de la poesía. Contra-voz, porque habla *contra* las marionetas del arte, *contra* las máscaras de la historia. "Un acto de libertad", según define Celan a aquélla en su importante escrito sobre la Poética: *El meridiano*. Y más aún, la contravoz es: *Un paso que sobrepasa el lenguaje histórico y artístico* cuando quien enuncia la contra-voz es Lucile, la Lucile de *La muerte de Danton*, de Büchner. Lucile, *la ciega para el arte*, tan ajena al mundo del arte como alejada de la retórica de la historia: después de la *teatral* ejecución de la pena de muerte de Camille: "ahí está Lucile de nuevo, con su abrupto grito de "¡Viva el Rey!" (Celan 1968, p. 135).

Un paso, pues, fuera del lenguaje del arte y de la historia. Un paso, ¿hacia dónde? La afirmación de Celan de que, para Lucile, "tiene el lenguaje algo de personal y palpable" podría desviarnos del camino. La contravoz, la voz en contra, no expresa vivencia privada alguna, ni tampoco una experiencia personal; cuando se refiere a una experiencia peculiar –como sucede de hecho– el carácter único de esta experiencia es empero cosa enteramente distinta a la individualidad de nuestras experiencias. La contravoz es algo único en su género, algo *anterior* a la diferencia entre lo público y lo privado, entre lo universal y lo singular. Así pues, hay que sobrepasar historia y arte. Pero, ¿*hacia dónde*? Dejaremos por lo pronto abierta esta pregunta. Baste añadir ahora, para entender mejor el sentido de esta apertura, que la *contravoz* de Lucile –"¡Viva el Rey!"–, justamente por situarse *fuera de la historia,* no puede ser tomada por alabanza dirigida al *viejo régimen*. La contravoz da más bien testimonio, con la "majestad del absurdo", de la "presencia de lo humano".

Como ya cabe apreciar por estas consideraciones iniciales, contravoz es en el lenguaje de Celan, y para el lenguaje de Celan, una voz *esencial.* ¿*Una* voz, o bien *la* voz esencial? Otras voces hay –esenciales también ellas– en la poesía celaniana. Para empezar, las voces mismas que él utiliza para dar título a sus compilaciones: *Rejas de lenguaje, Rosa de Nadie, Vuelta de aliento,*

Coacción de luz... Mas todas ellas designan, de la esencia del poetizar celaniano, un rasgo, y únicamente un rasgo. Contravoz, en cambio, es el signo que da a conocer el rasgo fundamental de esa esencia, el rasgo que nos introduce en el corazón mismo de la obra de Celan. El rasgo que nos desvela el origen y el sentido de ésta.

Contravoz: esta expresión evoca en nuestra memoria otro viraje: el del "absoluto contragolpe en sí mismo"; el viraje de un autor que mora en un recinto espiritual enteramente distinto al de Paul Celan. Un viraje leído por nosotros en la hegeliana *Ciencia de la lógica,* en el capítulo dedicado a la reflexión y, más exactamente, al final del apartado que trata de la *reflexión ponente* (Hegel, 1969; II, p. 27).

¡Extraño acercamiento! ¡Y la extrañeza no está ciertamente en acercar un poeta a un filósofo, sino en acercar precisamente este poeta a este filósofo! La extrañeza está en el empeño de poner en relación un poetizar surgido después de Auschwitz y marcado para siempre por esta experiencia, un poetizar esotérico acerca de la nada y del nihilismo que se proponía como meta llevar "consecuentemente a Mallarmé a su extremo cumplimiento", un poetizar que había sufrido la experiencia de todas las peripecias y rodeos del mundo poético de la modernidad –del simbolismo al surrealismo y al dadaísmo–, alimentándose de todas esas corrientes sin dejarse atrapar por ninguna de ellas, en poner en relación –digo– este poetizar con la filosofía dialéctica, con la filosofía que proclamaba el eterno triunfo de lo positivo sobre lo negativo, del bien sobre el mal en la historia, con la filosofía que defendía programáticamente el carácter exotérico del saber (Hegel, *PhG. Vor.*, 1952, pp. 16 ss.). ¡Qué paradoja! Paradójico es en verdad sólo el modo y manera en que se entiende la relación entre estos dos autores, cuando y mientras se sigue la metodología tradicional de la historiografía literaria y filosófica. Para empezar, no tenemos evidentemente la menor intención de reconducir Celan a Hegel. La relación se centra propiamente en un lugar específico de la *Ciencia de la lógica*, y sólo en él: en la "reflexión ponente", que es *un* momento –y sólo un momento– de la dialéctica hegeliana de la reflexión. Justamente aquel momento que Hegel pretendía asumir en la reflexión perfecta, o sea en la reflexión *determinante* (Vitiello, 1991, pp. 99-105). Ahora bien, elevar el primer momento de la reflexión a punto de referencia con valor propio no significa meter a la fuerza la nada celaniana en la dialéctica *positiva* hegeliana. Lo que esa elevación presupone más bien es la idea de que en el mismo Hegel se yergue la nada de la reflexión como una potencia con valor propio, una potencia irreductible a la razón positiva. De la misma manera que resulta necesario liberarse del mito del autor como *sujeto,* como dueño de su obra, subyugada por él en su integridad bajo un pensamiento único, de igual modo es preciso acabar con la creencia de que la obra misma sea el sujeto, de que sea algo completo y enclaustrado en sí, como si fuera el desarrollo coherente de un proyecto único y unitario. Una obra es siempre el resultado de un tejido de fuerzas, pensamientos e ideas procedentes de problemas y proyectos diversos y, a menudo, en mutua colisión. Las grandes obras son justamente aquéllas que ni ocultan ni eliminan tal conflicto, sino que lo ponen a la luz. Exactamente aquí, en este tejido de fuerzas mutuamente conflictivas, comienza el trabajo hermenéutico de desmantelamiento. Sin embargo, hay que añadir al punto a esta aclaración que el acercamiento por nosotros propuesto no es una aproximación sin más. *Contravoz* no dice algo semejante o análogo, algo más o menos cercano al *absoluto contragolpe en sí mismo.* Ambos giros expresan lo mismo. Y justamente a esto Mismo hemos de dirigir ahora nuestra reflexiva atención.

II. LA CONTRAVOZ Y LA ESENCIA
REFLEXIVA DEL LENGUAJE POÉTICO

La referencia al citado pasaje hegeliano da a ver ante todo lo siguiente: que el lenguaje poético de Celan es el lenguaje de la reflexión. *Contra-voz:* aun tomando la expresión en su sentido más directo y común —como *voz en contra*–, es palmario que el estar en contra conlleva una referencia a sí, un movimiento regresivo hacia sí mismo partiendo de otra cosa, contra la cual se está. *Contra-voz:* la voz se flexiona, apuntando a sí misma, cuando da voz a eso otro contra lo que ella habla. La voz dice de suyo que el lenguaje de la poesía de Celan habla sobre el lenguaje. Y ello, no de manera casual, sino esencialmente. La voz poética de Celan, entendida como *contravoz,* alcanza su decir desde y por la esencia del lenguaje, desde y por la esencia reflexiva del lenguaje poético. De Celan podemos reiterar lo que Heidegger de Hölderlin: que éste "poetiza —condensa— la esencia de la poesía". Más aún: que éste es "el poeta del poeta" (*EHD,* p. 47).

Cuando decimos esto, con todo, no pretendemos establecer ninguna conexión histórica. Una conexión que ni afirmamos ni negamos. Se trata de otra cosa. Lo que queremos situar aquí bajo su justa luz es la pertenencia de Celan al mismo *tópos* (¡de nuevo una voz de Celan!) que Hölderlin. *Tópos* da nombre aquí al lugar originario de las preguntas. En estos *tópoi* estamos nosotros, los intérpretes y, ante nosotros, los poetas: aquéllos a los que está permitido poner cuestiones por la sola razón de que, ya de antemano, estamos puestos en cuestión. Lo dicho: el lugar de Celan y el de Hölderlin es el lenguaje. Es verdad que todo poeta, al habitar en el lenguaje, está puesto en cuestión por éste y, así, puede hacerse cuestión del lenguaje. Y sin embargo, no todo poeta convierte al lenguaje en tema capital y motivo conductor de su poetizar. A ello se debe que hayamos podido reiterar por lo que hace a Celan aquello que Heidegger dijera de Hölderlin, a saber: *que él poetiza –condensa– la esencia de la poesía*. Ser poeta de la poesía, elevar a palabra poética la esencia de la poesía significa cumplimentar *en lo poético* la *reflexión* sobre el lenguaje de la poesía, la reflexión sobre el lenguaje reflexivo de la poesía: una reflexión doble, pues: una reflexión de la reflexión. De esta manera resulta claro el sentido de la *extraña y paradójica* referencia a la *reflexión ponente* hegeliana.

Pero devolvamos su voz ahora a Celan. A Celan, que habla de sí mismo.

En 1958, el poeta se halla en Bremen "con ocasión de la recepción del Premio de Literatura de la Ciudad Libre Hanseática". En el breve discurso de agradecimiento recuerda Celan –aunque sin nombrarla– la ciudad en que naciera: Czernovitz, un lugar en el que la tradición jasídica era todavía algo vivo, cuyas historias Martin Buber habría "vuelto a narrar, en alemán". Vista desde esta ciudad, ahora "condenada a no tener historia" a pesar de ser otrora "provincia de la Monarquía de los Habsburgos", Viena parecía ser la meta, algo *a lo que había que acceder.* Pero, dirigiéndose a sus oyentes, añade Celan: "Ya saben Vds. lo que a lo largo de los años se hizo de esta accesibilidad. Lo único accesible, lo único cercano y sin pérdida siguió siendo, en medio de tantas pérdidas, solamente una cosa: el lenguaje" (1968, 127). En efecto, a pesar de todo, el lenguaje *no se perdió,* a pesar de carecer de respuestas, a pesar del miedo al enmudecimiento, a pesar de las "tinieblas sin cuento del discurso mortífero" por el que el lenguaje hubo de atravesar. "Pasó a través de ello, sin gastar una palabra en aquello que sucedía; pero pasó a través de estos sucesos". Y así, "enriquecido" con estas experiencias, pudo el lenguaje resurgir.

"En este lenguaje he intentado, en aquellos años y en los posteriores, escribir poemas: para hablar, para orientarme, para darme a mí mismo noticia del lugar en que me hallaba y del lugar a donde el lenguaje me quería llevar, para ponerme delante la realidad" (1968, p. 128).

Este pasaje es bien significativo. El lenguaje en el que Celan habita y en el que éste intenta orientarse, el lenguaje desde el que él intenta orientarse para proyectar ante sí algo real que pudiera serle válido, no es ningún lugar seguro y digno de confianza, ningún lugar que pudiera aportar consuelo. Aun cuando el lenguaje sea el lugar en que resulte posible que algo real llegue a ser proyectado, él no es desde luego "la casa del ser".

Ni lo es ni lo puede ser, si es verdad que, ante todo, este lenguaje se encuentra amenazado al extremo. El miedo al enmudecimiento que tiene lugar en el habla misma, en los *discursos mortíferos*, es signo de otra cosa, de eso otro que pone en peligro a todo hablar, al lenguaje en cuanto tal.

Y esa cita nos sirve también a nosotros, los intérpretes, como metódico indicador del camino por el que hemos de ir para ingresar en el mundo poético de Celan. El lenguaje es el *prius,* el lugar a partir del cual se orienta el poeta y proyecta la realidad. Lo cual entraña el hecho de que no hay que partir aquí de los hechos y la peripecia vital, de los acaecimientos existenciales y los sucesos externos para acceder luego a su elaboración poética, sino que hay que seguir la vía contraria. Para penetrar en el mundo logo-poético de Celan resulta inviable el intento de reconducir ese mundo al real: cumple al contrario ir todavía más allá del trabajo abstractivo que la lírica celaniana lleva a cabo. Preciso es emprender una acción abstractiva en la abstracción poética de Celan, en la medida en que este carácter abstracto es, paradójicamente, originario, no derivado. La voz poética de Celan es originariamente abstracta. Celan contempla el mundo a partir de esta abstracción (la cual nada tiene de indefinido: al contrario, es exactitud y sentido de-finitivo, como veremos, a pesar de que sea conveniente adelantar que tampoco lo ilimitado, lo indefinido, tiene su lugar sino en el límite mismo; de hecho, ¿cómo podría existir lo uno sin lo otro?).

Con esto no pretendemos negar que el tener noticia de tal o cual hecho, de tal o cual acontecimiento (ya se trate de un viaje, de un libro, de un encuentro o de una pequeña o grande vivencia: el rebuzno del asno ante la tumba de Absalón o el recuerdo del Holocausto, por citar dos eventos extremos) o de una experiencia –positiva o trágica– pueda arrojar luz sobre una página de las poesías celanianas, sobre el uso o construcción de una palabra, sobre el enlace de ideas no inmediatamente inteligible, sobre una conexión entre imágenes heterogéneas, etc. En este respecto, los estudios de Pöggeler sobre Celan son, en base a la riqueza de sus indicaciones, una lectura imprescindible para cuantos pretendan acercarse a la obra de Celan. Sin embargo, y una vez asimiladas, tales noticias deben ser dejadas a un lado, por así decir, para no caer en el error de pretender comprender la poesía sobre la base de cosas que están antes y fuera de ella. En suma, si llegara el día en el que se perdiera la memoria sobre las circunstancias de la vida del poeta –hipótesis bien plausible–, ¿significaría ello acaso que la comprensión de su poesía iba a ser para nosotros faena imposible? ¿Estamos interesados en la poesía de Celan o en su vida? ¿O bien en ésta por mor de aquélla? Pero, ¿qué conexión existe entre el "texto" y el autor? ¿Pertenece acaso el texto al autor, o no es más bien verdadero lo contrario? La hermenéutica actual –de Gadamer a Ricoeur– ha puesto de manifiesto que la realidad fáctica de un texto (sea éste poético, filosófico, jurídico, religioso o de otro tipo) no tiene una hipotética realidad de por sí. La verdadera y efectiva realidad de la obra se halla en el diálogo que ésta establece con sus lectores e intérpretes; más aún, consiste en el hecho de que ella dice a sus exégetas siempre algo nuevo. La poesía de Celan vive en las dilucidaciones de Szondi, de Gadamer, de Pöggeler, de Derrida, etc. Pero ello no se debe a que esa poesía se resuelva en estas dilucidaciones, sino al contrario: ella las contiene a todas, de manera que cada una de las interpretaciones capta uno o más estratos significativos de la obra, mas nunca todos. El autor mismo comprende su obra sólo hasta cierto punto. Mientras que domina algunos planos de significado, se le escapan otros. Y ello en razón –como dijimos– de que la obra no forma un todo coherente, algo así como un monolito, sino que está llena de grietas y fallas, en conflicto consigo misma. Una obra es un tejido compuesto por conexiones efectuales topológicas diversas y, a veces, enfrentadas (véase Vitiello, 1993). Así es como se explica que a veces un poeta o un pensador –con independencia del nivel de su conciencia histórica– pueda expresar con las palabras de otro poeta o pensador, con el que siente afinidad, un concepto distinto o incluso opuesto. Por eso es, ciertamente, interesante saber que Celan usa en un poema las mismas palabras que el Maestro Eckhart; pero, por lo que hace a la comprensión de lo que su poesía dice –su poesía, no Celan–, no es éste el punto decisivo. En consecuencia, no es posible –ni lícita– la pretensión de acceder al universo logo-poético de Celan sobre la base de hechos, aunque sea desde luego un *hecho* la ilimitada cultura de un poeta como él, de tan vastos conocimientos, y que se movía con facilidad en muy diversas especialidades intelectuales: desde las ciencias naturales a la historia del arte y la tradición mística, judía o cristiana. Y no es posible porque su lenguaje es –como dijimos– originario. Es el lenguaje del origen. Nada hay antes que él. Tampoco el mundo: "Sólo donde hay lenguaje existe mundo" (Heidegger, *EHD*, p. 38). Nada antes del lenguaje. ¿"Nada"? ¿Qué significa nada en Celan, en la obra de Celan?

III. CONTRA-VOZ: LA VOZ DE LA CONTRADICCIÓN

Tomemos de un poema de Celan, *La sílaba dolor* (de la compilación *La rosa de Nadie)*, las dos primeras estrofas:

Se te dio en la mano:
un Tú, falto de muerte,
en el que a sí venía todo Yo. Viajaban
por doquier voces libres de palabra, formas de vacío,
                                                          [todo
entraba en ellas, mezclado
y desmezclado
y de nuevo
mezclado.

Y números había
inmiscuidos en lo
innumerable. Uno y mil y cuanto
antes y después
más grande era que él mismo, más pequeño,
llegado a sazón y
pre- y trans-
mutado en
el germinal Nunca.

Para empezar, adelantemos una consideración sobre la *forma lógica*. Esta forma es la de la contradicción. Cada palabra tiene en sí lo otro, aniquilado por ella: voces libres de palabra, formas de vacío; y la negación, por su parte, viene igualmente aniquilada: todo está mezclado, desmezclado, y luego de nuevo mezclado. Y ello con el fin de dar a entender que la negación se curva sobre sí. Es la antes citada lógica de la reflexión: el absoluto contragolpe en sí mismo; y aquí significa *Lógica*, ante todo, *lenguaje (lógos)*. Ahora bien, este lenguaje de la reflexión muestra que lo otro que toda palabra tiene dentro de sí, al mismo tiempo *(háma, simul)* sobrepasa a la palabra y le es exterior: y números estaban inmiscuidos *en lo innumerable*. El curso de la poesía trae a la memoria el proceder argumentativo del *Parménides* de Platón: lo mismo es uno y mil, más grande y más pequeño que él mismo, llegado a sazón y sin embargo incipiente, premutado y transmutado. El punto álgido radica por demás en el último verso de la segunda estrofa: *germinal Nunca*.

Pasemos ahora de la *forma lógica* al contenido. ¿De qué hablan estas dos estrofas? ¿A qué viene la contra-dicción, la contra-voz? ¿Qué es lo que pretenden decir?

Se te dio en la mano: lo más extremo en fiabilidad y cercanía. ¿Quién? Un Tú, un Tú falto de muerte, en el cual todo Yo retornó a sí. Este Tú es lo mismo que el Yo. Es el Sí mismo del Yo, aquello que es más hondo que el Yo; lo más propio del Yo y simultáneamente su Otro. Yo oculto en el Yo, Yo encubierto por la conciencia, enajenado de sí mismo en la medida en que ésta le niega aquella sombra imprescindible para decir lo verdadero: *Dice verdad quien dice sombra*. Este Tú que es Yo –pero un "Yo" que no es nunca un yo determinado, un Yo en esa medida *innumerable*, indecible en y para sí– está falto de muerte. Falto de muerte, y por ende eterno. Eterno de una eternidad que a todo contiene: todo número, toda voz, toda forma; que contiene lo de antes y lo de después, lo grande y lo pequeño, lo llegado a sazón y lo germinal, pero que lo contiene de tal modo y manera que nada es ya ello mismo, sino que es como su negativo; o mejor: que todo es él mismo sola y primeramente en cuanto lo negativo de sí mismo. En esta eternidad viene todo Yo a sí. El Tú librado de muerte es la muerte misma. Sólo la muerte está libre de muerte. Tal eternidad está descrita ya por Celan en la primera estrofa: una danza de formas de vacío, un dar vueltas de voces de silencio en donde todo se mezcla y, una vez mezclado, se desliga, y luego se mezcla de nuevo. Mas aun cuando las formas estén vacías –siendo en tal medida indefinidas– y las voces no den sonido portador de sentido –siendo en tal medida indiferenciables–, ello no significa que la nada de la muerte, que el Nunca, sea un vacío no-ser. Lo innumerable contiene todo dentro de sí: uno y mil, pero mil en cuanto uno. Y que tenga en sí lo de antes y lo de después, el atrás y el delante, quiere decir que, al final de la vida, la nada de la muerte no existe *en mayor medida* que al principio. Fin y principio, principio y fin se intercambian. En este caso: "mezclado / y desmezclado / y de nuevo / mezclado". Tal es el significado del extraordinario "Nunca germinal".

IV. CONTRA-VOZ: LA PALABRA DEL ENCUENTRO

Volvamos ahora a la pregunta inicial: ¿a qué apunta la palabra poética? ¿Contra qué va dirigida la contra-voz? ¿A qué se enfrenta? Celan cita a Büchner. Sigámoslo:

> Ayer, como subiera por el valle cercano, vi sentadas en una piedra a dos muchachas: una peinaba sus cabellos y la otra le ayudaba; el blondo cabello, que descendía, y el semblante serio y pálido, tan joven con todo, y el negro traje, y la otra muchacha, que se esforzaba con tanto cuidado. Ni los más bellos e íntimos cuadros de la Escuela Teutónica podrían dar apenas una leve idea de ello. A veces querría ser uno una cabeza de Medusa para poder transformar en piedra un grupo tal, y llamar luego a la gente. (Celan 1968 (M), p. 137.)

La cabeza de Medusa simboliza aquí al arte, al lenguaje del arte, que da forma a las cosas y, así, las lleva a lo eterno. El lenguaje del arte, hemos dicho; sólo que todo lenguaje es arte, todo lenguaje es *techné* a cuyo través se "petrifican" las cosas, sujetándolas a una esencia determinada, a esta esencia y a ninguna otra. Y dado que hombre y lenguaje se pertenecen conjuntamente, el hombre habita en el mundo, en la conexión determinada de cosas, objetos, *sustancias* que no se transforman con el cambio de sus *accidentes*. ¿Qué sentido tiene entonces decir que: "a veces querría ser uno una cabeza de Medusa..." ¿Cabe acaso querer lo que uno ya es?

Pero sigamos leyendo, y prestemos atención al modo en que Celan *complementa* el texto de Büchner: "Querría ser uno una cabeza de Medusa" para... ¡para captar lo natural por medio del arte!. Uno no querría captar los objetos, sino lo natural en cuanto tal: a través del arte, del lenguaje, del arte *(techné)* del lenguaje. Sólo que al punto añade Celan: *"Uno* querría no significa aquí ciertamente: *yo* querría". ¿Por qué? Porque ello supondría entonces un "salirse de lo humano". Este arte meduseo —concluye— "guarda en sí algo siniestro" (*Unheimliches:* "inhóspito").

¡Extraña afirmación! El arte, el lenguaje del arte, el lenguaje *tout-court,* que, en cuanto tal, abre el ámbito de lo humano, es "una región inhóspita". Es como si se dijera que el estar-en-el-mundo es algo inhóspito para el hombre. La casa, la morada del hombre en cuanto hombre, *el lenguaje,* es inhóspito, algo no familiar, no habit(u)ado. El hombre, ¡ajeno a la sede en que mora, sin estar en casa dentro de su propia casa! Y mala sociología existencialista sería la de explicar la extrañeza del "Yo" al mundo, a su mundo, invocando la diferencia entre existencia propia e impropia, entre "Yo" y "Uno", de modo que la extrañeza (que es) Yo quedara restringida únicamente al mundo del "Uno", al lenguaje neutral, común y cotidiano de las masas. Por otra parte, ni una palabra se encuentra de ello en el texto de Celan. De hecho, es el lenguaje el que, en cuanto tal, extraña. ¿De qué nos extraña? ¿De la inmediatez natural, de la naturaleza omniabarcante y que a todo contiene en su interior, aquende los límites del lenguaje, aquende las barreras que las palabras erigen entre cosa y cosa, en la medida en que ellas todo lo diferencian. escinden, separan? ¿Nos extraña de ese íntimo estar dentro de la naturaleza que, por un instante, permite "sentir el leve posarse de las estrellas sobre el propio pecho"? (Rilke, W 6, p. 525)

De nada de eso se trata. Celan no se ha dejado seducir jamás por la idea –que, aun por corto tiempo, engañó incluso a Rilke– de poder captar lo natural en cuanto tal al sobrepasar los límites del lenguaje. No. Celan no ha pretendido abandonar jamás la inhóspita sede de la morada del lenguaje. Pero tampoco ha sido presa de la ilusión opuesta: la ilusión *del poema absoluto:* "El poema absoluto, ¡no, no se da ciertamente tal cosa, ni se puede dar!" (Celan 1968 [M.], p. 145; véase Pöggeler, 1986, pp. 118-124). ¡El poema absoluto –la ambición de apresar en el lenguaje meduseo lo natural en cuanto tal, la querencia de reducirlo todo a la transparencia cristalina de un mundo compuesto de seres objetivos– comporta "el salirse de lo humano"! Por eso, "pensar consecuentemente a Mallarmé hasta su extremo cumplimiento" significa superar a Mallarmé. Y superarlo por el hallazgo, de nuevo, de los límites creaturales del lenguaje. Ahora bien, establecer los límites del lenguaje, y del lenguaje originario, significa no admitir que el mundo –los objetos, las cosas, incluso las cosas aún no separadas: ¡"el leve posarse de las estrellas sobre el propio pecho"!– exista antes y fuera del lenguaje. Digamos, de nuevo: "Sólo donde hay lenguaje existe mundo". Aquello que hay fuera del lenguaje y lo sobrepasa es algo enteramente distinto.

"¿Quizás –se pregunta Celan–, quizás se encamina la poesía, como el arte, con un Yo olvidado de sí a aquel lugar inhóspito y extraño, y se libera de nuevo? Pero, ¿adónde va? ¿A qué lugar? ¿Para qué? ¿Y en cuanto qué?" (M, 139).

Preguntas son éstas que remiten empero a una dirección, a un movimiento: de un lugar, a otro. De un lugar: del mundo del arte, del mundo inhóspito y ajeno del lenguaje meduseo, en el que a pesar de todo habitamos. A otro: a algo otro que es inhóspito, a algo otro que nos es ajeno. Dos lugares ajenos, extraños, mutuamente enfrentados. Dos lugares inhóspitos. La contra-voz, la voz que se enfrenta a lo inhóspito meduseo del arte, a la común y *familiar* extrañeza del mundo histórico, sale al encuentro de otro lugar, inhóspito y extraño. La libertad de la palabra poética consiste justamente en abrirse a lo otro. "El poema quiere ir hacia algo otro, le hace falta eso otro, le hace falta algo que esté enfrente. Va en su búsqueda, y a él se encomienda." (*M*, p. 144). Y no se trata aquí de un otro común y corriente, de otra cosa cualquiera, sino de lo enteramente Otro. La contra-voz se torna en la palabra del encuentro. En el poema se cumple *el misterio que da hospedaje al encuentro*. Misterio, ¿por qué, sino porque, en el poema, lo Otro es aquello que, a la contra, viene al encuentro? Mas, ¿de qué modo?

UNA VEZ,
lo oí,
ahí estaba, lavando el mundo,
sin ser visto, largo de noche,
de veras.

Uno e infinito,
aniquilados,
forjaron al yo.

Hubo luz. Salvación.

(De: *Vuelta de aliento*. G, II, p. 107).

Aunque el enfrentamiento que va hacia lo Otro, el abrir dirigido a la escucha de lo Otro sea un acto de libertad, el encuentro mismo no depende de este acto. Es lo Otro lo que habla, la voz pura que lava al mundo. Hospitalaria, larga de noche, sin ser vista. ¿Cuándo? *Una vez*: en un tiempo indefinido, en un pasado que nunca se ha hecho presente. *Una vez:* en un pasado ya en cada caso transmitido en la narración, un pasado que únicamente en la narración puede hacerse presente. Un pasado perdido en la noche de los tiempos. ¿*Y quién* es lo Otro? ¿*Y* puede acaso ser un "quién"? ¿No será más bien un "qué"? Uno e infinito: así lo denomina el poeta. Palmariamente es lo mismo que en *La sílaba dolor* recibía el nombre de lo "innumerable". Uno e infinito: parece que se tratara de un plural. Y en efecto leemos, concordantemente: "forjaron al yo" *(ichten)*. Pero sola y primeramente después de ser aniquilados "forjaron al yo", esto es: pudieron decir "yo"; y la aniquilación no ha sido realizada por eso uno e infinito mismo. El "yo" surge, la identidad del decir "yo" sale a la luz sola y primeramente tras la negación: *omnis determinatio est negatio*. La palabra misma de lo uno e infinito, la palabra que dice la identidad de lo uno e infinito, no es obra alguna de lo uno e infinito. ¿De quién o de qué, entonces?

Para llevar claridad a la poesía de Celan se ha invocado a menudo la tradición mística y cabalística. Pero es preciso retornar a las fuentes. Celan habla aquí –es evidente– el lenguaje de Plotino. La segunda estrofa, vertida al griego, reza así: *pollà epoíese tèn mían* (*En.* VI, 7, 15). [Él] tornó lo uno en mucho. En Plotino, el sujeto del verbo "*epoíese* es *noûs*. En Celan no hay propiamente sujeto alguno. El verdadero sujeto se oculta tras ese "aniquilados": algo que únicamente resulta claro por el siguiente "forjaron al yo". Pero, ¿se da en el propio Plotino la posibilidad de distinguir realmente entre el hacer del *hén* y el del *noûs*? (véase p.e. *En.* V, 2, 1; véase al respecto Arnou, 1921, p. 196; Trouillard, 1955, p. 104; Bréhier, 1961, p. 141; Beierwaltes, 1981, pp. 15 y ss. Véase también *En.* V, 1, 6 y V, 4, 2).

No hay que tomar estas remisiones a la tradición neoplatónica como una suerte de referencia histórico-cultural, sino que han de ser vistas como un punto *topológico* de referencia. Es decir: son enteramente independientes de la conciencia histórica y de la cultura historiográfica de Celan, y sirven exclusivamente para explicitar el significado del *misterio que da hospedaje al encuentro*.

La última estrofa, que consta de un solo verso, enuncia: "Hubo luz". Ésta es la versión celaniana del bíblico "*fiat lux*". Sólo que ahí nadie está para decir tales palabras. Hubo luz. Acontece. ¿Cómo? ¿Por qué? Preguntas sin respuesta. Y nos acordamos del comienzo del poema *Salmo* (de *La rosa de Nadie*. G, I, p. 225):

Nadie va a amasarnos de nuevo de tierra y de barro,
nadie a salvar nuestro polvo con ensalmos.
Nadie.

Y a pesar de todo, hubo luz. Y salvación. Como la rosa de Angelus Silesius, así el universo de Celan: él es sin porqué. Es, porque es. Decir el misterio que da hospedaje al encuentro es algo para lo que la palabra poética no parece dar la talla. "El poema muestra, inequívocamente, una fuerte tendencia a enmudecer." (M, 143). Pero la poesía, en cuanto *contra-voz*, se zafa del hechizo del silencio, de la seducción de la nada y de la muerte. Ahora, la contravoz se yergue frente a lo Otro, aunque le haga frente. Lo Otro permanece *en-frente* 'frente a ello, sigue estando *en contra*'. Así se salva la palabra. Pero esta *salvación* tiene el mismo carácter que el *fiat lux*. Acontece, porque acontece. Ningún sujeto hay tras la palabra; y tampoco ésta, la *contravoz*, es sujeto alguno. El misterio que da hospedaje al encuentro se vierte en la palabra. Finita, creatural, *no absoluta*: tal la palabra poética, pues ella no asiste al origen de sí misma. El lenguaje originario es un *theòs deúteros*, un *dios segundo*, incapaz de retornar a su fuente. Por eso es la palabra poética una palabra que vive al margen. "El poema se afirma al margen de sí mismo; se e-voca y se re-coge para poder subsistir, inex-plicado 'sin estar ex-puesto', yendo de vuelta de su ya-no hacia su siempre-todavía" (*ibid.*).

El margen es el lugar de la poesía. Propiamente, un no-lugar, un *átopon metaxy*, un utópico "entre" que unifica/escinde dos términos inhóspitos, el del lenguaje meduseo y el del silencio. Por esta razón, la palabra poética –que no se limita a ocupar ese no-lugar, sino que *lo es*– es en sentido propio contra-voz, pues que consiste en este *contra* 'que va hacia': contra/frente/hacia los dos términos inhóspitos. El lenguaje de la poesía, el lenguaje marginal, el lenguaje de la doble reflexión, trae el lenguaje originario –el lenguaje que hay en el origen del mundo y de las cosas, de los objetos–; el lenguaje que, al nombrar las cosas, las estabiliza, en la medida en que las arranca del silencio de lo simple, de lo más simple (*tò aploústaton*), y les concede la palabra. Como todo lenguaje –y por ende al igual que el lenguaje del arte– el de la poesía es él mismo un lenguaje-horizonte, o sea un lenguaje que *tò aóriston horídsei:* que define lo indefinido, pues ¿cómo podría si no ser lenguaje? Pero éste es un lenguaje que, a diferencia del meduseo –propio del arte– no olvida lo indefinido por mor de lo definido: no petrifica *lo natural* en una esencia absoluta, en un mundo de cristal. No borra lo ilimitado en favor de la exactitud. Este lenguaje mantiene más bien a la palabra en relación activa con el silencio.

La palabra poética está al margen de sí misma: entre su ya-no y su siempre-aún.

El lenguaje de la poesía es aquella "nada" que, en el juicio, es la cópula: el "es", que se anula justamente al afirmarse –y que únicamente se afirma por el hecho de negarse. Sobre sí misma nada dice la cópula; dice algo del sujeto y del predicado, del Uno indefinido y del múltiple Ser: enuncia la identidad de ambos y simultáneamente (*háma, simul*) su contraposición. La cópula unifica al escindir, y escinde al unificar. De este modo y manera, no habla sino de sí misma: enuncia que ella, no siendo no-ente: nada, es. Así pues, ella es lo único de lo que no cabe decir que *es,* pues está siempre oscilando entre ser y no-ser, permanentemente expuesta al *posible* silencio de sí misma. La cópula enuncia esta posibilidad, una posibilidad curvada sobre sí misma: la *posibilidad de lo imposible.*

La palabra poética, en-contra, la palabra del encuentro, es esta cópula que, en la medida en que mantiene unidos los dos términos inhóspitos al encontrarse entre ellos, es simultáneamente de confianza y extraña, común y secreta; en suma: más inhóspita que lo inhóspito.

V. CONTRA-VOZ, LA VOZ DEL DOLOR

Recordemos un pasaje, procedente de nuevo del Lenz de Büchner: "...sólo que a veces le resultaba desagradable el no poder andar de cabeza". Comentando este paso, añade Celan: "quien anda de cabeza tiene por debajo al cielo como abismo" (M, 141). El abismo del cielo bajo sí trae a la memoria el verso de un poema de Celan más antiguo (*Fuga de muerte*): "excavamos una tumba en los aires allí no se está estrecho" (G, I, 41). El cielo yermo de dioses no recibe ya, junto con el humo aromático del sacrifico religioso, las esperanzas de hombres piadosos en busca de consuelo. Por el cielo asciende, ahora vacío abismo, el hedor insoportable de los hornos crematorios y el llanto del dolor infinito, inconsolable, irredimible. Dolor y llanto, pues. Y no sola ni precisamente a causa de la muerte de los hombres. Encontrar una razón de este dolor y de este llanto sería todavía cosa hacedera: en todo caso, y por su propia naturaleza, el mortal está destinado a morir. El dolor que se zafa de toda razón es más bien aquél que únicamente la muerte –sin resurrección– de Dios puede ocasionar. Éste es un dolor más pesado que el sufrimiento del Holocausto, si es que por su culpa todo dolor –y aún más el del Holocausto– resulta insoportable, porque es ya impensable redención alguna.

"Cerca está / y difícil de asir es el dios" cantaba el verso de Hölderlin (*Patmos, SWB;* I, 379). Y así suena la antífona de Celan:

Cerca estamos, Señor,
cerca y al alcance de la mano.

Asidos ya, Señor,
agarrados unos a otros, como si fuera
el cuerpo de cada uno de nosotros
tu cuerpo, Señor.

Reza, Señor,
rézanos tú a nosotros
estamos cerca.
Avanzábamos doblados por el viento,
avanzábamos, para inclinarnos
a la hondonada y al lago volcánico.

Al abrevadero íbamos, Señor.
Era sangre, eso era
lo por ti derramado, Señor.

Relucía.

Nos lanzaba tu imagen a los ojos, Señor.
Tan abiertos y vacíos están ojo y boca, Señor.

Hemos bebido, Señor.
La sangre, y la imagen que había en la sangre, Señor.

Reza, Señor.
Estamos cerca.
(*Tenebrae;* de: *Rejas del lenguaje. G,* I, p. 163).

La figura del dios mortal invierte el sentido de la oración. Ahora quien reza es el dios: él reza al hombre, a los hombres, para que guarden memoria de él. Para que permanezcan junto a él, junto al dios que muere. Las palabras del Salmo, proferidas desde la Cruz: "Eloí, eloí, lama sabactani?", definen según la concepción celaniana la originaria esencia nihilista del hombre. Originaria, aunque solamente hoy sea por vez primera reconocida. Su poema es la única oración posible tras el conocimiento del abandono de dios, de la muerte de dios. Así pues, no hay blasfemia en este poema sino, por el contrario, un altísimo sentido de lo religioso. El sentido de una religión que no otorga seguridad ni consuelo alguno porque no promete redención ninguna, sino que no hace otra cosa que seguir apuntando en dirección a la incertidumbre de la contravoz, de esa contravoz que vincula al lenguaje con el silencio, con la mudable inseguridad de la contradicción, la cual, a su vez, corre siempre el riesgo de que su opuesto la contradiga, la niegue.

En el misterio que da hospedaje al encuentro se torna el poema en diálogo, en un diálogo con frecuencia "desesperado":

Habla también tú,
habla como el último,
di tu sentir.

Habla...
Mas no escindas el No del Sí.
Da a tu sentir también el sentido:
dale la sombra.

Dale sombra bastante,
dale tanta,
que sepas de tu estar repartido entre
medianoche y mediodía y medianoche.

Mira en redor:
ve cómo por doquier se hace todo viviente...
¡Al caer la muerte! ¡Viviente!
Dice verdad quien dice sombra.
....
....
(*De umbral en umbral*, G, I, p. 135).

Plotino, *Ennéades*. Texte établi par E. Bréhier, París; hay tr. de J. Igal, Madrid, 1982.

Ueber Ewigkeit und Zeit (*Enneade III 7*), mit einer Einleitung des Hgs., W. Beierwaltes, Beierwaltes 1981, Francfort del Meno, 1981.

Pöggeler, O., *Die Frage nach der Kunst. Von Hegel zu Heidegger*, Friburgo/ Munich, 1984.

Porena, I., *Paul Celan. Preliminari per un'indagine*, Studi Germanici iii/2 (1965), p. 238-256.

Das Haupt der Medusa und der Obolus der Sprache, Celan-Jahrbuch (1987/1), p. 173-182.

Ricoeur, P., *Du texte à l'action. Essais d'herméneutique*, II, París, 1986.

Rilke, R. M., *Werke*, Francfort del Meno, 1982.

Samonà, L., "Arte, tecnica e poesia. Celan e Heidegger", *Giornale di Metafisica*, VII, (1985), pp. 83-102.

Szondi, P., "Lecture de Strette. Essai sur la poesie de Paul Celan", *Critique* 288, (1971), pp. 387-420.

Trouillard, J., *La purification plotinienne*, París 1955.

Vitiello, V., "Heidegger/Rilke: un incontro sul luogo del linguaggio", en *aut aut* 235, (1990), pp. 97-120.

——, "La riflessione tra cominciamento e giudizio", en AAVV, *Hegel e la comprensione della modernita*, Milán, 1991, pp. 83-105.

——, "Hermeneutik von der Geschichte zur Topologie", en F. Bianco (Hg.), *Beitrage zur Hermeneutik aus Italien*, Friburgo/Munich, 1993.

BIBLIOGRAFÍA

Arnou, R., *Le Désir de Dieu dans la philosophie de Plotin*. París, 1921.
Barjau, E., *Hölderlin, Celan. La conciencia de lo ausente próximo*. (En: F. Duque (ed.), *El mal: irradiación y fascinación*, Barcelona, 1993).
Bréhier, E., *La philosophie de Plotin*. París 1961.
Celan, P., *Gedichte* (G). 2 vols. Francfort del Meno, 1989-1990.
Der Meridian (M) / *Bremener Anrede*. (En: *Ausgewählte Gedichte*. Francfort del Meno, 1968).
Derrida, J., *Schibboleth pour Paul Celan*, París, 1968.
Duque, F., *El tránsito y la escoria. Las escatologías de Heidegger y Celan*. (En: D. Romero de Solís y J. C. Marset (comps.), *El mito y lo sagrado en la literatura contemporánea*, Sevilla [en prensa]).
Gadamer, H.-G., *Wahrheit und Methode*, Tubinga, 1990; hay tr. de A. Agud y R. de Agapito, Salamanca, 1977.
Wer bin Ich und wer bist Du? Ein Kommentar zu Paul Celans Gedichtsfolge "Atemkristall", Francfort del Meno, 1986.
Hegel, G. W. F., *Phänomenologie des Geistes* (PhG), Hamburgo, 1952; hay tr. de W. Roces, México 1966.
Wissenschaft der Logik, 2 vols., Francfort del Meno, 1969 (hay tr. de A. y R. Mondolfo, Buenos Aires, 1956).
Heidegger, M., *Erläuterungen zu Hölderlins Dichtung* (EHD). Francfort del Meno, 1971; hay tr. de J. M. Valverde, Barcelona, 1983.
Hölderlin, F., *Sämtliche Werke und Briefe* (SWB), 2 vols., Munich/Viena, 1989.
Platón, *Parmenides*, Hamburgo, 1972; hay tr. de G. R. de Echandía, Madrid, 1987.

Plotino, *Ennéades. Texte établi par E. Bréhier*, París; hay tr. de J. Igal, Madrid, 1982.

Ueber Ewigkeit und Zeit (Enneade III 7), mit einer Einleitung des Hgs., W. Beierwaltes, Beierwaltes 1981, Francfort del Meno, 1981.

Pöggeler, O., *Die Frage nach der Kunst. Von Hegel zu Heidegger*, Friburgo/ Munich, 1984.

Porena, I., *Paul Celan. Preliminari per un'indagine,* Studi Germanici iii/2 (1965), p. 238-256.

Das Haupt der Medusa und der Obolus der Sprache, Celan-Jahrbuch (1987/1), p. 173-182.

Ricoeur, P., *Du texte à l'action. Essais d'herméneutique*, II, París, 1986.

Rilke, R. M., *Werke,* Francfort del Meno, 1982.

Samonà, L., "Arte, tecnica e poesia. Celan e Heidegger", *Giornale di Metafisica,* VII, (1985), pp. 83-102.

Szondi, P., "Lecture de Strette. Essai sur la poesie de Paul Celan", *Critique* 288, (1971), pp. 387-420.

Trouillard, J., *La purification plotinienne*, París 1955.

Vitiello, V., "Heidegger/Rilke: un incontro sul luogo del linguaggio", en *aut aut* 235, (1990), pp. 97-120.

———, "La riflessione tra cominciamento e giudizio", en AAVV, *Hegel e la comprensione della modernita*, Milán, 1991, pp. 83-105.

———, "Hermeneutik von der Geschichte zur Topologie", en F. Bianco (Hg.), *Beitrage zur Hermeneutik aus Italien*, Friburgo/Munich, 1993.

Índice

Presentación / 7

Notas de presentación / 11

PARTE I
NATURALEZA E HISTORIA

CAPÍTULO I
Giambattista Vico entre historia y naturaleza / 41

I. El círculo nomos-logos/logos-nomos, 41; II. Philosophia et Philologia: una inversión necesaria, 53; III. La razón finita, 90

CAPÍTULO II
Historia, naturaleza, redención:
Hegel, Nietzsche y Heidegger / 119

CAPÍTULO III:
Thomas Mann y Ernst Jünger:
entre mito y abstracción / 185

PARTE II
LENGUAJE Y POESÍA

CAPÍTULO I:
De la *Tragödie* al *Trauerspiel*. Walter Benjamin
y el lenguaje de la modernidad / 219

CAPÍTULO II:
"La muerte verdadera, antes de la vida..."
Los Requiem de Rainer Maria Rilke / 253

CAPÍTULO III:
Contravoz. Paul Celan
y el lenguaje de la poesía / 299

I. La contravoz como absoluto contragolpe en sí mismo, 299; II. La contravoz y la esencia reflexiva del lenguaje poético, 303; III. Contra-voz: la voz de la contradicción, 310; IV. Contra-voz: la palabra del encuentro, 314; V. Contra-voz, la voz del dolor, 323.

Impreso en Erre Eme S.A. en el mes de mayo de 1998
Talcahuano 277 - 1013 Buenos Aires
Telefax: 01-382-4452/1931